K 001 646

Und alle Frauen tanzen mit

D1929160

Gabriele Miller (Hrsg.)

Und alle Frauen tanzen mit

Gottesdienste von Frauen für Frauen

Schwabenverlag

Alle Rechte vorbehalten
© 1996 Schwabenverlag AG, Ostfildern

Umschlaggestaltung: Ronald Parusel, Mössingen
Umschlagmotiv: Wassily Kandinsky, Improvisation 19, 1911
© VG Bild-Kunst, Bonn 1996
Satz: Schwabenverlag AG, Ostfildern
Herstellung: Süddeutsche Verlagsgesellschaft, Ulm
Printed in Germany

ISBN 3-7966-0788-8

Inhalt

Vorwort

Immer wieder wird die Klage laut, daß Frauen in besonderer Weise – angeblich mehr als Männer – sensibel sind, wenn Form und Sprache eines Gottesdienstes sie ansprechen soll. Sie suchen Ganzheitlichkeit, Einheit von Gesten und Gebärden, von gesprochenem und gesungenem Wort. Man hört daher immer wieder, daß Frauen in Gottesdiensten, die Frauen vorbereitet haben, sich wohler fühlen, daß sie mehr angesprochen sind und sich dem Beten besser öffnen können als in der festgeprägten überlieferten Form. Zugleich aber darf Stil und Ton nicht gar zu weit vom Überkommenen abweichen, soll sich nicht nur eine kleine Gruppe angesprochen fühlen.
Dies hat die Frauenkommission der Diözese Rottenburg-Stuttgart veranlaßt, einen Brief an Frauen in Gemeinden zu schreiben und sie zu bitten, so sie ihre Gottesdienstentwürfe schriftlich festgehalten haben, diese einzusenden. Eingegangen sind viele Texte. Einen Großteil davon haben wir ausgesucht; sie sind hier veröffentlicht als Anregung für andere. Gottesdienste von Frauen für Frauen.
Bei der Auswahl haben wir darauf geachtet, allzu ähnliche Themen und Durchführungen nicht zweimal zu bringen. Wir haben jene Vorschläge ausgesucht, die kreativen Elementen den Vorzug gegeben haben. Im vorliegenden Buch sind nicht die vollständigen Abläufe wiedergegeben, sondern nur interessante Einzelelemente. Auf die Einführung ins Thema folgen jeweils als Hauptteil einige »Gestaltungselemente«, mal mehr, mal weniger. Fast immer sind Fürbitten angeboten, dazu ein Gebet und ein passender Segenswunsch.
Wie ernst jene, die Gottesdienste vorbereiten, ihre Aufgabe nehmen, ist in einem kurzen Beitrag (vgl. Seite ...) zu lesen, den eine Frauengruppe anstelle eines Entwurfs eingeschickt hat. Der Text gibt Erfahrungen wieder, wie sorgfältig manche Gruppen ihre Gottesdienste vorbereiten, kein Text, der sprachlich nicht paßt! Und wenn er dennoch genommen wird, dann wird er so verändert, bis er paßt (beim gesprochenen Wort müssen ja keine Quellen angegeben werden!).

Es mag Frauengottesdienste geben, die ausgeprägtere feministische Züge tragen. Frauen, die solches suchen, sind meist bereits mit entsprechender Literatur versorgt. Die hier publizierten Gottesdienste tragen eher ein gewohntes Gesicht, dennoch sind sie nicht »langweilig«. In ihrer dem Herkömmlichen mehr verwandten Art werden sie breitere Kreise ansprechen, Kreise, die aber dennoch neue Versuche wagen wollen.
Der Gesamtaufbau des Buches folgt in seinem ersten Kapitel den Festzeiten des Kirchenjahres. Das zweite Kapitel bringt thematische Gottesdienste. In einem dritten Kapitel sind drei Entwürfe ganz anderer Art abgedruckt, Gottesdienste, die für ganz besondere Anlässe zusammengestellt worden sind. Sie sind im Gegensatz zu den übrigen Texten in ihrer ganzen Abfolge wiedergegeben. Sie bringen einige Symbolhandlungen, die vielleicht als Anregung dienen können, um Elemente daraus bei anderer Gelegenheit zu verwenden.

Rottenburg, im Juni 1996 *Gabriele Miller*

Für die Liedvorschläge wurden folgende Bücher verwendet:
EH = Erdentöne – Himmelsklang. Neue geistliche Lieder, Schwabenverlag 1995
GL = Gotteslob. Katholisches Gebet- und Gesangbuch

Frauen feiern Gottesdienst

In vielen Gemeinden ist es längst selbstverständlich geworden, daß Frauen Gottesdienste miteinander vorbereiten und auch leiten. In anderen Gemeinden machen Frauen die ersten tastenden Schritte, sich auf ihre Weise aktiv an der Gestaltung der Liturgie zu beteiligen. Sie erfahren dadurch, wie sich ihr Glaubensleben vertieft und wie sie selbst ihren eigenen Wert als mündige Christinnen entdecken.

Mit dieser Entdeckung rückt aber auch etwas anderes in den Blick: über viele Jahrhunderte hinweg war es schwierig oder gar verboten, daß Frauen ihr Leben und ihren Glauben – in der Gemeinschaft mit ihren Schwestern und Brüdern – öffentlich-liturgisch vor Gott zum Ausdruck bringen konnten. Das patriarchalische Verständnis von der Stellung der Frau in der Kirche und in der Gesellschaft hat sich gerade im Bereich der Liturgie niedergeschlagen; denn die Feier der Liturgie – als gemeinschaftliche Feier unserer Gottesbeziehung – ist ein sichtbarer Ausdruck des Gottes- und Menschenbildes, das in einer bestimmten Zeit und Kultur gültig ist. In der Geschichte der Kirche haben sich offensichtlich immer wieder frauenfeindliche Tendenzen durchgesetzt – trotz entscheidender biblischer Aussagen über die gleiche Würde von Frauen und Männern aufgrund ihrer Gottebenbildlichkeit.

Ein ganz augenfälliges Zeichen solcher Tendenzen ist die Regelung, die bis vor dem Zweiten Vatikanischen Konzil gültig war und unbewußt auch heute noch nachwirkt: daß der Altarraum für eine Frau »tabu« war. Das alttestamentliche Motiv der »kultischen Unreinheit« hat sich trotz vieler gegenläufiger Strömungen auch in der liturgischen Praxis der Kirche durchgesetzt: die Leiblichkeit der Frau mit ihren monatlichen Blutungen, mit Schwangerschaft und Geburt war mit dem Bereich des Heiligen nicht zu vereinbaren. So manche Frau erinnert sich noch an den Brauch der »Aussegnung« oder des »Muttersegens«, der eigentlich ein Ritus der Danksagung nach der Geburt sein sollte; dennoch empfinden viele Frauen diesen Ritus im Nachhinein als

demütigend, weil er von der Symbolik her ganz deutlich den Gedanken einer »Reinigung« enthielt. Wie tief der Gedanke an die »Unreinheit« von Sexualität, Schwangerschaft und Geburt noch weiterwirkt, zeigt sich auch daran, daß eine schwangere Frau am Ambo oder im Altarraum nach wie vor Unbehagen hervorrufen kann – wenn sie nicht gar völlig auf Ablehnung stößt.
Somit waren Frauen allein schon aufgrund ihres Frauseins von allen Diensten ausgeschlossen, die im Altarbereich vollzogen wurden: neben dem Priesteramt z. B. auch die Dienste der Ministranten und Lektoren. Noch in den siebziger Jahren wurde erneut das Verbot ausgesprochen, Mädchen zum Ministrantinnendienst zuzulassen – und eine dauerhafte Beauftragung für den Dienst des Lektors oder der Lektorin wurde offiziell nur Männern erlaubt.
Auch wenn sich in der Zwischenzeit sowohl im Kirchenrecht als auch vor allem in der Praxis einiges geändert hat, nimmt die Zahl der Frauen zu, die weiterhin ein Defizit empfinden: Symbolik und Sprache in der Liturgie spiegeln eine Wirklichkeit wider, in der sich Frauen nicht oder nur teilweise wiederfinden können. Die Erneuerung der Liturgie nach dem Konzil – eine umfangreiche Arbeit der Übersetzung und der Neuordnung von Texten und Lesungen – war zweifellos eine große Leistung, die dazu beigetragen hat, daß die Gläubigen selbst aktiv an der Liturgie teilnehmen konnten: »in voller, tätiger und gemeinschaftlicher Teilnahme«, wie es in der Liturgiekonstitution des Konzils heißt. Gerade deshalb fällt aber immer mehr in den Blick, daß die liturgischen Texte, Symbole und Rollenverteilungen einseitig von Männern geprägt und gestaltet sind und somit weibliche Erfahrungen ausklammern. In der Leseordnung für die Sonn- und Feiertage z. B. sind die biblischen Geschichten und Erfahrungen von Frauen noch eine Randerscheinung, obwohl es im Alten wie auch im Neuen Testament genügend Schriftstellen gibt, in denen Frauen die handelnden Personen sind.
Ein weiterer sensibler Punkt ist die Sprache in der Liturgie; lange Zeit haben Frauen versucht, sich in männlichen Formen – z. B. in der Anrede »Brüder« – wiederzufinden, und sind auch davon ausgegangen, daß sie tatsächlich »mitgemeint« sind, daß sie genauso wie Männer zur »brüderlichen Liebe« berufen sind. Inzwischen wächst das Bewußtsein dafür, wie sehr Sprache und Wirklichkeit miteinander verknüpft sind, und daß es kein Zufall

ist, wenn weibliche Sprachformen fehlen – sowohl in der Anrede anwesender Frauen als auch in den Bildern, die von Gott selbst gebraucht werden. Solche Einseitigkeiten werden heute zu Recht als Verkürzung der biblischen Botschaft erlebt – der Botschaft von einem Gott, der das Leben und die volle Personwürde aller Menschen will und in dessen Reich es »nicht mehr Juden und Griechen, nicht Sklaven und Freie, nicht Mann und Frau« gibt (Gal 3,28).

Wenn Frauen nun in vielen Teilen der Welt neu damit begonnen haben, ihre eigenen Wurzeln zu suchen, ihre Erfahrungen als Frauen ernstzunehmen und diese ihre eigene Wirklichkeit auch in das Beten und Feiern des Volkes Gottes einzubringen, dann ist dies ein Prozeß, der für den weiteren Weg der Kirche unverzichtbar ist. Indem Frauen damit ernst machen, daß sie Ebenbilder Gottes sind und als solche genauso wie Männer ihre Würde und ihre Verantwortung für das Wachsen des Reiches Gottes auf Erden haben, legen sie den Finger auf eine Wunde; sie suchen zugleich auch nach Heilung für diese Wunde und kämpfen dafür: die Wunde eines patriarchalisch verformten Weltbildes, das weder Frauen noch Männern in ihrem Menschsein gerecht wird und das damit auch der Fülle der Liebe Gottes nicht gerecht wird.

In diesen Prozeß des Neu-Gestaltens bringen Frauen ihre ganz eigenen Möglichkeiten und Erfahrungen mit ein. Ein Schwerpunkt ihres Betens und Feierns sind deshalb immer wieder ihre konkreten Lebenssituationen als Frauen – mit dem, was sie bewegt, begeistert, was sie betroffen oder auch ohnmächtig werden läßt. Miteinander tragen sie dies vor Gott – den sie oft jenseits gewohnter Bilder neu zu entdecken suchen als Quelle jeden Lebens. Im Gottesdienst – der Feier unserer Befreiung und Erlösung – suchen sie nach Zeichen, Gesten und vor allem auch nach einer Sprache, die von Frauen und Männern als Wort des Lebens gehört und verstanden werden kann, in der beide mit ihrer Geschichte und ihren Erfahrungen vorkommen. Eine Sprache, die zugleich einfach und feierlich ist, die verschiedene liturgische Elemente neu gestalten will – wie z. B. Gebete, Lieder, Begrüßung, Segen. Immer wichtiger wird es für viele Frauen auch, sich als ganze Menschen mit Leib, Seele und Geist in die Liturgie einzubringen und damit eine Spaltung zu überwinden, an der vor allem Frauen viele Jahrhunderte lang gelitten haben. Sie versuchen deshalb auch, die Sinne anzusprechen – z. B. in einem Ritual der

Salbung mit Duftöl; sie beziehen die Gestaltung des Raumes mit in die Vorbereitung ein und sorgen für Symbole, in denen sinnenhaft etwas von der Zuwendung Gottes erfahrbar werden kann; oder sie entdecken miteinander wieder den Tanz als einen Ausdruck des Glaubens, der für manche Frauengruppen schon zu einem festen Element ihrer Gottesdienste geworden ist.

Manche Frauen erleben es als heilend und befreiend, wenn sie vorwiegend unter sich bleiben können in ihrer Suche nach neuen gottesdienstlichen Formen – um ihre eigene Lebenswirklichkeit erst einmal ungeschützt zur Sprache zu bringen; andere möchten lieber von Anfang an die Gemeinschaft von Frauen und Männern ansprechen. Das eine schließt das andere nicht aus – und es braucht in der Zeit des Umbruchs auch viel angstfreie Geduld, die nicht vorschnell richtet oder aus lauter Sorge um neuerliche Einseitigkeiten das werdende Leben schon im Keim erstickt.

Gottesdienste von Frauen beanspruchen nicht, etwas Fertiges zu sein; sie sind vielmehr die Suche danach, wie wir in der heutigen Zeit – als Schwestern und Brüder – miteinander das Geheimnis unseres Lebens und Glaubens und darin auch unsere Verantwortung für die ganze Schöpfung ausdrücken und feiern können.

Die Gottesdienste in diesem Band bezeugen etwas von dieser Suche und auch von dem Funken, der von einer Frau auf die andere überspringen kann, wenn sie sich von der Kraft des lebendigen und lebenschaffenden Geistes Gottes erfassen läßt – so wie die vielen Frauen in der Exoduserzählung des Alten Testaments, die sich von der Vision der Prophetin Mirjam anstecken ließen: »Die Prophetin Mirjam nahm die Pauke in die Hand, und alle Frauen zogen mit Paukenschlag und Tanz hinter ihr her« (Ex 15,20).

Annette Schleinzer

Wie Frauen planen

Grundsätzliche Überlegungen

Seit sechs Jahren leite ich eine Frauengruppe hier in unserer Gemeinde, zur Zeit sind wir 19 Teilnehmerinnen, zwischen 29 und 43 bzw. 58 Jahre alt – von nah- bis fernstehend, konfessionell gemischt. Unsere Gottesdienste entstehen immer aus der konkreten Situation der Gruppe. Was wir aufs Papier bringen, läßt sich schwer verallgemeinern.

Gebete formulieren wir in der Regel frei (wir wollen nicht ablesen, sondern beten!). Wenn irgendwelche Texte vorgetragen werden, wählen wir sehr bewußt aus und verändern im Zweifel auch die Formulierung so, daß wir Frauen sprachlich vorkommen.

Die Bibel kommt immer zu Wort, allerdings achten wir auch hier darauf, wie die Übersetzung ist, soweit wir das können. Und wir vergleichen die Übersetzungen, die wir haben.

Wir versuchen immer, auch die Sinne anzusprechen, zum Beispiel durch eine ansprechende Raumgestaltung (die sogenannte »Mitte«) oder durch eine symbolische Gestaltung des Gottesdienstes (ein Gegenstand als Meditationsobjekt oder etwas, das frau aus dem Gottesdienst mit nach Hause nehmen kann).

In der Regel singen wir moderne liturgische Lieder, wählen sie gut aus; manchmal auch nur einzelne Strophen.

Wir bauen meditative, aktivierende körperbezogene Elemente ein, zum Beispiel Schreibübungen, Rundgespräch, eutonische Übungen, Bibel-Teilen. Ein festes Element ist uns inzwischen der liturgische Tanz geworden.

Wichtig ist uns auch der Segenswunsch, der vorher überlegt und dann frei gesprochen wird. Er sollte im Inhalt den einen oder anderen Gedanken des Gottesdienstes aufgreifen.

Aus dem Beschriebenen geht hervor, daß unsere Gottesdienste solche in kleinem Kreis sind, die nicht einfach für eine größere Gemeinde übernommen werden können. Dennoch ist einiges übertragbar. Das zu überlegen, wäre eine reizvolle Herausforderung.

Beatrix Schubert, Reutlingen

Im Jahresfestkreis

Mache dich auf und werde Licht

Anlaß: Diese Adventsfeier wurde von einer Arbeitsgruppe des Wochenendes »Frauen feiern Gottesdienst« (Bildungswerk Biberach) erstellt.

SCHRIFTTEXT

Jesaja 60,1–5: Auf, werde licht

EINFÜHRUNG

Wir haben uns heute versammelt, um miteinander eine besinnliche Stunde im Advent zu erleben. Lassen wir die Hektik des Alltags, den Streß im Berufsleben, die Sorgen um die Familie hinter uns. Gönnen wir uns eine Stunde der Besinnung, der Ruhe, damit wir zu uns selber finden und mit freiem und frohem Herzen auf die Ankunft unseres Herrn warten.
Advent ist eine Zeit, in der wir einander Hoffnung zusprechen.
Hoffnung, die ihren Ursprung in der Menschwerdung hat.
Hoffnung, daß der verheißene Friede wahr werden möge.
Hoffnung, daß Menschen in ihrer Hektik anhalten können.
Hoffnung, daß Menschen aus ihrer Zerrissenheit herausfinden.
Hoffnung, daß wir selbst zur Besinnung kommen,
unsere Sinne neu ausrichten auf das Wesentliche –
auf das, was unserem Leben Richtung gibt,
auf den Weg, der uns durch Jesus aufgezeigt wird.

GESTALTUNGSELEMENTE

Meditation

In unserem Raum ist es sehr dunkel, gerade so, wie es in unserem gesellschaftlichen und privaten Leben zuweilen auch ist.

- Menschen bleiben sich fremd, obwohl sie nahe beieinander wohnen.
- Eltern und Kinder verstehen sich immer weniger, oft reißen Kontakte ab.
- Ehepartner leben sich auseinander, können nicht mehr miteinander reden, trennen sich.
- Frauen (und Männer) besuchen Sonntag für Sonntag den Gottesdienst, knien, sitzen und stehen gemeinsam vor Gott und wagen doch keine persönliche Begegnung.
- Menschen anderer Nationen und Religionen werden nicht verstanden, obwohl wir durch Fernsehen und Urlaub ihnen näher kommen können.
- Frauen und Kinder werden in der ganzen Welt – auch bei uns – mißbraucht und geschändet.
- (Die Gottesdienstbesucherinnen erweitern mit ihren Erfahrungen die Aussagen über Dunkelheit.)

Lied: »O Heiland, reiß die Himmel auf« (GL 105)

Mehrere Frauen zünden nacheinander ein Licht an und sagen dazu:

- Ich zünde ein Licht an als Zeichen für mehr Menschlichkeit zwischen den Menschen.
- Ich zünde ein Licht an als Zeichen von Wärme und Geborgenheit, die ausländische Mitbürger bei uns finden mögen.
- Ich zünde ein Licht an als Hoffnungszeichen, daß Eltern und Kinder wieder zueinander finden können.
- Ich zünde ein Licht an als Zeichen der Hoffnung, daß schweigsam und stumm gewordene Ehepaare wieder zueinander finden.
- Dies Licht soll Ausdruck meiner Hoffnung sein, daß unsere Gottesdienste Freude und Kraft ausstrahlen.
- ...

Bildbetrachtung

Kurt Reuber, Stalingrad-Madonna, 1942

Rußland, Stalingrad, Winter 1942.
Tausende Soldaten sind eingeschlossen,
erwarten Zusammenbruch und Tod.
Der Oberarzt Kurt Reuber zeichnet auf
die Rückseite einer russischen Landkarte
ein Bild und überrascht am Heiligen Abend
seine Freunde mit dieser Zeichnung.
Das Bild zeigt eine Mutter, die eben
ein Kind geboren hat: Maria und Jesus.
Zwei hilflose Gestalten, wehrlos und arm.
Sie schmiegen sich aneinander in dieser
harten, unerbittlichen Situation. Doch
Mutter und Kind sind nicht verloren. Wie

die Mutter das Kind einhüllt und birgt,
so sind beide Gestalten nochmals umfangen
wie von zwei schützenden Händen.
Welche Ruhe und Geborgenheit geht aus
von dieser Madonna von Stalingrad;
welche Kraft und Sicherheit von dem,
der diese beiden umschließt – von Gott!
Der Beter im Psalm 139 hat ihn erfahren
trotz, ja gerade in seiner Not und Gefahr:
»Von allen Seiten hast du mich umschlossen
und hältst deine Hand – über mir.«

Das Bild hat wohl den seltsamsten
Rahmen, den je ein Bild hatte.
Am linken Bildrand steht geschrieben:
»1942 Weihnachten im Kessel.«
Am rechten Bildrand lesen wir die Worte:
»Licht, Leben, Liebe.«
Auf der einen Seite der Hinweis
auf Untergang und Tod.
Auf der anderen Seite die Botschaft
von Rettung und Heil.
Welchen Glauben hatte dieser Mann,
der im Angesicht des Todes
solche Worte sagen und malen konnte!
Licht! Nicht die Nacht also
wird am Ende siegen, sondern:
»Der Glanz des Herrn umstrahlte sie.«
Leben! Nicht der Tod also
wird für immer triumphieren, sondern:
»Heute ist euch der Retter geboren.«
Liebe! Nicht der Haß also
hat das letzte Wort, sondern:
»Ein Kind in der Krippe – Friede auf Erden.«
In der Hölle von Stalingrad öffnet sich –
ein Stück Himmel: Licht, Leben, Liebe!

(Theo Schmidkonz)

(Als Meditationsbild zu beziehen bei: Rottenburger Kunstverlag VER SACRUM, 72108 Rottenburg, Bild Nr. 809 D.)

Herbergsuche

In was betten wir dich diesmal, Herr?
In unseren Glauben?
Unser Glaube ist gering,
sonst würden wir anders leben.

In was betten wir dich diesmal, Herr?
In unsere Hoffnung?
Unsere Hoffnung ist gering.
Wir haben sie von Meinungsmachern treten lassen.

In was betten wir dich diesmal, Herr?
In unsere Liebe?
Unsere Liebe ist gering.
Sie richtet sich fast nur auf uns selbst.

In was betten wir dich diesmal, Herr?
In unsere Freude?
Unsere Freude ist gering.
Sie leidet schwer am Besitz und am Geld.

In was betten wir dich diesmal, Herr?
In unsere Freigebigkeit?
Unser Schenken ist gering.
Wir geben oft das, was wir nicht mehr brauchen.

In was betten wir dich diesmal, Herr?

Es wird gut sein,
du nimmst wieder mit der Krippe vorlieb,
sie ist weicher als unsere Herzen.
Und wer Sehnsucht hat, wird kommen.

(Magdalene Marx)

FÜRBITTEN

Wir wollen beten um das Geschenk des Lichtes, das in die Finsternis der Welt und in die Finsternis unseres Herzens scheint:

- Laß dein Licht leuchten allen Gefangenen in der Welt. Schick dein Licht allen, die unter Gewalt und Ungerechtigkeit leiden. (Herr, unser Gott: Wir bitten dich, erhöre uns.)

- Laß dein Licht leuchten allen Hoffnungslosen, Einsamen, Kranken, Vertriebenen. Laß sie wissen, daß sie nicht allein sind. (Herr, unser Gott: Wir bitten dich, erhöre uns.)
- Laß uns alle, unsere Angehörige und Freunde dein Licht sehen, damit wir selber Licht werden für den Nachbarn nebenan. (Herr, unser Gott: Wir bitten dich, erhöre uns.)
- Laß dein Licht leuchten für unsere Verstorbenen, damit sie deine Herrlichkeit schauen.
  (Herr, unser Gott: Wir bitten dich, erhöre uns.)

Um dies alles und mehr bitten wir dich durch Christus, unseren Herrn. Amen.

GEBET

Gott, du weißt, daß wir schwache Menschen sind. Deshalb bitten wir dich, stärke uns in unserem Glauben, in unserer Hoffnung und in unserer Liebe.

SEGEN

Einer kam und zerbrach liebgewordene Gewohnheiten: Wer unter euch groß sein will – diene seinen Mitmenschen.
Laß uns dies zum Segen sein.

Einer kam und widersprach den üblichen Ansichten: Liebt eure Feinde – seid gut zu allen, die euch verachten.
Laß uns dies zum Segen sein.

Einer kam und verlangte kompromißloses Handeln: Wer von euch zwei Mäntel hat – der gebe einen dem, der keinen hat.
Laß uns dies zum Segen sein.

Einer kam und verschenkte sich – damit wir leben.
Laß uns dies zum Segen sein. Amen.

Entwurf: Elfriede Hirsch, Biberach

Das Volk im Dunkel sieht ein helles Licht

Anlaß: Eine Adventsfeier für eine Frauengruppe.
Zur Vorbereitung: In der Mitte des Raumes liegt ein Adventskranz. Seine Kerzen werden beim ersten Lied geholt und von den Sprecherinnen 2–5 angezündet. Sie halten die brennenden Kerzen in der Hand, während sie nachher ihren ersten Text sprechen, und stecken sie dann an den Adventskranz. In einem Körbchen liegen für jede Teilnehmerin drei goldene Nüsse bereit. – Eine Schola hat die Lieder vorbereitet. – Recorder, Cassette mit adventlicher Musik.

SCHRIFTTEXTE

Jesaja 6,1–3: Von seiner Herrlichkeit ist die Erde erfüllt
Jesaja 2,4: Man übt sich nicht mehr im Krieg
Jesaja 1,16–17: Lernt Gutes zu tun
Jesaja 9,1–5: Das Volk im Dunkel sieht ein großes Licht
Jesaja 7,14–15: Sie wird ihm den Namen Immanuel geben
Jesaja 11,1–2: Der Geist des Herrn läßt sich auf ihm nieder
Hebräerbrief 1,1–3: In dieser Endzeit hat er gesprochen durch seinen Sohn

EINFÜHRUNG

1. Sprecherin: Auf der ganzen Welt feiern Christen jetzt Advent. Auch wir haben uns zu einer adventlichen Feier versammelt. Das Wort der Schrift, die alten Lieder, der Adventskranz und die Gemeinschaft miteinander sollen unser Herz öffnen. Unsere Feier hat drei Teile:

- Eine Hinführung zu dem, was der Advent ist und will.

- Eine Besinnung über das Wort des Propheten Jesaja.
- Ein tieferes Verstehen des Nikolaus-Brauchs und seine Bedeutung für mein eigenes Leben.

GESTALTUNGSELEMENTE

Meditation

2. Sprecherin: Advent, das ist Begegnung. Das ist ganz da-sein. Das ist hinhören und nahekommen.

3. Sprecherin: Advent, das heißt umkehren. Altes und Festgefahrenes mit anderen Augen sehen. Neu anfangen.

4. Sprecherin: Advent, das ist mein Einsatz für die, an die niemand denkt, mit denen niemand redet, für Menschen, die in unserer Gemeinde abseits stehen.

5. Sprecherin: Advent bedeutet Hoffnung haben, daß Lieblosigkeit, Krieg, Unterdrückung, Angst und Ungerechtigkeit letztlich überwunden werden.

6. Sprecherin: Advent heißt, Gott kommt, wo er eingelassen wird. Wo der Glaube an seine Liebe lebendig ist. In mir, in uns, dort, wo zwei oder drei sich in seinem Namen versammeln.

Lied: »Kündet allen in der Not« (GL 106, 1–6)

Die Strophen im Wechsel in zwei Gruppen singen.

1. Sprecherin: An den Wendepunkten der Geschichte haben in Israel die Propheten die Menschen mit feierlichen Worten und in anschaulichen Bildern an Gottes Liebe zu seinem Volk erinnert; aber auch in drohenden Reden haben sie verheißen, welches Unglück über das Volk kommt, wenn es sich nicht bekehrt und es sich nicht um Frieden und Gerechtigkeit müht. Israel hat den Untergang Jerusalems erlebt. Es kam ins Exil und »saß an Babels-Flüssen und weinte« (Psalm 137,1). Die Propheten als Boten von Gottes Wort sind die großen Warner und Tröster Israels gewesen. So auch der Prophet Jesaja. Er hat 700 Jahre vor Christus die Geburt des Messias, des Immanuel angekündet.

2. Sprecherin: Die Liturgie im Advent verkündet auch dem heutigen Gottesvolk die Botschaft der Propheten. Auch wir sind zu Besinnung und Umkehr gerufen. Auch uns wird das Kommen Gottes verkündet.

3. Sprecherin: So spricht Jesaja: »Im Todesjahr des Königs Usija sah ich den Herrn. Er saß auf einem hohen und erhabenen Thron. Die Schleppe seines Gewandes füllte den Tempel. Serafim schwebten über ihm. Sie riefen einander zu: Heilig, heilig, heilig ist der Herr der Heere. Von seiner Herrlichkeit ist die ganze Erde erfüllt« (vgl. Jes 6,1–3).

Vors./Alle: »Heilig, Heilig, Heilig« (GL 510)

4. Sprecherin: So spricht Jesaja: »Er spricht Recht im Streit der Völker, er weist viele Nationen in die Schranken. Dann schmieden sie Pflugscharen aus ihren Schwertern und Winzermesser aus ihren Lanzen. Man zieht nicht mehr das Schwert, Volk gegen Volk, und übt sich nicht mehr für den Krieg« (Jes 2,4).

Alle: »Heilig, Heilig, Heilig« (GL 510)

3. Sprecherin: So spricht Jesaja: »Wascht euch, reinigt euch! Laßt ab von eurem üblen Treiben! Hört auf, vor meinen Augen Böses zu tun! Lernt, Gutes zu tun! Sorgt für das Recht, helft den Unterdrückten! Verschafft den Waisen Recht, tretet ein für die Witwen!« (Jes 1,16–17)

Alle: »Heilig, Heilig, Heilig« (GL 510)

4. Sprecherin: So spricht Jesaja: »Das Volk, das im Dunkel lebt, sieht ein helles Licht; über denen, die im Land der Finsternis wohnen, leuchtet ein Licht auf. Denn uns wurde ein Kind geboren, ein Sohn wurde uns geschenkt. Die Herrschaft liegt auf seinen Schultern, und man nennt ihn: Wunderbarer Ratgeber, starker Gott, Vater in Ewigkeit und Friedensfürst« (Jes 9,1.5).

Alle: »Heilig, Heilig, Heilig« (GL 510)

3. *Sprecherin:* So spricht Jesaja: »Darum wird euch der Herr von sich aus ein Zeichen geben. Seht, die junge Frau wird schwanger werden und einen Sohn gebären, und sie wird ihm den Namen Immanuel geben. Er wird Butter und Honig essen bis zu der Zeit, in der er versteht, das Böse zu meiden und das Gute zu wählen« (Jes 7,14–15).

Alle: »Heilig, Heilig, Heilig« (GL 510)

4. *Sprecherin:* So spricht Jesaja: »Doch aus dem Baumstumpf Jesse (Jesse = Vater Davids) wächst ein Zweig hervor, ein junger Trieb aus seinen Wurzeln bringt Frucht, und der Geist des Herrn läßt sich nieder auf Ihm: der Geist der Weisheit und der Einsicht, der Geist des Rates und der Stärke, der Geist der Erkenntnis und der Gottesfurcht« (Jes 11,1–2).

Alle: »Heilig, Heilig, Heilig« (GL 510)

Lied: »Es ist ein Ros entsprungen« (GL 132,1–3)

1. *Sprecherin:* Der Sohn als Erfüllung der Verheißung Gottes. Lesung aus dem Brief des Apostel Paulus an die Hebräer: »Viele Male und auf vielerlei Weise hat Gott einst zu den Vätern gesprochen durch die Propheten; in dieser Endzeit aber hat er zu uns gesprochen durch den Sohn, den er zum Erben des Alls eingesetzt hat; er ist der Abglanz seiner Herrlichkeit und das Abbild seines Wesens; er trägt das All durch sein machtvolles Wort, hat die Reinigung von den Sünden bewirkt und sich dann zur Rechten der Majestät in der Höhe gesetzt« (Heb 1,1–3).

Lied: »Lobt Gott, ihr Christen alle gleich« (GL 134,1–4)

5. *Sprecherin:* Die Heiligen haben sich vom Wort Gottes leiten lassen. Sie haben in ihrem Leben das versucht, zu was die Heilige Schrift uns Menschen anleitet. Einer

dieser frühen Heiligen ist Bischof Nikolaus. Er hat um 350 in Myra im Süden der heutigen Türkei gelebt. Sein Gedenktag hat sich im Brauchtum des Advents fest verankert.

6. Sprecherin: Historisch wissen wir von diesem Mann wenig. Seine Persönlichkeit wird gezeichnet von Legenden. Sie sind Ausdruck der Verehrung. Nikolaus befreit drei zu Unrecht eingekerkerte Offiziere. Er rettet drei unschuldig zum Tod verurteilte junge Männer und Matrosen in Seenot. Drei armen Mädchen gibt er Geld und ermöglicht ihnen damit die Heirat. Im 13. Jahrhundert wird Nikolaus Patron der Schüler. So entstand der Brauch, daß der gütige und helfende Heilige am 6. Dezember Kinder besucht und beschenkt.

6. Sprecherin: Im Herabsteigen des heiligen Nikolaus vom Himmel zur Erde als Bote der Güte zeigt sich der Glaube an die Menschenfreundlichkeit Gottes und an die Kraft der Fürbitten der Heiligen.

Dargestellt wird der Heilige meistens als Bischof mit einem Buch, auf dem drei goldene Kugeln liegen. Das Buch ist Zeichen dafür, daß er den Christen seiner Zeit das Wort der Schrift verkündet und ausgelegt hat; die drei Kugeln für seine Hilfsbereitschaft gegenüber Menschen in Not. Auch wir erhalten jetzt drei Nüsse.

Adventliche Musik, während von den Sprecherinnen an alle Frauen drei goldene Nüsse ausgeteilt werden.

6. Sprecherin: Drei goldene Nüsse liegen in meiner Hand. Drei ist bei allen Völkern eine herausragende Zahl. In fast allen Religionen gibt es eine göttliche Dreiheit – bei uns die Heilige Dreifaltigkeit. Im Alten Testament bedeutet drei: der dreimal heilige Gott aus dem Buch Jesaja (6,3). Gebete werden zu ihrer Wirksamkeit dreimal gesprochen zum Beispiel Agnus Dei, Mea culpa. Im Märchen müssen die Helden oft dreifache Prüfungen bestehen. »Aller

guten Dinge sind drei«, sagt der Volksmund. In drei wird Vollkommenheit, Ganzheit und das Alles-Umfassende ausgesagt.
Gold, das kostbarste Metall, ist ein Sinnbild für die Sonne. Es steht aber auch für alles Irdische, alles Vergängliche – und sei es noch so edel.

5. Sprecherin: Drei goldene Nüsse in meiner Hand – was bedeuten sie für mich? Könnten es meine Begabungen sein? Welche? Bei Nikolaus sind die drei goldenen Kugeln Zeichen für Hilfsbereitschaft und Güte. Könnten die goldenen Nüsse bei mir für dasselbe stehen? Könnten die Nüsse mir sagen, daß Gott mir alles schenkt, was ich für mein Leben brauche, daß er aber auch will, daß ich andern davon weitergebe?

6. Sprecherin: Wir möchten Sie einladen, in diesem Advent anderen Menschen goldene Kugeln zu schenken. Vielleicht jemandem, dem Sie längst sagen müßten, wie sehr Sie ihn achten, schätzen oder mögen.

5. Sprecherin: Vielleicht schenken Sie aber auch eine goldene Kugel jemandem, der nicht mit Ihrer Liebe rechnet. Von dem Sie nichts erwarten dürfen. Ein Mensch, der Ihr Nächster geworden ist, weil Sie in dieser Adventszeit umkehren wollen und Zeichen der Liebe setzen, wie die Propheten es verkündet haben und Nikolaus es in seinem Leben versucht hat.

Lied: »Macht hoch die Tür« (GL 107,1–2)

GEBET

Herr unser Gott, du bist uns nahe gekommen in deinem Wort. Du bist uns nahe gekommen in deinem Sohn. Du bist uns nahe gekommen und kommst uns immer noch nahe in Menschen, die dein Wort hören und deinem Sohn nachfolgen. Laß mich zu ihnen gehören und so für andere Wegweiser zu dir zu sein. Amen.

SEGEN

Der barmherzige Gott hat uns den Glauben an das Kommen seines Sohnes geschenkt; er segne und heilige uns durch das Licht seiner Gnade.
Alle: Amen.

Er mache uns standhaft im Glauben, froh in der Hoffnung und eifrig in Werken der Liebe.
Alle: Amen.

Die erste Ankunft des Erlösers sei uns Unterpfand der ewigen Herrlichkeit, die er uns schenken wird, wenn er wiederkommt auf den Wolken des Himmels.
Alle: Amen.

Das gewähre uns der dreieinige Gott, der Vater und der Sohn und der Heilige Geist.
Alle: Amen.

Entwurf: Elfriede Hirsch, Biberach

Macht die Tore weit – Advents-Erwartungen

Anlaß: Der Gottesdienst wurde mitgestaltet vom Frauenkreis St. Ulrich, Kirchheim/Teck. Er wurde als Gemeinde-Eucharistiefeier zum zweiten Adventssonntag 1995 gefeiert.

SCHRIFTTEXT

Matthäus 3,1–12: Vorbereitung – Erwartung

EINFÜHRUNG

Wir haben die zweite Adventskerze angezündet, es wird heller, wir gehen Weihnachten entgegen. Weihnachten, das christliche Fest der Liebe und des Friedens. In der heutigen Zeit werden viele fragen: Friede? Es gibt doch so viel Not und Problematik!
Aber es steht geschrieben: Der Engel verkündete den Frieden auf Erden allen Menschen, die guten Willens sind.
In dieser Erinnerung schenken wir uns heute die Gemeinschaft des Gottesdienstes. Dabei wollen wir über unsere Advents- und Weihnachtserwartungen nachsinnen, die alten Traditionen bedenken und ihrem Sinn nachspüren.
Beginnen wir also diesen Gottesdienst im Namen des Vaters und des Sohnes und des Heiligen Geistes. Amen.

GESTALTUNGSELEMENTE

Gedanken zum Advent

Der Advent wird oft die »Zeit der Erwartung« genannt. Und doch ist sie eher eine »Zeit des Erwartens«. – Worin liegt der Unterschied?

Viele Menschen haben eine feste Vorstellung davon, wie die Adventszeit und das Weihnachtsfest ablaufen sollen: eine stimmungsvolle Zeit, angenehme Überraschungen, freundlich gestimmte Menschen, ein bißchen Schnee zum Fest wär' ja auch ganz schön – alles ist genau geplant. Man hat sein Bild von diesen Tagen, dieser Zeit, geprägt von Kindheitserinnerungen, Familientraditionen und vielem mehr.
Das sind Erwartungen. Sie spiegeln Vergangenheit, wollen Wiederholung bekannter Muster und Handlungen. Und diese Erwartungen werden meist mit Forderungen gleichgestellt. »Ich erwarte von meiner Familie, daß Weihnachten ein schönes Fest werden soll und alle dazu beitragen!«
Ein solches Verständnis schreibt fest, meine Vorstellungen und Bilder sollen Wirklichkeit werden, genau so und so möge es doch bitte sein. Können wir eigentlich noch erwarten – warten? Haben wir ein Bild davon, was in diesen Tagen zu geschehen hat, oder sind wir offen dafür, wie sich Advent und Weihnachten in diesen Tagen, in diesem Jahr neu in uns ereignen kann? Was bedeutet Advent für uns ganz persönlich?
Wir wissen genau, was wir alles vorbereiten und planen müssen. Wir »organisieren« für uns und andere den Advent und fallen dabei doch selbst ins Leere. Uns befällt gerade in dieser Zeit die Ohnmacht und Hilflosigkeit, das Wesentliche verfehlt zu haben. Wir fliehen in Aktivitäten, deren es in dieser Zeit unzählige gibt. Wir überdecken die Leere mit Terminen, Verabredungen und Projekten, zünden künstliche Lichter an, die das Dunkel vertreiben sollen. Können und wollen wir Dunkel aushalten?
Hier kommt mir ein persönliches Erlebnis in Erinnerung:
Es war in der Wüste Sinai – Katharinenkloster – nachts 2 Uhr. Der Nachthimmel war von Wolken leicht bedeckt, Sterne oder Mond konnten keine Orientierung geben. Das Ziel unserer kleinen Gruppe war, den Gipfel des Mosesberges vor Sonnenaufgang zu erreichen. Unser israelischer Führer Abraham bat uns, keine Taschenlampen mitzunehmen. Er machte uns Mut, daß wir Schritt für Schritt den Weg in der Dunkelheit erkennen würden. Es war so. Die Finsternis, auf die wir uns eingelassen hatten, bekam Konturen. Unsere Füße in unseren Bergstiefeln gingen immer sicherer auf dem schmalen, steilen, steinigen Pfad. Das Ziel kannten wir, aber der Weg lag im Dunkeln. Und da, plötzlich im Vorwärtsschreiten, blitzte immer wieder eine Taschenlampe auf,

deren Licht uns für Sekunden fast blind machte. Zwei von unserer Gruppe wollten »sicher« gehen, vorausschauen und wissen, wohin sie treten. Abraham ermahnte sie, aber sie konnten sich nicht von ihrer kleinen Laterne lösen. Auf halber Strecke gaben sie auf, blieben sitzen unter einem Felsen und erwarteten den Morgen. Wir kamen oben an.
Dieses Erlebnis wurde für mich zum Gleichnis: Dunkelheit zulassen, aushalten. Dieses Aushalten ist der erste Schritt zum Losgehen. Erst in der Dunkelheit kann die Sehnsucht in mir wachsen, daß sie die Kraft zum Aufbruch gibt.
Aushalten, loslassen, einlassen – das kann so viel Kraft kosten, daß es mich an die Grenzen meiner Möglichkeiten bringt und sie vielleicht sogar übersteigt. Aber erst aus einem solchen Annehmen der Situation, einem Akzeptieren meines eigenen Dunkels, einer Versöhnung mit meinen Schwächen und Defiziten, kann Aufbruch, kann Veränderung geschehen.
Wir ahnen, daß wir uns neu auf die Suche, auf den Weg machen müssen, wenn sich Weihnachten für uns persönlich ereignen soll. Ich finde den Gedanken tröstlich, daß wir uns bei dieser Suche auch biblisch in guter Gesellschaft befinden:
Magier, nur einen Stern vor Augen, brechen auf, suchen einen König und finden ein Kind in einem Stall; Hirten, nur eine Aufforderung in den Ohren, gehen los, lassen das Vertraute im Stich, und begegnen einer anderen Welt.
Vielleicht werden auch wir bei dieser Suche etwas finden, was wir nicht erwartet haben.

Meditation: Ansprache einer Kerze

Du hast mich angezündet und schaust – nachdenklich oder versonnen – in mein Licht. Vielleicht freust du dich über mein Licht. Ich jedenfalls freue mich, daß ich für dich brenne. Wenn ich nicht brennen würde, läge ich in einem Karton mit all denen, die nicht brennen. Da liegen wir nur herum, ohne Sinn. Einen Sinn haben wir nur, wenn wir brennen. Aber seit ich brenne, bin ich schon ein Stück kürzer geworden – das ist schade, denn ich kann mir ausrechnen, daß ich so kurz werde, daß ich nur noch ein kleines Stümpfchen bin.
Aber so ist das! Es gibt nur zwei Möglichkeiten – entweder ich bleibe ganz und unversehrt im Karton, dann werde ich nicht kür-

zer, dann geht mir überhaupt nichts ab, aber dann weiß ich nicht, was ich eigentlich soll. Oder ich gebe Licht und Wärme, dann weiß ich, wofür ich da bin, dann muß ich auch etwas geben dafür: von mir selbst, mich selber. Das ist schöner als kalt und sinnlos im Karton.

So ist das auch bei euch Menschen – genau so! Entweder ihr bleibt für euch, dann passiert euch nichts, dann geht euch nichts ab – dann seid ihr Kerzen im Karton. Oder ihr gebt Licht und Wärme – dann habt ihr einen Sinn. Dann freuen sich eure Mitmenschen, daß es euch gibt. Dann seid ihr nicht vergebens da. Aber dafür mußt du etwas geben – von dir selber, von allem, was in dir lebendig ist: von deiner Freude, deinem Lachen, deinen Ängsten, deiner Traurigkeit, deiner Sehnsucht, von allem, was in dir ist. Du brauchst keine Angst zu haben, wenn du dabei kürzer wirst, das ist nur äußerlich, innen wird es bei dir immer heller.

Ich bin nur eine kleine, einzelne Kerze. Wenn ich alleine brenne, ist mein Licht nicht groß, und die Wärme, die ich abgebe, ist gering. Aber mit anderen zusammen ist das Licht groß und die Wärme stark. Und wieder: Bei euch Menschen ist das genau so. Einzeln, für euch ist das Licht nicht gewaltig und die Wärme klein. Aber zusammen mit anderen, da seid ihr viele. Licht ist ansteckend. Laßt euch also vom Licht der Kerze anstecken.

FÜRBITTEN

In diesen Tagen stehen wir in Ausschau und Erwartung auf das Kommen des Herrn. Das Warten auf einen Menschen, ein besonderes Ereignis oder ein Fest verändert unser Leben. Wir sind voller Hoffnungen und zugleich voller Unsicherheiten. Erhöre, Herr, unsere Fürbitten, die wir auf dem Weg der Erwartung in deine Hände legen:

- Erwarten wir zu viel von der Advents- und Weihnachtszeit?
  Gott, unser Vater, öffne uns für gute Begegnungen und Erfahrungen in dieser Zeit.
  (*Antwortruf:* O Heiland, reiß die Himmel auf)
- Erwarten wir zu viel von der Kirche?
  Wir sind Kirche. Gott, unser Vater, laß uns unsere Aufgaben als Frauen in der Kirche erkennen und sie erfüllen.

- Erwarten wir zu viel von unseren Partnern, Freunden und Mitmenschen?
  Gott, unser Vater, gib uns Zeit und Offenheit im Gespräch. Laß uns in deinem Geist Liebe und Freude weiterschenken.
- Erwarten wir zu viel von unseren Kindern?
  Gott, unser Vater, schenke uns Einsicht und Vertrauen in die Wege, die sich unsere Kinder selbst wählen. Öffne unsere Türen für die Vielfältigkeiten ihres Lebens.
- Erwarten wir zu viel von Gesellschaft und Staat?
  Gott, unser Vater, mache uns bereit, die hilflosen Schreie von Randgruppen, Obdachlosen, Asylanten und Flüchtlingen zu hören und für ihre Probleme einzustehen.
- Erwarten wir zu viel von Gott?
  Gott, unser Vater, laß uns gerade im Dunkel der Zeit das wahre Licht deiner Ankunft erkennen.

Denn du, unser Gott, hast in der Fülle deiner Liebe und Barmherzigkeit stets neue Wege für uns bereit. Amen.

GEBET

Gott, du Schutz aller Menschen. Du willst, daß wir in deinem Namen Frieden bringen, wo Menschen streiten, Glauben wecken, wo Menschen zweifeln.
Du willst, daß wir in deinem Namen Hoffnung lebendig werden lassen, wo Menschen von Traurigkeit gelähmt werden.
Hilf uns, daß wir bekannt machen, wie groß deine Liebe ist.

SEGEN

Der Herr segne uns und behüte uns auf unserem Weg.
Er wende uns sein Angesicht zu, wenn Finsternis und Unsicherheit uns bedrohen.
Der Herr erhebe sein Angesicht über uns in dieser Zeit des Wartens, und schenke uns den Frieden, den nur er uns geben kann.
Darum bitten wir im Namen des Vaters und des Sohnes und des Heiligen Geistes. Amen.

Entwurf: Jutta Traier, Kirchheim/Teck

Wer war Maria?

Anlaß: Die Frauenbundsgruppe in Bad Mergentheim hat als Adventsandacht diesen Gottesdienst vorbereitet.

SCHRIFTTEXT

Lukas 1,26–38: Maria ist erwählt

EINFÜHRUNG

Was fällt uns ein, wenn wir den Namen »Maria« hören?
Nicht von dieser Welt – Himmelskönigin – ein Mädchen aus Nazaret – Mutter Gottes – Wallfahrt – Mutterleid – auserwählt – glauben – Maiandacht – Advent – offen sein – Marienlieder.

GESTALTUNGSELEMENTE

Sprecherrollen zu Lk 1,26–34

1. Sprecherin: Gott sandte den Engel Gabriel in eine Stadt in Galiläa, nach Nazaret, zu einer Jungfrau namens Maria.
Sie war mit einem Mann verlobt, der Josef hieß, aus dem Haus David.
Der Engel kam zu ihr und sagte: Sei gegrüßt, du Begnadete, der Herr ist mit dir!
Sie aber erschrak über das Wort und dachte nach, was dieser Gruß bedeute.

2. Sprecherin: Wer ist Maria? Ein unbekanntes Mädchen vor 2000 Jahren. Niemand nimmt von ihr Notiz. Geschichtsbücher erwähnen sie nicht. Trotzdem hinterläßt sie Spuren, deutlicher als die »Großen« der Weltgeschichte. Damit beginnt ihre Geschichte:

Sie ist ansprechbar. Sie lebt nicht in einer geschlossenen Welt. Sie ist keine Gefangene ihres Wunschdenkens. Sie kreist nicht um sich selbst, sie ist grundsätzlich offen, offen auch für das Unerwartete.

Und das ist ihr Geheimnis: Sie ist offen und ansprechbar – auch für Gott. Das ist nicht selbstverständlich und einfach. Denn Gott spricht nicht laut und aufdringlich. Keiner hört Gott unmittelbar. Gott spricht immer nur durch andere, oft anders, als wir es erwarten.

Die meisten Menschen hören nichts oder – hören nur sich selber. Maria aber unterscheidet unter den vielen Stimmen – Gottes Stimme!

3. Sprecherin: Das also ist Maria: Ein Mensch, der ja sagt zu einem Weg, der völlig dunkel erscheint. Ein Mensch, der sich einläßt auf ein Abenteuer, ein ziemlich unübliches Abenteuer – auf Jesus! Durch alle Mißverständnisse und alles Nichtverstehen hindurch hält sie zu ihrem Sohn. Sie hält fest an Gott! Maria, ein Mensch wie wir alle. Sie muß ringen um ihren Glauben, aber es ist Verlaß auf sie. Sie ist das Maß, an dem wir uns prüfen müssen.

4. Sprecherin: Maria hatte die Fähigkeit
- zuzuhören
- zur Hingabe
- zur Offenheit
- zur Ansprechbarkeit
- zum Vertrauen
- zum Schweigen und Nachdenken.

Darum stellt Maria Fragen an uns:

Sind wir für die Umwelt offen und ansprechbar? Lassen wir uns gerne von anderen etwas sagen? Sind wir aufgeschlossen für Neues, auch Unerwartetes? Leben wir in einer fertigen, für uns abgeschlossenen Welt?

5. Sprecherin: Gott, wir hören oft dein Wort. Aber es prallt an uns ab. Es kommt gar nicht an. Unbewußt sperren wir uns. Wir müßten sonst umdenken und umkehren, andere, neue Menschen werden. Das kostet Kraft und viel guten Willen. Gott, wir möchten ansprechbar sein wie Maria! Freilich, sie erschrickt über dein Wort. Sie hört den Anspruch heraus, der in deinem Gruß liegt: Gerufen werden in deine Nähe und – unter deine Führung. Aber niemand weiß, wohin du den Menschen führst. Gott, rüttle uns auf! Mach uns im Innersten unruhig, damit wir dein Wort hören und nicht verschlafen.

Meditation zu Lk 1,35–38

Maria hat ein Problem. Ihr Problem lautet nicht: Gott. Ihr Problem heißt vielmehr: Was will Gott von mir? Nur wenige stellen diese Frage. Maria ist unsicher und verwirrt. Sie blickt nicht mehr durch. Sie möchte ganz einfach – Klarheit.

Die Antwort Gottes klingt überraschend. Sie bietet kein einsichtiges Rezept, wie der Mensch es sich wünscht. Keine Lösung, die alle Probleme menschlich befriedigend löst.

Gott verspricht seinen Geist, die Kraft seines Geistes. Er verspricht diesen Geist jedem, der noch Fragen hat und nicht alles weiß. Jedem, der seine Grenze zugibt und darum über sich hinausruft – nach Gott – um den Geist.

Und das heißt glauben: mit der Kraft dieses Geistes rechnen, sich diesem Geist nicht widersetzen. Glaube ist: Aussicht in Aussichtslosigkeit, Hoffen in Hoffnungslosigkeit, Tragen des Unerträglichen, verlieren und dabei gewinnen, sterben und dennoch leben.

Gebet: Hilf meinem Unglauben

Gott, es sagt sich so leicht, und wir sagen es täglich: »Dein Wille geschehe!« Aber wenn du dann willst, irgend etwas, oder gar alles – dann sagen wir: Nein! Ausgeschlossen! Das kann doch nicht wahr sein! Wie sollen wir das schaffen? Wie sollen wir das aushalten? Unmöglich!

Dein Sohn aber sagt: »Nichts wird euch unmöglich sein! Wenn ihr nur Glauben habt! Auch wenn dieser so klein ist wie ein Senfkorn!« (Mt 17,20). Denn wer glaubt, dem wird Macht gegeben, in dem – wohnt Gott. Und bei Gott – ist nichts unmöglich! Gott, ich glaube! Hilf meinem Unglauben!

Nachdenken über das Ave Maria

Gegrüßet seist du, Maria, voll der Gnade!
Ein Engel hat dich damals so gegrüßt, sagt die Bibel. So einen Engel hätte ich manchmal nötig, daß er mich wachrüttelt, wenn ich mit offenen Augen in den Tag träume und nicht merke, wo ich gebraucht werde.

Der Herr ist mit dir!
Das heißt doch wohl: Gott ist dir ganz nah, weil du ihn einläßt, weil du dich auf ihn einläßt. Wie ist das bei mir?

Du bist gebenedeit unter den Frauen und gebenedeit ist die Frucht deines Leibes, Jesus.
»Gebenedeit?« Ein eigenartiges Wort: halb lateinisch, halb deutsch. Im Wörterbuch steht dafür: »gesegnet«. Gesegnet bist du, ist Jesus, dein Kind. Ein Segen für die ganze Menschheit!

Heilige Maria, Mutter Gottes, bitte für uns Sünder. Jetzt und in der Stunde unseres Todes. Amen.
Leg ein gutes Wort für mich ein; denn ich weiß, daß ich nicht alles richtig mache im Leben. Bitte für mich und alle Menschen. Dann brauche ich weder vor dem Leben noch vor dem Tod Angst zu haben. Amen.

(Norbert Weidinger)

STATT FÜRBITTEN

Daß Gott Mensch wurde durch eine Frau, daß eine von uns neun Monate Gott beherbergte, daß Gott in ihr sein Zuhause hatte, ist der eigentliche Trost des Advent.
Wir dürfen also damit rechnen, daß sich auch in uns Weihnachten – die Ankunft des Gotteswortes – ereignen kann;
daß sich auch in uns Weihnachten – die Geburt des Gotteswortes – ereignen will;

daß auch in uns Weihnachten – der Beginn des Christuslebens – beginnen möchte.
An Weihnachten blicken wir weniger auf das Damals zurück. Betlehem, die Geburtsgrotte und die Krippe stehen überall, wo sich in Menschen Gott einfinden darf.
Es ist wahr: Gott verlangt danach, in dir ein Gott für andere zu werden.

GEBET

Gott, dein Sohn ging, aber nicht sein Geist. Sein Geist lebt fort in seiner Gemeinde. Wo aber ist diese Gemeinde?
Wo Menschen anfangen, miteinander zu beten. Wo ihr Gebet sie aufreißt für deinen Anspruch. Wo sie ergriffen werden und offen bekennen: » Unsere Mitte ist Jesus, dein Sohn, unser Bruder. Du aber bist – unser einziger Vater!« Wo Menschen sich vergessen und einander lieben. Wo sie teilen mit dem, der weniger hat. Wo sie »wir« sagen und »unser« und nicht dauernd »ich« – dort ist Gemeinde, dort ist Kirche, und dort – bist auch du! Gott, laß uns dabei sein in dieser Gemeinde, mit Maria und allen, die glauben, daß du groß bist – und gut!

SEGEN

Gott allen Trostes und aller Verheißung, segne uns und behüte uns, begleite uns mit deiner Liebe, die uns trägt, wie sie Maria getragen hat.

Laß dein Angesicht über uns leuchten in der Dunkelheit unseres Lebens, denn deine Güte schafft neues Leben.

Wende uns dein Angesicht zu, und schenke uns Heil, dann sind wir gesegnet. Amen.

Entwurf: Christa Herz, Bad Mergentheim

Sei gegrüßt, du Begnadete

Anlaß: Frauengottesdienst im Advent, vorbereitet von einer Frauengruppe und gefeiert am 12. Dezember 1993 in Ulm.
Zur Vorbereitung: Die Frauen werden mit der Einladung aufgefordert, ihre Instrumente (auch ganz einfache) mitzubringen. Eine gute Flötenspielerin sollte dabei sein. Die Bibeltexte eindrucksvoll und langsam zu sprechen, sollte von der Lektorin geübt werden. Für den Lichtertanz werden Teelichter gebraucht; dafür sollte auch eine große Kerze (Osterkerze!) bereitgestellt werden. Der Spiral-Lichtertanz sollte vorher erklärt und geübt werden.

SCHRIFTTEXT

Lukas 1,26–45: Eine problemlösende Begegnung

EINFÜHRUNG

Der Text bei Lukas ist uns sehr bekannt. Es besteht die Gefahr, Einzelheiten zu überhören. Nicht genug, daß ein Bote Gottes bei Maria eintritt und ein Zwiegespräch entsteht; Maria hört auf die Worte des Boten. Sie macht sich auf und geht zu ihrer Verwandten übers Gebirge. Sie nimmt also die Worte des Boten ernst. Und auch die Begegnung mit Elisabet bringt neue, unerwartete Aussagen. Maria wird seliggepriesen, weil sie geglaubt hat. Dieser tiefsichtige Zuruf Elisabets entspricht dem Gruß des Gottesbotens: Sei gegrüßt, du Begnadete.

GESTALTUNGSELEMENTE

Tanz und Meditation

Dieses Element sollte mit Musik (Flöte) begleitet werden. Es besteht aus nicht festgelegten Tanzgesten und meditativem Nachsinnen über einen anspruchsvollen Text (Hymnus der Ostkirche).

Die Verse Lk 1,26–28 werden, jeweils nach einer kurzen Pause, dreimal gelesen. Die Teilnehmerinnen werden aufgefordert, aufzustehen und zum gehörten Bibeltext eine Geste (Tanzschritt) zu finden (jede für sich); Musik begleitet die Tanzgesten. Wenn alle sich wieder gesetzt haben, klingt die Musik noch eine Weile weiter; dann wird der Text Lk 1,26–28 noch einmal gelesen. Nach einer kurzen Stille wird der ostkirchliche Hymnus vorgelesen.

Der Text, den wir jetzt hören, stammt aus der Ostkirche. Er ist Teil der Vesper vom Fest Mariä Verkündigung.

O Mysterium!
Unbegreiflich ist die Art der Herablassung,
unaussprechlich der Reichtum der Gnade.
Ein Engel dient dem Wunder:
Der Schoß der Jungfrau empfängt den Sohn.
Der Heilige Geist überschattet sie.
Der Vater in den Himmelshöhen hat daran sein Wohlgefallen,
Und gemeinsamem Ratschluß gemäß
vollzieht sich die Vereinigung.
In ihr und durch sie gerettet,
rufen wir zusammen mit Gabriel der Jungfrau zu:
Gegrüßt seist du, Beglückte, denn
von dir kommt das Heil, Christus, unser Gott.
Da er unsere Natur annahm,
hat er sie zur seinigen emporgehoben.
Bitte ihn, unsere Seelen zu retten.

(Apostichon des Andreas von Jerusalem aus der Vesper von Verkündigung, Ton 4)

Imagination zum Weg Marias

Die Frauen, die Instrumente mitgebracht haben, werden aufgefordert, sie greifbar neben sich zu legen.

- Ich möchte Sie einladen, mit mir in Gedanken einen Weg nachzugehen:
- den Weg nämlich, den Maria zurückgelegt, nachdem der Engel bei ihr war, der Engel, der so schwer faßbare Ereignisse angekündigt hatte:

- die Schwangerschaft der alt gewordenen Verwandten Elisabet, ihre eigene Schwangerschaft, so ganz jung und unverheiratet.
- Gedankenreise, das heißt sich zu entspannen, äußere Bilder loszulassen und die eigene Aufmerksamkeit auf jene inneren Bilder, Farben und Gefühle zu lenken, die da beim Zuhören geweckt werden.
- Setzen Sie sich am besten aufrecht auf die vordere Sitzkante, die Beine fest auf den Boden gestellt, Schulter und Arme entspannt auf den Schoß gelegt, die Augen halb oder ganz geschlossen.
- Nun spüren Sie zunächst Ihren Atem noch, wenn er kommt und geht. Gedanken und Bilder, die aufsteigen, begrüßen Sie und lassen Sie auch bald wieder los.
- Im Text heißt es: »Maria aber machte sich auf und wanderte eilends nach dem Bergland zum Haus des Zacharias, zu Elisabet, ihrer Verwandten.«
- Eine junge orientalische Frau macht sich auf den Weg. – Sie ist in Eile. – Sehr jung, vielleicht 16 Jahre, allein. – Sie verläßt Nazaret, ihre Heimatstadt. – Folgen Sie ihr in Gedanken.
- Ist es Tag oder Nacht? – Fröstelt Maria in der kühlen Nacht, – oder brennt die Sonne auf sie?
- Wie sieht Ihre Maria aus? – Wie ist sie gekleidet? – Trägt sie einen Schleier? – Ein Bündel vielleicht? – Begegnet sie Menschen? – Wie wirkt sie auf diese? – Was reden die über sie? – Sie eilt ...
- Was nimmt sie von ihrer Umwelt wahr: – Von den Menschen, Tieren und der Landschaft? – Wie sieht das Bergland aus, auf das sie zuwandert, das sie erklimmt? – Schauen Sie sich in dieser Landschaft um. – Wie sind ihre Schritte, ihr Gang? – Was mag in dieser jungen Frau vorgehen? – Sie eilt ...
- Flieht sie vor etwas? – Vor was denn? – Was hat sie erlebt? – Was mußte sie hören? – Schwanger soll sie sein – ?!
- Was werden die Leute sagen? – Ihre Eltern, ihre Sippe? – Von einem »Sohn Gottes« hatte der Unbekannte, der Engel, gesprochen? – Wer wird ihr das glauben? – Was wird aus ihr, der ledigen Mutter in dieser Gesellschaft?

- Freude über das Kind liegt im Widerstreit mit der Angst vor den Leuten. – Was überwiegt: Angst oder Freude. – Erschöpfung bremst ihren Schritt. Etwas treibt sie voran?

- Was erwartet sie von Elisabet? – Hilfe – Trost – Schutz – Gewißheit? – Die Erfahrung einer alten Frau. – Bestätigung, schwanger oder nicht? – Wie stehen die Frauen zueinander? – Warum muß es so schnell gehen?

- Elisabet auch schwanger – sagt der Unbekannte, der Engel. – Die unfruchtbare Elisabet? – Auf ihre alten Tage, noch ein Kind? – Was soll Maria bei ihr empfinden? – Freude oder Sorge? – Mit welchen Gefühlen, Erwartungen, steht Maria schließlich vor Elisabets Türe, um anzuklopfen?

- Halten Sie die Bilder und Empfindungen im Gedächtnis fest, die Ihnen gekommen sind, und lösen Sie sich gleichzeitig aus Ihrem Tagtraum, Ihrer Gedankenreise …

Pause

- Kehren Sie in diesen Raum zurück – zu uns allen.

Die Begegnung von Maria und Elisabet wird nun mit den Instrumenten gestaltet.

- Ganz bewußt habe ich die Gedankenreise beendet, bevor Maria anklopft, bevor sich die beiden Frauen begegnen. Diese Begegnung mit Elisabet wollen wir jetzt auf eine ganz besondere Art erleben.

- Dafür haben Sie Ihre Instrumente mitgebracht. Sie liegen vor Ihnen. Ich denke, Maria brauchte Mut, um anzuklopfen. Vielleicht brauchen Sie ihn jetzt auch, um das auszuprobieren, wozu ich Sie jetzt einlade.

- Sie können im folgenden entweder erst einmal die Maria oder erst die Elisabet sein … Als Elisabet bleiben Sie erst einmal sitzen. Als Maria gehen Sie zu Elisabet, Sie müssen aufstehen und sich eine Partnerin suchen.

- Versuchen Sie, gemeinsam als Maria und Elisabet mit Ihren Instrumenten einen Dialog zu eröffnen. Drücken Sie in Tönen aus, was Sie bewegt, was in Ihnen vorgeht. Manchmal werden

Sie gemeinsam spielen, manchmal wird die eine etwas in Tönen sagen, die andere antworten.

- Probieren Sie es aus, am besten nacheinander. – Wer mag beginnen? »Maria ging in das Haus und begrüßte Elisabet«.

Die Imagination und das (instrumentale) »Gespräch« der beiden Frauen wird abgeschlossen durch die Lesung des Textes Lk 1,39–45.

Spiral-Lichtertanz

Zum Schluß dieses Gottesdienstes möchte ich Sie zu einem Spiral-Lichtertanz einladen. Holen Sie sich ein Teelicht, das Sie aber noch nicht anzünden. Wir holen uns das Licht nachher aus der Mitte.

Die Teilnehmerinnen stellen sich im Kreis. Während der Kanon: »Mache dich auf und werde Licht« (EH 91) gesungen wird, zünden die Teilnehmerinnen ihre Teelichter an und reihen sich wieder in den Kreis ein.Teelicht in die linke Hand – rechte Hand auf die linke Schulter der Vorausgehenden. Zunächst im Kreis gehen – linke Hand mit Licht nach außen gestreckt – Kanon weitersingen. Wenn alle stehen, wird die Lichtspirale angefangen, indem die erste (vorher festlegen) das Licht ganz hochhält, dann von da an, rückwärts, Licht immer weiter nach unten halten. Wenn die Spirale steht, Gebet vorbeten:

Herr, mit deiner Geburt ist Licht in diese Welt gekommen – Licht, das alle Finsternis erhellt – Licht, das unseren Weg erleuchtet – Licht, dem wir vertrauen können – Licht, an dem wir selber uns anstecken können.

Dann setzt sich die Spirale langsam in Bewegung und singt noch einmal: »Mache dich auf ...« Wenn der Kanon zweimal durchgesungen ist, geht die erste zur Mitte und stellt ihr Teelicht bei der großen Kerze ab; die anderen folgen ihr nach und nach – ohne Eile und ohne ihre Haltung aufzugeben, bevor sie vor der großen Kerze stehen. Dann geht eine nach der anderen an ihren Platz zurück.

GEBET

Auf jede Anrufung kann geantwortet werden: »Wir rufen zu dir, Maria«.

Maria,
die inmitten der Gemeinschaft der Glaubenden sitzt,
die einmütig mit uns versammelt ist,
die mit uns um den Geist Gottes bittet,
die das Protestlied singt,
die mit ihrem ganzen Leben Gott preist,
die ganz tut, was Jesus sagt,
die nicht aufgibt –
auch wenn sie eine Abfuhr erfährt,
die nachdenkt und erwägt und dann erst handelt,
die auch im größten Leid durchhält,
die seliggepriesen wird, weil sie geglaubt hat,
die auf Gottes Zuwendung
mit ihrem ganzen Leben antwortet.
Maria, unsere Schwester im Glauben:
Wir rufen zu dir.

(Eleonore Beck/Gabriele Miller)

SEGEN

Der Segen eures guten Gottes gehe mit euch:
wenn ihr nach Hause geht, daß euch ein Lächeln empfange;
wenn ihr zur Arbeit geht, daß euch ein Mensch begegnet, der euch schätzt;
wenn ihr mit Kindern spielt, daß ihr in ihren Augen die Ewigkeit ahnt;
wenn ihr euch schlafen legt, daß ihr aufgehoben seid in Gottes guter Hand.
Zieht hin als Gesegnete. Amen.

(Brigitte Enzner-Probst/Andrea Felsenstein-Roßberg)

Entwurf: Adelgunde Erath, Ulm

Maria – unsere Schwester im Glauben

Anlaß: Die Besinnung im Advent wurde für eine Gruppe von 30 Frauen vorbereitet.
Zur Vorbereitung: Die Frauen sitzen im Kreis. Wenn es mehr als 30 Frauen sind, ist es angeraten, die Stühle in einem Doppelkreis aufzustellen. Die Sprecherinnen sitzen mit im Kreis. In der Mitte liegt ein großes blaues Tuch (Maria wird in der Kunst mit einem blauen Mantel dargestellt) mit einem Adventskranz darauf. Für alle Teilnehmerinnen sind ein kleiner Tannenzweig und ein Moosröschen vorbereitet. – Recorder mit Meditationsmusik.

SCHRIFTTEXTE

Lukas 2,41–52: Warum habt ihr mich gesucht?
Johannes 2,1–12: Was willst du von mir, Frau?
Lukas 2,33–38: Dir selbst wird ein Schwert durch die Seele dringen
Lukas 1,26–38: Du hast bei Gott Gnade gefunden
Lukas 1,39–45: Selig, die geglaubt hat
Lukas 1,46–56: Von nun an preisen mich selig alle Geschlechter
Markus 3,31–35: Wer den Willen Gottes erfüllt
Lukas 11,27–28: Selig, die das Wort Gottes hören
Offenbarung 12,1–2: Mit der Sonne bekleidet

EINFÜHRUNG

1. Sprecherin: Maria, die Mutter Jesu, wird in unserer Kirche seit Jahrhunderten als zentrale Gestalt im Advent verehrt: im »Rorate«, einer Marienmesse mit Kerzenlicht, seit Kindertagen uns lieb und vertraut; im »Frauentragen«, auch »Herbergssuche« genannt, einem alten Adventsbrauch, den einzelne Gemeinden jetzt wieder aufgenommen haben. Auch wir stellen heute unsere Adventsfeier unter das

Thema: »Maria – unsere Schwester im Glauben.« Wir wollen nachspüren, wo wir Maria, der Mutter Jesu, der »Frau aus dem Volk«, nahe sind; wir wollen sie auf ihrem Glaubensweg anhand biblischer Texte begleiten und bedenken, was Maria uns für unser eigenes Leben und unseren Glauben sagen kann.

GESTALTUNGSELEMENT

Gespräch mit verschiedenen Sprecherinnen

2. Sprecherin: Was wissen wir von Maria, der Frau aus Nazaret, der Mutter Jesu?

3. Sprecherin: Was sagt das Neue Testament über sie, was das Lehramt der Kirche?

4. Sprecherin: Wie haben in 2000 Jahren Christentum Glaubende wie Künstler, Dichter und Denker Maria gesehen?

5. Sprecherin: Was bedeutet sie mir? Wo fühle ich mich ihr nahe und wo weit weg?

2. Sprecherin: Für mich ist Maria die Heiligste unter den Heiligen. Sie wurde ohne Sünde empfangen und war nicht belastet mit menschlichen Grenzen, wie ich sie spüre. Ich bin oft hilflos, unkonzentriert, verärgert über mich und andere. Dann kann ich auch nichts mit Gott anfangen. Schon gar nicht glauben, daß er mich mag, daß er da ist und mit mir den nächsten Schritt geht. Ich denke, bei Maria war das anders. Sie lebte in einer Atmosphäre der Ruhe, der Geborgenheit, des Gebetes. Sie erkannte den Willen Gottes und lebte danach.

– Stille –

3. Sprecherin: Mit einer solchen Maria kann ich nichts anfangen. Sie macht mir nur Schuldgefühle. So brav und fromm und immer Ja und Amen sagend will ich gar nicht sein. Wo kämen wir da heute als Mutter, als Ehefrau, als Christin im Beruf hin?

Alltagssorgen, Anstrengung, Versagen, Zweifel gehören zum Menschen. Ich bin überzeugt, Maria war davon nicht verschont: jeden Tag dreimal vom Brunnen Wasser holen, es kilometerweit in dieser trockenen, kargen Landschaft tragen; fürs Essen verantwortlich sein; für die Erziehung; die jüdischen Gesetze kennen und befolgen ...
Auch Jesus hat seiner Mutter einiges zugemutet. Denken wir nur, drei Tage hat sie ihren Zwölfjährigen gesucht. Nicht einmal entschuldigt hat er sich. Und sein abruptes: »Was willst du von mir, Frau« (Joh 2,4)? Hart ist das für eine Mutter! Meine Maria hatte es nicht leicht, deshalb ist sie mir auch nahe.

– Stille –

4. Sprecherin: Ich habe mich in den letzten Wochen gefragt, was die Menschen an Maria, der Mutter Jesu, so tief angesprochen hat. Ist es die »Königin des Himmels«, thronend mit Zepter und Apfel, oder die Mutter mit dem Kind auf dem Arm, es den Menschen zeigend, vorstellend als den Herrn der Welt, oder Maria als Fürsprecherin und Helferin in Krieg, Krankheit, Kinderlosigkeit? Sie gilt als Frau, die mit Leid vertraut ist. So finden wir sie unter dem Kreuz mit dem Schwert in der Brust und als Pietà, den toten Sohn auf dem Schoß. Tausende sind zu ihren Bildwerken an den Wallfahrtsorten gekommen und haben Trost und Kraft gesucht.
Viele spricht Maria als »kosmische Frau« an. Von Sternen umgeben, den Mond zu ihren Füßen, eingehüllt in dem blauen Mantel des Himmels. Bei vielen gilt sie als Lebens-Bringerin. Wo sie geht, blüht und wächst es in Fülle, das zeigt ihre Verehrung im Mai.
Mich beschäftigen noch die Hoheitstitel in der Lauretanischen Litanei: Du Sitz der Weisheit, Du geheimnisvolle Rose, Du goldenes Haus, Du starker Turm Davids. – Nicht nur, daß Maria Gottes Sohn geboren hat. Sie selber ist »mit Leib und Seele

aufgenommen in Gottes Herrlichkeit«, ist »Königin des Himmels«.
Was hat das alles mit mir zu tun? Ich habe eine Schwester im Himmel, die mir nahe ist, die mich versteht: meine Situation, meine Sehnsüchte, meine Leiden. Und ich verstehe sie, weil alles das, was von ihr gesagt wird, auch in mir angelegt ist. Wenn ich meinen Weg im Glauben gehe, werde ich wie sie Anteil an Gottes Herrlichkeit haben. Dies macht mir Mut zu mir selbst und Mut, mich Gott anzuvertrauen.

– Stille –

5. Sprecherin: Jetzt verstehe ich, warum die Kirche in Maria das Vorbild und Urbild christlichen Glaubens verehrt. Maria hört auf Gottes Wort, bewahrt und erwägt es in ihrem Herzen. Sie ist Suchende und Fragende in der Zeit des öffentlichen Wirkens Jesu. Sie steht unter dem Kreuz als Schmerzensreiche. Sie gehört zur jungen Christengemeinde, die im Geist Jesu miteinander lebt und glaubt. Maria ist für das ganze Gottesvolk »Urbild des Glaubens« und »Zeichen der Hoffnung und des Trostes«, so sagt das Zweite Vatikanische Konzil.

1. Sprecherin: Wir hören jetzt Musik und spüren nach, wo ich mich von Maria besonders angesprochen fühle.

– Musik –

1. Sprecherin: Was berichten uns die Kindheitsgeschichten in den Evangelien?

2. Sprecherin: Ein junges Mädchen aus Nazaret, ihr Name ist Mirjam, und ein junger Mann, Joseph, aus dem Stamme Davids, sind miteinander verlobt. Wahrscheinlich schmieden sie Pläne und denken über ihre gemeinsame Zukunft nach, wie dies Verlobte tun. Da erscheint der Engel mit seiner Botschaft. Die junge Frau erschrickt und versteht den Engel zunächst nicht, gibt aber ihr Ja zu dem von Gott geschenkten Kind. Dann macht sie sich auf nach Judäa zu Elisabet.

3. Sprecherin: Die Begegnung der beiden schwangeren Frauen und ihr prophetisches Lied geben uns davon Zeugnis, was im Menschen geschieht, wenn Gott am Werk ist. Im Magnifikat versteht sich Maria als Verkörperung Israels. Sie ist Gottes Angetraute, die über die zu erwartende Befreiung durch den Herrn in Jubel ausbricht. Auf einmal ist sie eine Schlüsselgestalt im Heilsplan Gottes.

2. Sprecherin: »Siehe von nun an preisen mich selig alle Geschlechter. Denn der Mächtige hat Großes an mir getan« (Lk 1,48–49).

3. Sprecherin: Maria ist es, durch die Gott handelt. Sie singt vom Umsturz bisher geltender Gesetze.

2. Sprecherin: »Er vollbringt mit seinem Arm machtvolle Taten: er zerstreut, die im Herzen voll Hochmut sind; er stürzt die Mächtigen vom Thron und erhöht die Niedrigen. Die Hungernden beschenkt er mit seinen Gaben und läßt die Reichen leer ausgehen« (Lk 1,51–53).

3. Sprecherin: Das ist umwälzend neu! Die junge Mirjam entwirft hier eine prophetisch-revolutionäre Sicht von Gottes Handeln. Sie zerbricht damit die enge Rolle, die ihre Gesellschaft einer jungen Frau zugedacht hat. Wie falsch das Bild von einer braven kleinkarierten Maria! – Singen wir mit den beiden Frauen.

Lied: »Den Herrn will ich loben« (GL 261)

1. Sprecherin: Was berichten die Evangelien von Marias Rolle während des öffentlichen Wirken Jesu?

4. Sprecherin: Jesus beginnt seine öffentliche Tätigkeit als Prediger und Wunderarzt in Galiläa. Am See Gennesaret, in Kafarnaum wohnt Petrus. Dort heilt er dessen Schwiegermutter. Sein Auftreten ist eine Sensation. So hat noch keiner von Gott geredet. Von weither kommen die Leute. Sie wollen ihn hören, sehen, geheilt werden. Auch seine Familie kommt.

5. Sprecherin: »Da kamen seine Mutter und seine Brüder; sie blieben vor dem Haus stehen und ließen ihn herausrufen. Es saßen viele Leute um ihn herum, und man sagte zu ihm: Deine Mutter und deine Brüder stehen draußen und fragen nach dir. Er erwiderte: Wer ist meine Mutter, und wer sind meine Brüder? Und er blickte auf die Menschen, die im Kreis um ihn herumsaßen, und sagte: Das hier sind meine Mutter und meine Brüder. Wer den Willen Gottes erfüllt, der ist für mich Bruder und Schwester und Mutter« (Mk 3,31–35).

4. Sprecherin: Wie deutlich diese Absage gegenüber der Mutter, wenn man bedenkt wie hoch das Gebot der Elternehrung bei den Juden gilt. – Eine Frau, die von Jesu Predigt besonders ergriffen ist, solidarisiert sich mit der Mutter, deren Sohn so gewaltig lehrt. Aus der Menge ruft sie ihm zu:

5. Sprecherin: »Selig die Frau, deren Leib dich getragen und deren Brust dich genährt hat. Er aber erwiderte: Selig sind vielmehr die, die das Wort Gottes hören und es befolgen« (Lk 11,27–28).

4. Sprecherin: Im Johannesevangelium beginnt Jesu öffentliches Wirken mit der Hochzeit zu Kana.

5. Sprecherin: »Als der Wein ausging sagte die Mutter Jesu zu ihm: Sie haben keinen Wein mehr. Jesus erwiderte ihr: Was willst du von mir, Frau? Meine Stunde ist noch nicht gekommen« (Joh 2,3–4).

4. Sprecherin: Wir können in diesen Texten Jesu Verhalten kaum verstehen. Es geht ihm um die absolute und radikale Erfüllung seiner Sendung, nämlich Gottes Reich heraufzuführen. Niemand darf ihn davon abhalten, auch nicht seine Mutter. Zu »seiner Familie« gehört jetzt, »wer den Willen des himmlischen Vaters erfüllt« (Markus) oder »wer das Wort Gottes hört und es befolgt« (Lukas). In den abrupten und schroffen Aussagen Jesu zeigen uns die Evangelisten, daß Christsein sich nicht in einer

Familienidylle vollzieht. Auch Maria muß in ihrer eigenen Familie erleiden, was Jesu Wort heißt:

5. Sprecherin: »Ich bin nicht gekommen, um Frieden zu bringen, sondern das Schwert. Denn ich bin gekommen, um den Sohn mit seinem Vater zu entzweien und die Tochter mit ihrer Mutter« (Mt 10,34–35). »Und wer nicht sein Kreuz auf sich nimmt und mir nachfolgt, ist meiner nicht würdig« (Mt 10,38).

4. Sprecherin: Maria muß als Suchende und Leidende ihren Weg zurücklegen, bis unter dem Kreuz der Sohn die Mutter Johannes, dem Freund, anvertraut. Wir sind geneigt, nur den Schmerz der Mutter bei der Kreuzigung zu bedenken. Leidvoller mag der innere Weg der Mutter mit dem göttlichen Sohn gewesen sein. Mütter wissen, wie schmerzlich es ist, das eigene Kind nicht mehr zu verstehen und seinen Verbrechertod vor Augen zu haben. Die Worte Simeons zeigen die Herausforderung:

5. Sprecherin: »Dieser ist dazu bestimmt, daß in Israel viele durch ihn zu Fall kommen und viele aufgerichtet werden, und er wird ein Zeichen sein, dem widersprochen wird. Dadurch sollen die Gedanken vieler Menschen offenbar werden. Dir selbst aber wird ein Schwert durch die Seele dringen« (Lk 2,34–35).

Lied: »Maria, dich lieben« (GL 594,1,3–5)

1. Sprecherin: Wenn Gott Maria, unserer Schwester, eine so hervorragende Stelle in seinem Heilsplan zugewiesen hat, dann dürfen auch wir mit Zuversicht und Freude an seinen Heilsplan mit uns glauben. Wir alle erhalten jetzt einen grünen Tannenzweig, Zeichen des Lebens in uns, und eine Rose, Zeichen für unser eigenes Blühen, Wachsen und Reifen.

(Tannenzweig und Rose werden jeder Frau in die Hand gegeben, dazu Musik)

1. Sprecherin: Fragen wir uns, was Maria mir für mein Leben sagen kann. Wo ich mich ihr besonders nahe fühle.

(In kleinen und vertrauten Gruppen sollen jetzt Frauen aussprechen können, wo sie sich Maria besonders verbunden fühlen. Kein Gespräch, nur Aussagen.)

- Musik -

GEBET

Der Engel des Herrn brachte Maria die Botschaft – und sie empfing vom Heiligen Geist.
– Gegrüßet seist du, Maria –

Maria sprach: Siehe, ich bin die Magd des Herrn, mir geschehe nach deinem Wort.
– Gegrüßet seist du, Maria –

Und das Wort ist Fleisch geworden und hat unter uns gewohnt.
– Gegrüßet seist du, Maria –

SEGEN

Du unser Gott, du hast Maria auserwählt, die Mutter deines Sohnes zu sein.
Laß uns dies zum Segen sein.

Maria ist einen schweren Weg gegangen.
Laß uns dies zum Segen sein.

Maria hat nicht aufgehört, dir zu vertrauen.
Laß uns dies zum Segen sein. Amen.

Entwurf: Elfriede Hirsch, Biberach

Der Stern erfüllte sie mit großer Freude

Anlaß: Als Wortgottesdienst im Advent 1988 entworfen, seitdem immer wieder bei Kursen mit Frauen oder in Gemeinden gefeiert. Zur Vorbereitung: In der Mitte des Raumes liegt ein blaues Tuch mit Strohsternen, die in der Gestalt von Sternbildern ausgelegt sind: zum Beispiel das Bild des Orion und des Siebengestirns.

SCHRIFTTEXT

Matthäus 2,9–12: Die Huldigung der Sterndeuter

EINFÜHRUNG

Leiterin: An Weihnachten feiern Christen in aller Welt das Aufscheinen Gottes in Jesus Christus, dem »wahren Licht«, das alle Finsternis erhellt, das das Dunkel der Welt und das unserer Seele überwindet. Jesus Christus: ein Stern in der Nacht, ein Licht für die Welt.

Sprecherin: Sechsundzwanzigmal wird in der Bibel von Sternen erzählt. Die alten Kulturvölker – Griechen, Araber – haben die Sterne beobachtet, beisammen stehende Sterne als Bilder entdeckt und ihnen Namen gegeben: die Tierkreiszeichen. Sie haben Größe und Helligkeit beobachtet und registriert.

GESTALTUNGSELEMENTE

Gemeinsames Gespräch

- Was sagen Ihnen Sterne?
- Sterne zur Orientierung, zur Schicksalsdeutung?
- Was wissen Sie von den Sternen, die wir am nächtlichen Himmel beobachten können?

- Helligkeit, Größe und Entfernung am Beispiel der Sterne auf dem Tuch erklären.

Meditation

Lied: »Wie schön leuchtet der Morgenstern« (GL 554,1–4)

1. Sprecherin: Als sie den Stern sahen, so wird von den Magiern im Evangelium berichtet, wurden sie mit großer Freude erfüllt.

2. Sprecherin: Sterne laden mich ein, den Kopf zu heben, nach oben zu schauen, den Blick zu weiten.

3. Sprecherin: Sie weisen mich über meine kleine Welt hinaus in einen Bereich, der unser Verstehen übersteigt. In dem Raum und Zeit andere Gesetze haben.

1. Sprecherin: Jahr für Jahr erleben wir die Wiederkehr der Sterne. Zur gleichen Stunde stehen sie für unser Auge am gleichen Platz. Damit zeigen sie uns etwas von der Zuverlässigkeit, die Gott in seine Schöpfung gelegt hat.

2. Sprecherin: Ihre Faßbarkeit mit heutigen Instrumenten und zugleich ihre Unfaßbarkeit läßt mich etwas spüren von der Nähe und der Unbegreiflichkeit des Schöpfers.

3. Sprecherin: Sterne beobachten, von ihnen etwas wissen, läßt staunen, staunen über die Schöpfung und ihren Schöpfer.

1. Sprecherin: »Und Gott hat gemacht, daß durch die Nacht die Sterne gehn. Wer Augen hat, wird niemals satt, sie anzusehn. Er schuf das Licht. Er läßt uns nicht im Dunkel stehn« – heißt es in einem Lied.

Leiterin: Wen wundert's, daß christliche Dichter und die Kirche in vielen Texten und Liedern Jesus Christus als Stern bezeichnen. Die Energie, die von ihm ausgeht, bringt Prozesse in Gang, ER hat Leuchtkraft, ER gibt Leben.

Menschen, die auf den Weltmeeren oder in der Wüste unterwegs sind, geben Sterne Orientierung. Auch wir brauchen für unser Unterwegssein eine Orientierung, Jesus möchte sie uns geben. ER schickt uns aus, und ER begleitet uns als Morgenstern und Abendstern. ER ist Stern in dunkler Nacht. ER ist die Sonne, die uns Leben und Kraft geben kann.

Lied: »Sieh, dein Licht will kommen« (GL 147)

Die Frauen nehmen einen Stern mit.

GEBET

Herr, laß dein Licht leuchten über unseren Wegen, daß unsere Augen aufgehen für das, was du tust, daß wir sehen, wo wir gebraucht werden. Laß dein Licht leuchten über unseren Wegen, daß wir erkennen und sicher sind, daß es keinen anderen gibt, auf den zu warten es lohnt.

Herr, laß dein Licht leuchten über uns, damit wir in deinem Licht aufstrahlen und für andere wie ein leuchtender Stern sein können, der zum wahren Licht führt. Amen.

SEGEN

Der Herr segne und behüte uns in allen Dunkelheiten. Er lasse sein Angesicht über uns leuchten, sein strahlendes Angesicht, damit wir von großer Freude erfüllt werden.

Der Herr schenke uns seine Gnade und erhebe sein Angesicht über uns und unserer ganzen Welt und gebe uns Frieden.

Darum bitten wir im Namen des Vaters und des Sohnes und des Heiligen Geistes. Amen.

Entwurf: Elfriede Hirsch, Biberach

Die Welt mit Licht erfüllen

Anlaß: Eucharistiefeier der Hausfrauen und Mütter am Fest Mariä Lichtmeß, gefeiert am 2. Februar 1994 in Dellmensingen, mit anschließendem Frauenfrühstück im Gemeindezentrum.
Vorbereitung: Im Vorraum der Kirche Tisch mit Tischtuch; kleine Kerzen; Streichhölzer; Handmikrophon.

SCHRIFTTEXT

Lukas 2,22–40: Zeugnis des Simeon und der Hanna

EINFÜHRUNG

Die Frauen haben sich beim aufgestellten Tisch in einem Vorraum oder vor der Kirche versammelt.

In unserem Leben ist es oft dunkel. Manchmal sehen wir schwarz. Nacht umgibt uns. Wir sehen nicht mehr weiter. Da sehnen wir uns nach Licht und nach Leben. Jesus, das Licht der Welt, ist gekommen, um Licht in unser Leben zu bringen. Er will uns einen neuen Tag, eine gute Zukunft schenken.

GESTALTUNGSELEMENTE

Kerzenweihe

Nach der Begrüßung werden die Kerzen angezündet. Dabei sprechen verschiedene Frauen folgende Deuteworte.

- Jesus, du bist das Licht der Welt. In der Taufe hast du uns dein Licht anvertraut. Wir hüten es. Mit dir wollen wir die Welt hell und warm machen.
- Manchmal ist es dunkel in unserem Leben. Wir haben das Gefühl, daß wir mit unserem Licht allein sind. Wir drehen uns nur um uns selbst.

- Du aber möchtest, daß wir mit deinem Licht andere Menschen suchen, um ihr Leben hell und froh zu machen.
- Dabei laufen wir manchmal den anderen nach. Wir holen sie aber nicht ein. Wir sehen sie nur von hinten, bringen aber kein Licht auf ihren Weg.
- Dann lädst du uns ein, unsere Richtung zu ändern und zu dir umzukehren. Hilf uns, dir zu folgen.
- Herr, du möchtest, daß wir dein Licht leuchten lassen, daß wir zum Licht für andere werden. Du möchtest, daß wir aufeinander zugehen, damit wir uns in deinem Licht finden. Wenn wir in Liebe und Freundschaft aufeinander zugehen, dann bist du in unserer Mitte.
- In deinem Licht entdecken wir, wie einmalig und kostbar die andere ist, der wir begegnen.
- Wir alle tragen dein Licht. Es erleuchtet uns und verbindet uns. Immer, wenn wir in Liebe aufeinander zugehen und füreinander da sind, leuchtet dein Licht auf.
- Laß dein Licht durch uns leuchten. Laß uns miteinander dein Licht in die dunkle Welt tragen. Laß uns dein Licht zu den Menschen bringen, damit alle erfahren, wer du für sie bist.
- Herr, durch uns ist es heller geworden in dieser Welt. Wir haben dein Licht zu den Menschen getragen. Wir haben andere angesteckt, ihr Licht weiterzugeben. Du möchtest, daß dein Licht allen Menschen leuchtet. Laß uns mit dir die Dunkelheit vertreiben und Licht und Freude verbreiten überall dort, wo wir sind.

Die Kerzen werden gesegnet und die Frauen ziehen in einer Prozession mit brennenden Kerzen in die Kirche. An die Frauen, die schon in der Kirche sind, werden brennende Kerzen verteilt oder vorhandene angezündet.

Märchen

Ein König hatte zwei Söhne. Als er alt wurde, überlegte er, wer sein Nachfolger werden sollte. Eines Tages rief er seine beiden Söhne zu sich und gab jedem fünf Silberstücke. »Wer damit bis zum Abend unseren Festsaal füllt, der soll mein Nachfolger werden. Womit ihr den Saal füllt, das ist eure Sache.« Der älteste Sohn ging hinaus. Er kam an ein Feld, wo die Arbeiter Zuckerrohr ernteten und es in einer Mühle auspreßten. Das ausgepreßte Zuckerrohr lag nutzlos herum. Da dachte der Sohn: »Das ist eine gute Gelegenheit. Mit diesem nutzlosen Zeug kann ich schnell und billig den Festsaal füllen lassen.« Mit dem Aufseher der Arbeiter wurde er sich schnell einig. Am späten Nachmittag war der Saal mit dem ausgepreßten Zuckerrohr gefüllt. Der Sohn ging zu seinem Vater und sagte: »Ich habe meine Aufgabe erfüllt. Auf meinen Bruder brauchst du nicht zu warten. Mach mich zu deinem Nachfolger!«

Der Vater antwortete:»Es ist noch nicht Abend. Ich werde noch warten.« Bald darauf kam der jüngere Sohn. Er bat, das Zuckerrohr aus dem Saal zu entfernen. Als der Saal leer war, stellte er mitten in den Saal eine Kerze und zündete sie an. Ihr Schein füllte den Saal bis in die letzte Ecke hinein. »Du sollst mein Nachfolger sein«, sagte der Vater. »Dein Bruder hat fünf Silberstücke ausgegeben, um den Saal mit nutzlosem Zeug zu füllen. Du hast nicht einmal ein Silberstück gebraucht, um den Festsaal mit Licht zu füllen. Du hast den Saal gefüllt mit dem, was die Menschen brauchen.«

FÜRBITTEN

Jesus, du bist das Licht der Welt, du willst unser Leben füllen mit deinem Licht und mit deiner Liebe. Wir bitten dich:

- Laß dein Licht aufleuchten in unserem Denken, in unserem Sprechen, in unserem Tun, damit andere Menschen durch uns erfahren, wer du bist.
  (*Antwortruf*: Schenke uns dein Licht)
- Laß dein Licht aufleuchten in unserem Haus, in unserer Nachbarschaft, in unserem Freundeskreis, bei den Menschen, die zu unserem Leben gehören, damit sie erfahren, wer du bist.
- Laß dein Licht aufleuchten in unserer Gemeinde, in unserer Kirche, in unserer Welt, damit alle Menschen erfahren, wer du bist.

Jesus, wir bitten dich: Laß uns in deinem Licht leben und laß uns durch dich zum Licht für andere werden. Amen.

GEBETE

Tagesgebet

Gott, nimm uns mit Brot und Wein an, und verwandle uns in Menschen, die mit Jesus zum Licht werden für diese dunkle Welt. Laß uns, durch diese Gaben gestärkt, die Welt mit Licht und Liebe füllen durch Jesus Christus, der das Licht der Welt ist. Amen.

Schlußgebet

Gott, du hast uns dein Wort, deine Nähe und Liebe geschenkt durch Jesus, der gekommen ist, um unsere Welt mit Licht und Leben zu füllen. Laß uns durch ihn zum Licht werden für andere und ihr Leben füllen mit dem, was sinnvoll ist und Leben schenkt. Wir danken dir, daß wir in deinem Licht leben dürfen heute und an allen Tagen durch Christus, unseren Herrn. Amen.

SEGEN

Der Segen des lebendigen und lebenschaffenden Gottes
gehe mit uns in dieser Zeit des Dunkels
und der Traurigkeit für so viele Menschen.

Licht soll werden, so ist die Verheißung.
Durch uns, mit uns.
Ja, es geschehe.

Es segne und behüte uns unser Gott,
der Gott, der uns Vater und Mutter zugleich ist;
der Gott, der uns in Jesus so nahe gekommen ist,
der Gott, durch dessen lebendigen Hauch wir leben.
Darum bitten wir im Namen des Vaters und des Sohnes
und des Heiligen Geistes. Amen.

(Brigitte Enzner-Probst)

Entwurf: Marianne Strehl, Dellmensingen

Denn meine Augen haben dein Heil geschaut

Anlaß: Wortgottesdienst als Ausdruck der Hoffnung zu Mariä Lichtmeß.
Zur Vorbereitung: Wenn die Gruppe im Kreis sitzt, die Bodenmitte gestalten. Großes einfarbiges Tuch (blau), darauf eine Krippe mit dem Kind (evtl. aus der Kirche) oder Stroh und das Kind – evtl. auch Krippenfiguren mit Maria und Josef und dem Kind – umstellen mit brennenden Teelichtern, Weihrauch anzünden, evtl. Weihrauchkerzen. Zugleich die Osterkerze anzünden, ein Hinweis für Tod und Auferstehung Jesu – Heil für den Menschen. Bei alten Menschen kann es gut sein, dies zu erklären.

SCHRIFTTEXT

Lukas 2,22–32.36–40: Das Zeugnis des Simeon und der Hanna

EINFÜHRUNG

Die Kirche feiert am 2. Februar das Fest »Mariä Lichtmeß« oder die »Darstellung Jesu im Tempel«. Sie sind eingeladen, sich in die Erzählung nach dem Lukasevangelium zu vertiefen.

GESTALTUNGSELEMENTE

Bilder anschauen

a) »Menschenantlitz« – alte Frau mit Kind.
b) »Alter Jude« von Adolph Menzel.
c) »Die weise Prophetin Hanna« von Rembrandt.
d) »Simeon und das Jesuskind« von Rembrandt.
Darüber sprechen. Was sehe ich? Gefühle? Gedanken?

Deutung des biblischen Textes

1. Sprecherin: Die Darstellung Jesu im Tempel zeigt uns die Verwurzelung Jesu im jüdischen Volk. Die Beschneidung des Knaben, ihn zu Gott in den Tempel bringen – darstellen – und die »Reinigung« der Mutter nach der Geburt gehören zum jüdischen Gesetz.

2. Sprecherin: Die Ostkirche greift einen anderen Akzent des Geschehens auf. »Fest der Begegnung« heißt der Tag, an dem Simeon und Hanna Jesus und seinen Eltern im Tempel begegnen. Fromme Juden vertreten die Hoffnung auf Heil und Erlösung.

3. Sprecherin: Dreimal wird von Simeon gesagt, Gottes Geist ruhe auf ihm. Von diesem Geist durchdrungen, erkennen beide im Kind den Gesandten Gottes. Jetzt ist der Augenblick des Heils.

1. Sprecherin: Simeon nimmt das Kind auf seine Arme. So wie die Rabbinen es machen, wenn sie Kinder segnen. Und dann bricht das Glück aus ihm hervor:

2. Sprecherin: »Nun läßt du, Herr, deinen Knecht, wie du gesagt hast, in Frieden scheiden. Denn meine Augen haben das Heil gesehen, das du vor allen Völkern bereitet hast, ein Licht, das die Heiden erleuchtet, und Herrlichkeit für dein Volk Israel« (Lk 2).

3. Sprecherin: Simeon ist überwältigt. Losgelöst von den Alltäglichkeiten dieser Welt hat er sich als alternder Mann auf Gottes Verheißung für sein Volk konzentriert. Stellvertretend haben er und Hanna Gottes Heil erbetet. Sein Glück ist vollkommen.

2. Sprecherin: Und Hanna, eine geistlich begabte alte Frau, hält sich viel im Tempel auf. Sie kennt das Leben, sieht tiefer, ihr Wissen, ihre Weisheit schöpft sie aus dem Umgang mit Gott. Eine Frau, die betet und fastet und allen Heil zuspricht, die von Gott Segen und inneren Frieden erbitten.

1. Sprecherin: Sieben Jahre war sie verheiratet. Vierundachtzig ist diese Prophetin, diese Botschafterin Gottes. Ihr

Lebensalter ein Hinweis auf ihre Vollkommenheit. 84 das ist zwölf mal sieben. 12 und 7 sind biblische Symbolzahlen für Vollkommenheit.

3. Sprecherin: Hanna, die greise Prophetin, und Simeon, von Gottes Geist erfüllt, stehen für die Wachenden und Betenden in Israel, aber auch für alle Hoffenden in der Kirche. Sie können Lebensmodell für alte Frauen und Männer heute sein. Auch sie lassen die Güter dieser Welt immer mehr zurück. Sie konzentrieren sich auf das neue Leben, wo Gott jede und jeden beim Namen ruft und Jesus einen Platz bereitet, umhergeht und bedient (vgl. Joh 14,2–3; Lk 12,37).

2. Sprecherin: Eine Frohe Botschaft – das Wort des greisen Simeon: »Nun läßt du, Herr, in Frieden deinen Diener scheiden, denn meine Augen haben das Heil geschaut« (Lk 2,29).

GEBET

Wir beten miteinander ein Ave Maria mit dem Gesätz:
»Den du, Maria, im Tempel dargestellt hast.«

SEGEN

Der Segen Gottes geleite uns, damit wir erkennen, wo er zu finden ist. Der Segen Gottes schütze uns, damit wir die Jahre unseres Lebens behütet durchleben. Der Segen Gottes wecke uns auf, damit wir aufmerksam werden, wenn er uns ruft. Der Segen Gottes stärke uns, damit wir nicht aufgeben, auf sein Heil zu hoffen.
Das erbitten wir im Namen des Vaters und des Sohnes und des Heiligen Geistes. Amen.

Entwurf: Elfriede Hirsch, Biberach

Gib du mir zu trinken

Anlaß: Dieser Gottesdienst wurde von einer Frauengruppe auf der Basis der Vorlage des Ökumenischen Gottesdienstes zur Gebetswoche für die Einheit der Christen 1994 entworfen und am 15. Mai 1994 in Tuningen gefeiert.
Zur Vorbereitung: Recorder mit Meditationsmusik; besser noch: eine Flötenspielerin.

SCHRIFTTEXT

Johannes 4,5–30.42: Die Frau am Jakobsbrunnen

EINFÜHRUNG

Wir beginnen unseren ökumenischen Gottesdienst im Namen Gottes, des Vaters und des Sohnes und des Heiligen Geistes.
Gott ist die Quelle und das Ziel allen Lebens.
Jesus Christus gibt unserer Hoffnung festen Boden.
In der Kraft, die im Geist Gottes ihren Ursprung hat, gehen wir aufeinander zu und verändern das Gesicht der Welt. Amen.

GESTALTUNGSELEMENTE

Einführung in das Evangelium

In der Mittagshitze begegnet Jesus einer Frau an einem Brunnen. Es ist ein durch die Tradition geheiligter Ort. Nach der Überlieferung hat der Stammvater Jakob schon aus diesem Brunnen getrunken. Jesus beginnt mit der Frau eine Unterhaltung. Sie spricht von alltäglichen Dingen. Er spricht von seiner Botschaft und der Gabe, die Gott gibt, vom Leben, das bleibt. Es scheint, als verstünden sich diese beiden nicht. Sie reden zunächst fortwährend aneinander vorbei. Und doch läuft das Gespräch nicht auseinander. Jesus führt die Frau immer dichter hin zur Mitte, zu ihm, der am Leben Gottes Anteil gibt.

Meditation zum Evangelium

Nach der Begegnung mit der Frau denkt Jesus nach

Eigentlich wollte ich nur ein wenig ausruhen. Und ich hatte auch wirklich Durst bei dieser Hitze. Gewiß, ein jüdischer Rabbi bittet nicht einfach eine Frau – dazu noch eine aus Samarien – um Wasser. Aber ich denke, daß wir doch wieder lernen sollten, unsere eigenen Bedürfnisse offen voreinander auszusprechen – vielleicht machen wir einander damit Mut, offen und ehrlich mit unseren Bedürfnissen umzugehen und vorgegebene sinnlose Grenzen zu überwinden.
Mich erstaunte dann die freimütige Reaktion dieser Frau, die mir, einem Juden, nicht den Rücken zukehrte und davonlief oder mir einfach wortlos das Schöpfgefäß überließ. Sie wagte es, mich in ein Gespräch zu verwickeln; und sie sprach auf ihre Weise ganz ohne falsche Hemmungen über ihren Wunsch und ihre Sehnsucht nach einem sinnvollen, gelingenden Leben.
Freilich – zunächst redeten wir eine Weile aneinander vorbei. Aber es waren halt doch nicht nur harmlose Freundlichkeiten, die wir da austauschten: Nein, wir fanden sehr rasch zu einem tiefgreifenden Dialog über die eigentliche Quelle des Lebens.
Im Nachhinein muß ich staunen darüber, wie diese Samariterin in der Begegnung mit mir, einem jüdischen Wanderprediger, zu solchem Freimut fand: wie sie mir, einem Mann gegenüber, sogar ihre Schwierigkeiten in der Beziehung mit Männern nicht zu verheimlichen suchte. So konnte sie wohl zum inneren Frieden und zur Befreiung aus schuldhaften Lebensverstrickungen finden. Wir beide wurden an einen Ort geführt, wo wir füreinander zu lebendigem Wasser wurden: Die Frau fand offensichtlich in unserer Begegnung und in diesem offenen Gespräch etwas, wonach sie sich schon lange gesehnt hatte, und ihr Freimut erlaubte es mir, ihr gegenüber ganz offen zu sein, und die Lebenskraft, die Gott mir gab, an sie weiterzuschenken.
Als sie zu mir sagte: »Ich sehe, daß du ein Prophet bist« – und wie sie dann sogleich ihre befreiende Erfahrung den Leuten von Sychar mitteilte und sie ermutigte, mich auch kennenzulernen

und sich mit meiner Botschaft auseinanderzusetzen, da genau war mir auf einmal klar: Das ist Gottes Wirken, jetzt erfahren wir Reich Gottes.
Es ist doch tatsächlich eine umstürzende Geschichte, wenn plötzlich Mauern der gesellschaftlichen Konvention, zum Beispiel die Grenzen zwischen Männern und Frauen, durchbrochen werden, wenn ein Jude und eine Samariterin, zwei Menschen mit unterschiedlichen Glaubensüberzeugungen in wacher und aufmerksamer Art miteinander davon sprechen, was uns von Gott zugedacht ist: Lebendiges Wasser – Leben in Fülle.

Meditative Musik

Nach der Begegnung mit Jesus denkt die Frau nach

Zuerst war ich überrascht, daß mich, eine einfache Frau und Samariterin, ein Jude um Wasser bittet.
Lebenswasser soll es sein in diesem Brunnen, Wasser, welches den Menschen ewiges Leben und Erfüllung schenken kann. Wasser, welches aus seinen Händen zu uns fließt, wenn wir uns für den Nächsten öffnen und glauben.
Es muß ein Prophet sein, welcher solche Worte zu mir gesprochen hat.
Eigentlich habe ich mir einen Messias etwas anders vorgestellt. Er sah ja richtig armselig und bescheiden aus in seinem langen, schmutzigen Gewand, den ungekämmten Haaren und dem zottigen Bart. Dennoch spürte ich eine Ausstrahlung, ein geheimnisvolle Aura von ihm ausgehend.
Daraufhin formten sich meine Worte ganz von selbst in meinem Munde. Ich sprach ohne Hemmungen und Vorbehalte mit diesem unbekannten Menschen am Brunnen Jakobs.
Weshalb aber fragte er mich plötzlich nach meinem Mann? Fühlte er sich einer einzelnen Frau gegenüber unsicher und irritiert? Erstaunlicherweise wußte ER ganz genau, daß ich fünf Männer gehabt habe und der jetzige nicht mein Ehemann ist.
Nur ein Prophet vermag solches ohne Umschweife und Anklage daherzusagen.
Hätte mir jemand anders in diesem Sinne meine fünf Männer vorgehalten, wäre meine Reaktion sicherlich ungehaltener gewesen.

Vor lauter Nachdenken wäre mir fast der Sinn für die Realität und die Zeit entschwunden. Ich muß mich beeilen und meinem Volk alles berichten. Auch sie sollen vom Lebenswasser und diesem erwartungsvollen Messias am Brunnen erfahren ...

Meditative Musik

Die Leute von Samaria denken nach, nachdem sie sich von der Frau zur Begegnung mit Jesus haben rufen lassen

Was ist bloß mit uns passiert? Was hat uns eigentlich dazu gebracht, dem Geschwätz dieser Frau Aufmerksamkeit zu schenken? Was hat uns eigentlich dazu gebracht, ihr auch noch nachzulaufen vor die Stadt? Was hat eine Frau schon zu sagen? Was kann eine Frau schon wichtiges entdecken?
Es ist, wie wenn uns Gott hätte sagen wollen: Es gibt noch Türen, die offen sind: Türen, die hinausführen aus allem Festgefahrenen, Türen, die hinausführen aus versteinerten und erstarrten Strukturen; Türen, die hinausführen aus festgefügten Mauern, wo das Leben so eng und erdrückend geworden ist.
Es ist, wie wenn Gott hätte sagen wollen: Wenn ihr diese offenen Türen finden wollt, dann müßt ihr vielleicht manchmal besonders offene Ohren haben für die, die sonst nicht so viel zählen und nicht so viel zu sagen haben: die Frauen, die Jungen, die Alten. Es sind vielleicht gerade die, die nicht alles können und nicht alles wissen, die euch Möglichkeiten und Wege aufzeigen können hinauszutreten. Und das Leben ganz neu zu entdecken.
Es ist, wie wenn Gott uns hätte sagen wollen: Schaut, in der Begegnung mit Jesus ist nicht mehr alles so klar und eindeutig, so festgefügt und geordnet. Denn er hat seinen Standpunkt irgendwie draußen. Dort, wo noch nichts festgelegt, dort, wo noch alles möglich ist.
Könnte es sein, daß Gott nicht zu uns hineinkommt, sondern im Gegenteil: uns hinausruft, immer wieder hinausruft? Weil das Leben, das richtige Leben, so wie Gott es meint, das lebendige Leben sich nicht in festgefügten und genau geplanten Strukturen finden läßt, sondern eben ... draußen ... da, wo er ist ... draußen vor der Tür?

Meditative Musik

FÜRBITTEN

Wir wollen jetzt im Fürbittgebet an Menschen denken, die unter den vielfältigen Bedrängnissen unserer Zeit leiden. Wir wollen um den Freimut bitten, der uns die Kraft zum Handeln gibt *(kurze Stille):*

(V/A: O Herr, mach uns zum Werkzeug deines Friedens)

- Wir denken an die Frauen, Männer und Kinder, die unter Krieg und Gewalt leiden. Gib uns den Freimut, alles tatkräftig zu unterstützen, was diesen Menschen Linderung bringt.

(V/A: O Herr, mach uns zum Werkzeug deines Friedens)

- Wir denken an die fortschreitende Zerstörung der Umwelt, die vielen jungen Menschen Angst macht. Gib uns den Freimut, unseren eigenen Lebensstil zu überdenken und, wenn nötig, zu ändern.

(V/A: O Herr, mach uns zum Werkzeug deines Friedens)

- Wir denken an Menschen, die auf der Flucht sind und eine neue Heimat suchen. Wir denken an Frauen, Männer und Jugendliche, die vom Schicksal der Arbeitslosigkeit hart betroffen sind. Gib uns den Freimut, auch zu unbequemen Strukturänderungen ja zu sagen.

(V/A: O Herr, mach uns zum Werkzeug deines Friedens)

- Wir denken an die unzähligen Frauen, die auf der ganzen Welt immer noch unter den ungerechtfertigten Machtansprüchen von Männern zu leiden haben. Gib uns den Freimut, uns kompromißlos für die Einhaltung der Menschenrechte einzusetzen.

(V/A: O Herr, mach uns zum Werkzeug deines Friedens)

- Wir denken an Menschen, die krank und gebrechlich sind oder unter lebenszerstörenden Beziehungsproblemen leiden. Gib uns den Freimut, ihnen mit verständnisvoller Zuneigung und einfühlsamer Hilfsbereitschaft zu begegnen.

(V/A: O Herr, mach uns zum Werkzeug deines Friedens)

Diese und unsere persönlichen Anliegen wollen wir vor Gott tragen mit dem Gebet, das Jesus uns gelehrt hat: Vater unser ...

GEBET

Gott, wie kommt es,
daß Menschen so unendlich traurig sind?
So trostlos und elend?
Wenn sie doch lächeln könnten! Strahlen!
Du willst es doch.
Darum hast du deinen Sohn gesandt.
Er hat die frohe Nachricht verkündet:
Du bist da. Du gehst mit uns.
Wir haben Grund zum Lachen und zum Strahlen.
Warum sehen wir davon so wenig?
Wir nehmen dich beim Wort
und appellieren an deine Verheißung.
Mach die Menschen froh, frei von allen Zwängen.
Laß sie tanzen und jubeln
und die Fülle des Lebens verkosten. Amen.

SEGEN

Gott sei vor euch und zeige euch den Weg –
Gott sei neben euch und begleite euch –
Gott sei hinter euch und schütze euch –
Gott sei unter euch und trage euch –
Gott sei in euch und stärke euch –
Gott sei um euch herum und nehme euch in seine mütterlichen und väterlichen Arme –
Gott sei über euch und segne euch –
durch Jesus Christus, im Heiligen Geist. Amen.

Entwurf: Erna Hauser, Tuningen

Frau, du bist von deinem Leiden erlöst

Anlaß: Eucharistiefeier am MISEREOR-Sonntag, den 31. März 1990, vorbereitet von einer Frauengruppe in Bad Waldsee.

SCHRIFTTEXT

Lukas 13,10–17: Heilung der niedergedrückten Frau

EINFÜHRUNG

Gott schuf den Menschen nach seinem Bild. Als Mann und Frau schuf er ihn. Laßt uns verkünden, daß wir auf Gottes Pläne vertrauen. Laßt uns anerkennen, daß Jesus Christus uns alle zum Leben ruft und zum Dienst an dieser Welt.
So laßt uns diesen Gottesdienst feiern: Im Namen des Vaters und des Sohnes und des Heiligen Geistes. Amen.

Nach einer UNO-Studie stellen Frauen weltweit 50% der Bevölkerung, bestreiten 70% der Arbeitsstunden, erhalten 10% der Löhne und Einkommen und besitzen 1% des Privateigentums.
Nur 29% der Frauen, die in Scheidung leben oder geschieden sind, haben gegenüber ihrem Ehemann einen Unterhaltsanspruch, der meistens nicht erfüllt wird.
In der BRD sind ungefähr 40% der erwerbstätigen Bevölkerung Frauen, aber nur 2–5% der Führungskräfte in Politik und Wirtschaft.
Mehr als zwei Drittel aller Armen auf der Welt sind Frauen, die Tendenz zur Feminisierung der Armut hält weiter an.

GESTALTUNGSELEMENTE

Zum Bibeltext

An irgendeinem Sabbat, so erzählt der Evangelist Lukas, geht Jesus – wie üblich – in die Synagoge. Dort ist eine niedergebeugte

Frau; sie kann sich seit achtzehn Jahren nicht mehr aufrichten. Und dieser Frau, von der es heißt, ein Dämon plage sie, wendet Jesus sich zu, legt ihr die Hände auf ihren gekrümmten Rücken und richtet sie auf. Und die Frau weiß, wem sie die Hilfe verdankt: Sie preist Gott, heißt es im Text.
Einer Frau sich zuwenden? – Einer, die vom Bösen gezeichnet ist? – Und das in der Synagoge? – Auch noch am Sabbat? Der Synagogenvorsteher ist empört! Im Namen von Gottes Gebot wendet er sich gegen Jesus. Wie wird er sich rechtfertigen? Doch Jesus stellt sich auf die Seite der Frau. Sie ist eine »Tochter Abrahams«, sagt er. Soll sie nicht am Sabbat, am Gott geheiligten Tag, von ihrer Fessel befreit werden dürfen – wenn es sogar üblich (und erlaubt) ist, sich um Haustiere zu kümmern!?
Hier geht es um mehr als nur um Selbstrechtfertigung. Jesus ergreift Partei für die Frau, indem er sie eine »Tochter Abrahams« nennt. Nicht nur die Männer sind Söhne Abrahams (und die Frauen gehören so nebenbei auch zu Abrahams gesegneten Nachkommen), auch den Frauen gilt dieser Segen, und zwar direkt, ihnen, die Töchter Abrahams sind. – Wir können wohl gar nicht mehr ermessen, wie hart das in den Ohren der damaligen Synagogenmänner geklungen hat.

(Eleonore Beck/Gabriele Miller)

Predigtgespräch (1.Teil)

Vier Sprecherinnen wechseln sich mit den folgenden Abschnitten ab.

Eine Frau, seit achtzehn Jahren siecht sie dahin; keine Lebenskraft, kein Lebensmut ist mehr in ihr. In ihr lebt ein Geist der Schwäche. Dieser Geist hat sie zusammengekrümmt, so daß sie in ihrer Würde als Frau nicht mehr aufrecht stehen und gehen kann. Der Geist, der die Frauen als Frauen schwächt, nährt sich vom Vorrecht der Männer. Und die Frauen nähren ihn selbst – mit Minderwertigkeitsgefühlen und Unterwürfigkeit, mit Schweigen und Zurückstecken. Der böse Geist der Frauenschwäche hat viele Frauen verkrümmt – über Jahrhunderte hinweg.

- Die Frauen in Thailand; in knietiefem Wasser pflanzen sie Reis, gebeugt ihr Leben lang für das bißchen Nahrung, damit etwas bleibt, damit sie bleiben, die Kinder, und nicht in die Stadt laufen.

- Die Frauen mit Sack und Pack auf der Flucht; der Mann ist im Krieg auf der falschen Seite.
- Die Gebärende am Straßenrand einer Großstadt Indiens; erschöpft das winzige Kind in einer Plastiktüte mitten in Staub und Gestank. Wer wird nach ihnen schauen?
- Die Trägerinnen schwerer Körbe voller Sand und Steine; sie schleppen sie Tag für Tag, ob schwanger oder nicht, für ein paar lumpige Rupies, den Stock der Aufseher hinter sich.
- Das schwarze Hausmädchen im Haus der weißen Lady in Kapstadt, sie wäscht und putzt, bringt fremde Kinder zum Lachen, gebeugt von Sehnsucht nach Liebe und menschlicher Nähe. Denn ihre eigenen Kinder daheim im Homeland verhungern.
- Die Zusammengekrümmte aus Angst vor den Schlägen des Mannes. Er ist arbeitslos und vertrinkt die letzten Groschen im Stammlokal. Kommt er heim, schreit er, schlägt sie, und die Kinder sehen zu und schluchzen: Ach Gott!
- Das Frauenhaus in einer westdeutschen Großstadt, wo Telefone klingeln und Notschreie eine Antwort finden, ein Bett, Schutz, eine sichere Bleibe und Rat für die nächsten Schritte.

Predigtgespräch (2.Teil)

Zwei Sprecherinnen sprechen die folgenden Abschnitte. Die fünf Schlußbeiträge werden von fünf Männern gesprochen.

- So sehe ich sie vor mir – mit ihrer Angst vor der Zukunft, vor dem Alleinsein, vor dem Verlassenwerden, mit der Angst, die das Mark aus den Knochen saugt und sie zum Schatten ihrer selbst macht. Kein Gott, keine Göttin schaut sie an. Frau, wer bist du, so gebeugt?
- »Jesus aber sah sie, er rief sie heran und sprach zu ihr: »Frau, befreit bist du von deiner Krankheit« (Lk 13,12).
- Da fließt etwas herüber, ein Strom von Liebe und Kraft, Erkennen und Heilwerden. Heilung für Leib und Seele. Einer sieht

sie, endlich. Ihre Augen begegnen einem Menschengesicht. Sie richtet sich auf, eine Tochter Gottes, auf die gleiche Ebene gestellt mit dem Heiler, mit den anderen.

- »Sogleich richtete die Frau sich auf – und pries Gott« (Lk 13,13).

- Wo Gott am Werk ist durch die Hand der Schwester, des Bruders, wo wir einander helfend, liebevoll berühren,weicht die Verlassenheit, richten wir einander auf.

- Das sind Erfahrungen von Solidarität und Befreiung, von denen es heute zahllos viele gibt. Heute denken wir besonders an die vielen Frauengruppen in Indien und Bangladesch, aber natürlich auch in Deutschland und überall auf der Welt, in denen Frauen durch Erfahrungsaustausch, gemeinsames Nachdenken und praktische Solidarität ihre Fähigkeiten entdecken und ihre Würde erleben; Frauengruppen zur Selbstfindung und Bewußtseinsklärung; Frauengruppen, die auf politischem Weg ihre Emanzipation vorantreiben; Frauengruppen, die eingedenk ihrer eigenen sozialen Unterdrückung an der Befreiung anderer unterdrückter Menschen mitarbeiten.
  Wo Gott am Werk ist durch die Hand der Schwester oder des Bruders, wo uns ein Raum der Geborgenheit eröffnet wird, da weicht die Kraftlosigkeit, richten wir einander auf.
  »Der Synagogenvorsteher aber nahm das Wort, unwillig, daß Jesus am Sabbat geheilt hatte, und sprach zu den Leuten: »Sechs Tage gibt es, an denen man arbeiten darf; an dem kommt und laßt euch heilen, nicht aber am Tage des Sabbats« (Lk 13,14).

- Wo Menschen – Frauen und Männer – aufrecht und befreiend handeln, stoßen sie nicht nur auf offene Zustimmung, sondern – damals wie heute – nicht selten auf schroffe Ablehnung und blanken Haß. Die Mächtigen, sie werden sich lautstark zu Wort melden, weil sie um ihre Macht fürchten.

Männer stehen auf, die verschiedene Formen der Unterdrückung benennen:

- Da gibt es Ehemänner, die nicht ertragen können, daß ihre Frauen selbstbewußt werden und sich aufrichten; mit Gewalt suchen sie den Befreiungsprozeß ihrer Frauen zu unterdrücken.

- Da gibt es Männer in der Wirtschaft, die die Frauen als abhängige und billige Arbeitskräfte klein halten wollen.
- Da gibt es Männer in der Kirche, die mit Berufung auf Tradition die Vorherrschaft des Mannes in der Kirche auf ewig verlängern wollen.
- Da gibt es Männer in der Politik, die sich durch Frauen in ihren Machenschaften gestört fühlen und Frauen keinen Einfluß gönnen.
- Da gibt es junge und alte Männer, die voll Verachtung mit Frauen umgehen, weil sie nie gelernt haben, ihre eigenen weiblichen Anteile anzunehmen.

FÜRBITTEN

Wir rufen Gott, der unsere Bitten hört:

- Da ist eine Frau, die es leid ist, sich schwach zu verhalten, wenn sie weiß, daß sie stark ist. Hilf ihrem Aufbruch, du unendliche Kraft!
  (Wir bitten dich, erhöre uns.)
- Da ist eine Frau, die nicht mehr für dumm verkauft werden will. Hilf ihrem Aufbruch, du Quelle der Weisheit!
  (Wir bitten dich, erhöre uns.)
- Da ist eine Frau, die unweiblich genannt wird, weil sie mit anderen wetteifert. Hilf ihrem Aufbruch, du Kraft des Geistes!
  (Wir bitten dich, erhöre uns.)
- Da ist eine Frau, die sich wehrt, im Dienst der Familie total verplant zu werden. Hilf ihrem Aufbruch, du Brunnen lebendigen Wassers!
  (Wir bitten dich, erhöre uns.)
- Da ist eine Frau, der eine befriedigende Anstellung versagt wird. Hilf ihrem Aufbruch, du Quelle der Gerechtigkeit!
  (Wir bitten dich, erhöre uns.)

Gott, du Quelle allen Lebens, begleite alle in ihrem Aufbruch. Amen.

GEBET

Selig die Frau / die sich aufrichtet / sie wird zu den Standhaften gezählt.
Selig die Frau / die den Haß überwindet / sie wird Friedensstifterin genannt werden.
Selig die Frau / die Geschwister findet / sie werden zusammen das Gottesreich suchen.
Selig der Mann / der Karriere nicht gleichsetzt mit Leben / sein Hunger wird gestillt werden.
Selig der Mann / der lachen und weinen kann / er wird zu seinem Menschsein aufbrechen.
Selig der Mann / der Geschwister sucht / sie werden das Land der Verheißung finden.
Selig seid ihr / wenn sie euch verwundert betrachten / wenn sie euch mißverstehen / und euch selbstsüchtige Motive unterstellen.
Wenn sie euch aus ihrer Gemeinschaft ausschließen / und euch in Verruf bringen / freut euch und jauchzt.
Leben in der Fülle / werdet ihr erben.

SEGEN

Der Herr segne uns und behüte uns vor allen, die uns in die Ecke stellen wollen.

Er lasse sein Angesicht über uns leuchten, wenn dunkle Aussichtslosigkeit uns umgibt. Er lege seine Hand auf uns, wenn wir niedergedrückt sind und richte uns auf. Der Herr sei uns gnädig und auch allen, die uns übelwollen, und er mache uns alle zusammen heil.

Der Herr erhebe sein Angesicht über uns und gebe uns – den aufgerichteten Frauen und den auf das Gesetz fixierten Männern – seinen Frieden. Amen.

Entwurf: Elisabeth Pschibul, Bad Waldsee

Frauenkreuzweg

Anlaß: Erstellt von einer Frauengruppe des Wochenendes »Frauen feiern Gottesdienst« (Erwachsenenbildung Biberach).

EINFÜHRUNG

Für alle gut sichtbar einen Weg auslegen (im Altarraum oder in der Kreismitte mit braunem Stoff oder Plakatstreifen. Bei jeder Station wird ein Symbol auf den Weg gelegt.

Wir werden gemeinsam ein Stück Weg gehen. Auf diesem Weg begegnen wir Frauen und Müttern und Jesus, Träumen, Trauer, Schmerz und Leid, aber auch Hoffnung und Licht. Machen wir uns bereit zum ersten Schritt.
Jesus, unser Freund und Bruder, nimm uns mit auf deinen schweren Weg nach Golgota, auf den Weg des unbegreiflichen Leides, des Spottes und der Gottverlassenheit, aber auch auf den Weg der Anteilnahme, des Mit-leidens und der Hoffnung auf ein neues, sinnvolles Leben. Nimm uns mit auf deinen Weg, führe und leite uns aus der Tiefe zum Licht, Jesus, unser Freund und Bruder.

Lied: »Wer leben will wie Gott auf dieser Erde« (GL 183)

ABLAUF

Station I : Die Frau des Pilatus

Ich habe heute nacht geträumt. Es war so entsetzlich. Der Traum läßt mich nicht mehr los. Da war dieser Jesus. Ich bin mir so sicher: Er ist bestimmt unschuldig. Und heute steht die Verhandlung an. Mein Pilatus muß ein Urteil fällen. Oh, er darf ihn nicht verurteilen. Das muß ich verhindern. Was soll ich tun? Ich muß ihm einen Boten schicken. Pilatus wird sicher auf mich hören.

Symbol: Sie legt eine Schriftrolle auf den Weg.

SCHRIFTTEXT

Matthäus 27,19: Laß die Hände von diesem Mann

GEBET/MEDITATION

Manchmal träume ich wie du, Frau des Pilatus – ich ahne und sehe.

Manchmal sehe ich, wo geschwiegen wird. Könnte ich reden – wie du.

Manchmal sehe ich, wo gerichtet wird. Könnte ich mahnen – wie du.

Manchmal sehe ich, wo verurteilt wird. Könnte ich warnen – wie du.

Manchmal sehe ich, wo getötet wird. Könnte ich anklagen – wie du.

Ich träume deinen Traum, Frau des Pilatus. Erbitte mir deine Worte.

Lied: »Ich will gegen das Geläut der Leute« (siehe S. 262).

Station II : Die weinenden Frauen

Seht, da vorne ist er. Wie sticht's mir in's Herz. Was haben sie mit ihm gemacht? Und was kommt noch auf ihn zu? Oh Jesus, einst hast du uns so ernst genommen, unsere Hoffnungen und Sehnsüchte geweckt auf ein besseres Leben in Liebe. Und jetzt? Alles ist aus. Wir sind so hilflos und ohnmächtig. Wir können nur noch weinen und klagen.

SCHRIFTTEXT

Lukas 23,27–31: Denn es kommen Tage

Was meint Jesus? Was kommt auf uns zu?

- Die Last der Bevormundung durch die Männer über Jahrtausende.

- Die Sorgen um die körperliche und seelische Gesundheit der Kinder und Angehörigen.
- Sexueller Mißbrauch.
- Erschlagene und erschossene Männer und Kinder.
- Vergewaltigte Töchter.
- Leichenberge der Kriege und Pogrome.
- Zerstörung der Schöpfung – Luft, Wasser, Erde – alles leidet.

Symbole auf den Weg: Wasserschale mit Kärtchen, auf die Tränen gezeichnet sind, dazu Stacheldraht.

GEBET/MEDITATION

Ich bewundere euch, ihr Frauen am Kreuzweg, die ihr den Mut hattet zu bleiben, als alle flohen.

Ich bewundere euch, ihr Frauen am Kreuzweg, die ihr die Kraft hattet, zuzusehen, als alle sich abwandten.

Ich bewundere euch, ihr Frauen am Kreuzweg, die ihr die Kraft hattet, zu weinen, als alle schrien.

Ihr mit-leidenden Frauen, erbittet mir die Kraft, zu bleiben, zuzusehen, zu weinen, wo Nähe not-wendig ist.

Lied: »Du sammelst meine Tränen« (siehe S. 263)

Station III : Maria, die Mutter Jesu

Ich bin wie betäubt, dieser Schmerz füllt mich ganz aus. Wie kann ich hier weiter stehen? Mein Gott, verlaß mich nicht. So hilf ihm doch. Hilf mir!

SCHRIFTTEXT

Johannes 19,25: Beim Kreuz stand seine Mutter

Stille oder traurige Musik

Symbol: Blatt mit zerrissenem Herzen

GEBET/MEDITATION

Werde ich glauben können, wie du, Maria, wenn alles fraglich wird?

Werde ich bleiben können, wie du, Maria, wenn alle ihn verlassen?

Werde ich schenken können, wie du, Maria, wenn das Liebste von mir gefordert ist?

Werde ich stehen können, wie du, Maria, wenn Leid mich niederdrückt? Stabat mater, dein Stehen gebe mir Stand.

Lied: »Christi Mutter« (GL 584,1–2)

Station IV : Veronika

Mein Gott, der arme Mann! Wie sie ihn quälen und schinden, diese brutalen Kerle. Und die ganzen Leute. Alle stehen da und gaffen. Kommt ihm denn niemand zu Hilfe?
Kann ich helfen? Ich bin nicht stark und habe nichts bei mir. Doch halt – da ist mein Tuch – irgendetwas muß ich tun! Laßt mich durch, Leute, Platz da!

SCHRIFTTEXT

Jesaja 53,3: Einer, vor dem man das Gesicht verhüllt

Mir geschenkt – sein Antlitz. Kein Bild eines schönen, königlichen Mannes, kein Bild eines strahlenden Siegers. Es ist das Bild eines Leidenden, eines hilflos Ausgelieferten, der schwer trägt am Leben und an dem, was noch auf ihn zukommt. Ich werde dieses nie vergessen!

Symbol: Tuch

GEBET/MEDITATION

Veronika, laß mich von dir lernen, mich nicht vor den anderen zu verschließen, mich treffen zu lassen von ihrem Leid.

Veronika, laß mich von dir lernen, aktiv zu sein, wo andere passiv verharren, mutig das zu tun, was ich tun kann.

Veronika, laß mich von dir lernen, etwas von mir zu geben und zu schenken, Zärtlichkeit und Zuwendung, kleine Gesten, auch wenn sie noch so unbedeutend scheinen.

Veronika, laß mich von dir lernen, sein Bild im Herzen zu tragen.

Lied: »O Haupt voll Blut und Wunden« (GL 179,2–3)

Station V : Die Frauen beim Kreuz

So stehen wir beim Kreuz, ich Aug in Auge mit Jesus. Keinen Blick kann ich von ihm lassen. Jetzt erst sehe ich, wie sie ihn in der Folter zugerichtet haben. Sein Atem wird kürzer, immer kürzer und rauher. Was ist, wenn er stirbt? Wohin dann mit uns, wenn er nirgendwo mehr ist? Er ist doch unsere Heimat. Das kann doch alles nicht wahr sein!

SCHRIFTTEXT

Markus 15,40–41: Viele Frauen, die mit ihm nach Jerusalem hinaufgezogen waren

Mit Jesus wird unsere Liebe, unsere Zukunft, werden unsere Träume an's Kreuz geschlagen, festgenagelt, getötet.

Symbol: Kreuz

GEBET/MEDITATION

Ihr treuen Frauen beim Kreuz, laßt mich bei euch Halt finden, wenn ich den Boden unter meinen Füßen verliere.

Laßt mich bei euch Hoffnung finden, wenn ich glaube, daß alles zerstört ist.

Laßt mich bei euch Trost finden, wenn mir alles Schmerz und Trauer ist. Geht auch mit mir meinen Weg mit dem Kreuz.

Lied: »Wir preisen deinen Tod« (EH 43)

PSALM 121,1-3

Ich hebe meine Augen auf zu den Bergen:
Woher kommt mir Hilfe?
Meine Hilfe kommt vom Herrn,
der Himmel und Erde gemacht hat.
Er läßt deinen Fuß nicht wanken;
er, der dich behütet, schläft nicht.

Zuletzt gab es nur noch das Totengrab.
Alle haben sich mit dem Tod abgefunden und leben im Dunkel.
Der Tote aber strahlt im Licht.
Im Grab wird das Licht geboren, Licht in der Finsternis.
Der Stein, der alles zudecken soll,
kann nicht alles begraben.
Hoffnung und Licht brechen aus der Erde hervor.

Symbol: Brennende Osterkerze (das Licht der Osterkerze kann an vorher ausgeteilte Kerzen weitergegeben werden)

GEBET/MEDITATION

Jesus, ich möchte mich mit dir dem Himmel entgegenstrecken.
Ich möchte meine falschen Bindungen lösen
und frei werden von allem Tod.
Ich möchte eine sein, die mit dir lebt – bis zum Ende.

Jesus, lehre mich verstehen,
daß dein Kreuz auch mein Kreuz ist, – daß sein Sieg auch mein Sieg ist, – daß aus dem Kreuz Leben wächst.

Lied: »Surrexit Dominus vere« (EH 204)

SEGEN

Der Segen des Gottes von Sarah und Abraham, der Segen des Sohnes, von Maria geboren, von Frauen begleitet und beweint, der Segen des Heiligen Geistes, über uns wachend wie eine Mutter über ihre Kinder, dieser Segen begleite uns. Amen.

Schlußlied: »Christ ist erstanden« (GL 213)

Entwurf: Rosi Hörmann und Elfriede Hirsch, Biberach

Mit Maria Leben gestalten

Anlaß: Frauen aus dem Zweigverein Horgenzell/Wilhelmskirch des Katholischen Frauenbundes haben für Maiandachten ein kleines Heft mit Meditationstexten zusammengestellt.
Zum Aufbau: Die Meditationstexte haben eine eigene Struktur; ein eigener Schrifttext ist nicht vorgesehen. Den ersten drei Abschnitten: Marias Gedanken – Marias Worte – Marias Werke, sind gegenübergestellt: Unser Denken – unsere Worte – unsere Werke, abgeschlossen jeweils mit einem Gebet. Darauf folgen zwei weitere Abschnitte: Maria, unsere Schwester im Glauben – Maria, unsere Mutter im Glauben. Die fünf Abschnitte werden jeweils mit einem Lied beendet.

ERSTER ABSCHNITT

Marias Gedanken

Das Evangelium spricht von Maria nur an wenigen Stellen. Viermal ist ihre Erwähnung mit direkter Rede verbunden, viermal wird nur etwas über sie gesagt. Aber gerade in diesen letzten Bemerkungen finden wir Antwort auf unsere erste Frage an sie: Was beziehungsweise wie mag Maria wohl gedacht haben?
Die erste Feststellung, die wir machen dürfen, ist sicher die, daß Maria ein nachdenklicher Mensch war, der bewegt wurde von der Frage nach Sinn und Bedeutung dessen, was ihr widerfuhr. Versuchen wir uns klarzumachen, wie wohl Marias Denken war. Zwei Eigenschaften springen ins Auge: Es ist unerschrocken, es sieht der Wirklichkeit sozusagen voll ins Gesicht. Sie erschrickt beim Gruß des Engels, aber sie wehrt ihn nicht ab, läuft auch nicht davon. Noch tiefer mag sie erzittert sein beim Anhören der ganzen Botschaft, aber es ist nicht an ihr, sie durch Zweifel oder Bedenken mindern zu wollen. Sie wird diese Haltung bewahren in den langen Jahren von Nazaret, über denen die bange Frage lag: Wann wird das in Erfüllung gehen, was der greise Simeon ihr vorausgesagt hatte?

Marias Denken ist gleichzeitig ganz treu nach innen, es ist gewiß nicht nur ein Denken mit dem Kopf gewesen, sondern ebenso ein Denken mit dem Herzen. Sie bewahrt Erlebtes, Gehörtes, Geschehenes in ihrem Herzen, sie bewahrt die Wirklichkeit ihres gelebten Lebens so, wie sie war, ohne sie nachträglich zu schönen oder zurechtzustutzen durch Vergessen oder Verdrängen.

Unser Denken

Heute, in unserer Wohlstandgesellschaft, sind Neid, Mißgunst, Gewinnsucht solche unguten Regungen, von denen die gute Meinung getrübt wird. Manchmal gehen wir aber noch viel weiter: Wenn einer uns gekränkt, uns Unrecht getan hat, dann liegen wir unter Umständen über Jahre im Streit mit Bekannten, Nachbarn, Verwandten. Immer wieder fallen die Gedanken in die alten Vorwürfe zurück. Dabei wünschen wir ihm mitunter Böses und beruhigen uns selbst damit, daß wir dies ja nur denken und nicht tun. Müssen wir uns damit abfinden, daß wir nun einmal so sind, oder können wir in unser Denken doch etwas mehr Licht und Ordnung bringen?

Gebet

V.: Dich Maria, grüßen wir, erhabene Mutter des Erlösers. Du hast ihn getragen und geboren, den die Welt nicht fassen kann.
A.: Der Herr hat Großes an dir getan; / selig preisen dich alle Geschlechter.
V.: Von Urbeginn, bevor die Erde war, vor aller Zeit bist du erwählt. Kein Geschöpf ist dir an Würde gleich; dein Kind ist Gottes Sohn.
A.: Gegrüßet seist du, Maria, voll der Gnade, / der Herr ist mit dir.
V.: Josef, Sohn Davids, scheue dich nicht, Maria als deine Frau zu dir zu nehmen; denn das Kind, das sie erwartet, ist vom Heiligen Geist.
A.: Du bist gebenedeit unter den Frauen, / und gebenedeit ist die Frucht deines Leibes.
V.:Trag unsere Bitten hin zu ihm, der für uns Mensch geworden. Empfiehl uns deinem Sohn Jesus.
A.: Dich grüßen wir, erhabene Mutter des Erlösers.

Lied: »Magnificat« (EH 97)

ZWEITER ABSCHNITT

Marias Worte

Die nächste Frage lautet: Was hat Maria gesagt? Im Neuen Testament ist nur an vier Stellen wörtliche Rede überliefert:
Im Gespräch mit dem Engel stellt Maria zuerst die Verständigungsfrage, und am Ende des Gespräches gibt sie ihre Zustimmung. In der Begegnung mit Elisabet legt sie ein strahlendes Bekenntnis ab von Gottes Größe und Treue. Dem Zwölfjährigen begegnet sie mit der vorwurfsvollen Frage: Kind, warum hast du uns das getan? Und auf der Hochzeit zu Kana schließlich sagt sie den Dienern: Alles, was er euch sagt, das tut. Eine Frage – eine Willenserklärung – ein Bekenntnis – ein Vorwurf – eine Anweisung.

Unsere Worte

Ob wir das von ihr lernen können: einander so frei zu lassen, einander so viel Vertrauen zu schenken, auch über den Graben des Nichtverstehens hinweg?
Wie nimmt sich unser eigenes Sprechen vor diesem Spiegel aus? Gefragt ist eigentlich nur eine Qualität in allem, was wir sagen: daß es lauter sei, wahrhaftig, ohne Hintergedanken und heimliche Absichten, in guter Meinung.

Gebet

V.: Mit dem Engel grüßen wir dich, Jungfrau Maria, voll der Gnade. Gott hat dich gerufen, die Mutter seines Sohnes zu werden. Du hast ihm geantwortet mit ganzer Hingabe:
A.: Ich bin die Magd des Herrn; / mir geschehe, was du gesagt hast.
V.: Gegrüßest seist du, Maria, du Begnadete.
A.: Gottes Heiliger Geist ist über dich gekommen, / und die Kraft des Höchsten hat dich überschattet.
V.: Maria war ganz offen für den Anruf Gottes. Sie stellte sich Gott zur Verfügung. Ihm allein gehört ihr Leben. Mit Recht wird

sie Jungfrau in Ewigkeit, »Braut des Heiligen Geistes« genannt.
V.: Heilige Jungfrau Maria, wir preisen dich. Du hast Gott den Herrn geliebt von ganzem Herzen und ganzer Seele, mit deinem ganzen Denken und all deiner Kraft.
A.: Maria hat den besten Teil erwählt; / der soll ihr nicht genommen werden.
V.: Die Liebe Gottes ist ausgegossen in unsere Herzen durch den Heiligen Geist, der uns gegeben ist.
A.: Wer in der Liebe bleibt, der bleibt in Gott, / und Gott bleibt in ihm.

Lied: »Den Herren will ich loben« (GL 261)

DRITTER ABSCHNITT

Marias Werke

Die dritte Frage lautet: Was hat Maria getan? Das letzte und von Maria überlieferte Wort zielt auf das richtige Tun, es ist heute so gültig wie damals.
Bei der Hochzeit von Kana gibt sie den Dienern die Anweisung: Alles, was er euch sagt, das tut! Das sagt sie uns auch heute.
Maria ist ein Mensch voller Erwartungen. Und mit ihren Erwartungen greift sie ganz hoch: Sie erwartet sich Führung und Füllung ihres Lebens von Gott.
Maria ist auch ein Mensch voller Vertrauen. Dieses Vertrauen kommt nicht von ungefähr, sondern wächst aus einer doppelten Wurzel: Maria glaubt an Gott, und sie denkt nach über ihn und sein Wirken in ihrem Leben.

Unsere Werke

Ganz gewiß haben auch wir Erwartungen für unser Leben – andere Erwartungen, wenn wir jung sind, andere, wenn wir zu den Alten gehören. Es gibt solche für morgen und übermorgen: daß ein Examen bestanden wird, eine menschliche Begegnung glückt, eine Krankheit überwunden wird ...
Aber wie weit liegen diese Erwartungen auf der einen Ziellinie der letzten Hoffnungen, die wir für unser Leben haben? Daß es nicht

sinnlos war, nicht vergebens, nicht im Leeren verläuft, gerade auch dann, wenn es von Scheitern und Verzichten gezeichnet war?

Gebet

V.: Maria, du hast deinen Sohn Jesus genannt, wie es der Engel befohlen hat:
A.: Empfiehl uns deinem Sohn!
V.: Maria, du hast bei der Hochzeit von Kana die Diener gelehrt, alles zu tun, was dein Sohn Jesus ihnen aufgetragen hat:
A.: Stelle uns vor deinem Sohn!
V.: Maria, du hast unter dem Kreuz Johannes angenommen und mit dem Jünger auch uns, wie es dein Sohn Jesus dir aufgetragen hatte:
A.: Versöhne uns mit deinem Sohn!
V.: Heilige Maria, Mutter Gottes, mit großer Zärtlichkeit und Liebe hast du den Namen deines Sohnes ausgesprochen. Du hast erfahren, daß in keinem anderen Namen unter dem Himmel Heil ist als nur im Namen Jesu. Lehre uns, den Namen deines Sohnes nicht nur ehrfürchtig auszusprechen, sondern im Namen Jesu dem Bösen zu entsagen und das Reich Gottes aufzubauen.
A.: Heilige Maria, hilf uns, im Namen deines Sohnes zu leben und zu sterben. Gib, daß wir gerettet werden im Namen Jesu. Amen.

Lied: »Maria, dich lieben« (GL 594,3–4)

VIERTER ABSCHNITT

Maria, unsere Schwester im Glauben

In Nazaret zeigt man alte Brunnen, einer davon trägt den Namen »Marienquelle«. Hier hat Maria vor 2000 Jahren Wasser geschöpft und es im großen Krug auf ihren Schultern nach Hause getragen, Quellwasser für den Haushalt, zum Kochen, zum Waschen, für das Vieh. Maria war eine junge Frau von Nazaret, sie hat gearbeitet mit ihren Händen.
Maria war Jüdin, eine Tochter Israels, sie war und ist ein richtiger Mensch wie wir. Wir können sie unsere Schwester nennen, in

besonderem Sinn unsere Schwester im Glauben. Wegen ihres Glaubens wurde sie gerühmt, hat Elisabet sie seliggepriesen.

Gebet

V.: Königin des Himmels, du bist von Gott so hoch erhoben wie kein anderer Mensch, außer deinem Sohn Jesus. In den Himmel aufgenommen, bist du doch Schwester der Menschen geblieben. Du weißt, was wir brauchen, und bittest Christus um alles, was uns nottut. In jeder Not können wir voll Vertrauen zu dir kommen, unserer Fürsprecherin, Helferin und Mittlerin. Darum rufen wir zu dir: Du Auserwählte Gottes,
A.: bitte für uns.
V.: Du von den Menschen Verehrte
Du Schwester aller, die an Christus glauben
Du Schwester aller, die auf Christus bauen
Du Schwester aller, die sein Wort bewahren
Du Schwester aller, die ihn verlieren
Du Schwester aller, die ihn suchen
Du Schwester aller, die ihn nicht mehr verstehen
Du Schwester aller, die ihm dennoch folgen
Du Schwester aller, die ihn bitten
Du Schwester aller, die tun, was er ihnen sagt
Du Schwester aller, die dem unbegreiflichen Gott dienen
Du Schwester aller, die unter dem Kreuz aushalten
Du Schwester aller, die sich dem Willen des Vaters öffnen
Du Schwester aller, die wider alle Hoffnung hoffen
Du Schwester aller, die mit Christus sterben
Du Schwester aller, die mit Christus auferstehn
V.: Heilige Maria, Mutter Gottes,
A.: bitte für uns Sünder, jetzt und in der Stunde unseres Todes. Amen.

Lied: »Christi Mutter stand mit Schmerzen« (GL 584,1–2)

FÜNFTER ABSCHNITT

Maria, unsere Mutter im Glauben

Maria ist nicht nur unsere Schwester im Glauben, nicht nur Beispiel und Vorbild, sie ist für uns Mutter des Glaubens, Mutter im Glauben. Der Grund dafür liegt in ihrer Gottesmutterschaft. Maria ist »die Mutter des Sohnes Gottes und daher die bevorzugte geliebte Tochter des Vaters, das Heiligtum des Heiligen Geistes«. Alles, was Maria ist und uns bedeutet, ist sie aus purer Gnade. Sie wurde erwählt, beschenkt, begnadet. Dadurch wird aber ihre menschliche Freiheit, die Bedeutung ihres Glaubens und ihres Gehorsams nicht gemindert, sondern im Gegenteil, je näher ein Mensch bei Gott steht, je mehr er begnadet ist, um so mehr wächst seine eigene Freiheit, seine menschliche Selbständigkeit.

Gebet

V.: Heilige Maria, Mutter Gottes, mit Elisabet rufen wir dir zu: Selig bist du, weil du geglaubt hast.
A.: Selig bist du, weil du geglaubt hast.
V.: Als der Engel dir die Botschaft brachte, hast du mit bereitem Herzen geantwortet: Ich bin die Magd des Herrn; mir geschehe nach deinem Wort.
A.: Selig bist du, weil du geglaubt hast.
V.: Als die Hirten von der Krippe geschieden waren, hast du alles bedacht, was sie von der Botschaft der Engel erzählten, und es in deinem Herzen bewahrt.
A.: Selig bist du, weil du geglaubt hast.
V.: In gläubigem Gehorsam hast du die Mühsal der Flucht nach Ägypten auf dich genommen.
A.: Selig bist du, weil du geglaubt hast.
V.: Die Jünger haben den Herrn in der Nacht des Leidens verlassen. Allein Johannes stand mit dir und den Frauen unter dem Kreuz.
A.: Selig bist du, weil du geglaubt hast.
V.: Nach der Auferstehung und Himmelfahrt des Herrn hast du mit den Aposteln im Gebet verharrt, bis der Geist Gottes der Kirche geschenkt wurde.
A.: Selig bist du, weil du geglaubt hast.

V.: Lasset uns beten. – Gott, unser Vater, wir danken dir für alle Menschen, die durch das Zeugnis ihres Glaubens unsern Glauben begründet haben und stärken. Wir danken dir vor allem für Maria, die Mutter aller Glaubenden. Wir bitten dich: auf ihre Fürsprache festige und erhalte in uns den Glauben an deine Weisheit und Güte durch Jesus Christus im Heiligen Geist.
A.: Amen.

Lied: »Freu dich, du Himmelskönigin« (GL 576)

SEGEN

Es segne uns Gott der Vater, der Maria zur Mutter seines Sohnes erwählt hat.
Es segne uns Gottes Heiliger Geist, von dem getrieben Maria sich ganz in Gottes Willen ergab.
Es segne uns Jesus Christus, der unser Bruder geworden ist, geboren aus Maria, seiner Mutter und unserer Mutter.
Diesen Segen schenke uns Gott, der Vater, und der Sohn und der Heilige Geist.
Amen.

Entwurf: Maria Wielath, Horgenzell

Was er euch sagt, das tut

Anlaß: Maiandacht am 13. Mai 1993 in Birkenhard, gestaltet von der Frauengruppe Besuchsdienste Warthausen.

SCHRIFTTEXT

Johannes 2,1–11: Maria, die sich nicht frustrieren läßt

EINFÜHRUNG

Den Text von der Hochzeit zu Kana sind wir gewohnt, aus der Sicht Jesu zu lesen und zu bedenken: Er tut, wie es heißt, sein erstes Zeichen. Johannes bringt es gleich nach der Jüngerberufung, und es heißt auch, daß seine Jünger daraufhin an ihn glaubten. – Wir wollen in dieser Maiandacht die Geschichte von der Hochzeit zu Kana aus der Sicht Mariens betrachten. Wie zeigt sich uns diese Frau hier?

GESTALTUNGSELEMENTE

Meditation zum Evangelium

Wenn man von neutestamentlichen Frauen redet, ist es naheliegend, sich zuerst an die Mutter Jesu zu erinnern. Auch Maria gehörte zu jenen Frauen, die wissen, was sie wollen, und die ihr Ziel zu erreichen versuchen. Das zeigt sich ganz deutlich in der Geschichte, die uns Johannes von der Hochzeit zu Kana überliefert. Maria wendet sich bittstellend an ihren Sohn, als sich Not zeigt – keine lebensbedrohende, eher peinliche Not. Der Wein ist aus. Sie will andere vor der Bloßstellung bewahren. Sie weiß, woher Hilfe kommen kann. Und auch dann, als ihr in Jesu Antwort ein rauher Wind, harte Ablehnung entgegenkommt, gibt sie nicht auf: »Tut, was er euch sagt« – das ist ihre Devise.

Und solch sachgerechte, situationsbezogene Handlungs- und Verhaltensweise, die nicht so schnell aufgibt, provoziert nicht nur das Weinwunder, sondern zugleich das Offenbarwerden von Jesu Herrlichkeit. Und – für Frauen ist, was dann berichtet wird, besonders wichtig – das Durchhaltevermögen einer Frau führt auch dazu, daß die Jünger zum Glauben kommen.

(Eleonore Beck/Gabriele Miller)

Impulse zum Nachdenken

Maria beweist Demut und Mut.
Demut – weil sie nicht gekränkt reagiert
und Kritik willig annimmt.
Und Mut – weil sie trotz allem
Vertrauen schenkt
und andere zum Vertrauen ermuntert.

Sie sollen bereit sein
für die entscheidende Stunde,
»seine Stunde«,
die nicht wir bestimmen
und nicht unsere Gebete,
sondern allein – der Vater.

»Was er euch sagen wird, das tut!«
In diesem Satz liegt alles.
Wenn wir das tun,
was er sagt,
das Wenige:
einander lieben
und nicht verdammen.
Den Reichtum teilen
und Frieden stiften.
Nicht Wunder suchen,
sondern – Gott!
Dann zeigt er seine Macht
und – seine Herrlichkeit!

(Theo Schmidkonz)

Fragen (für einen Bußakt?)

Freuen wir uns an der Freude der anderen?
Können wir Feste feiern?
Haben wir ein Fingerspitzengefühl,
wenn jemand in Verlegenheit gerät?
Denken wir uns in die Lage anderer hinein,
noch besser: Können wir uns in sie hineinfühlen?

Schätzen wir Menschen, die uns die Wahrheit sagen?
Verkraften wir kritische Bemerkungen zu unserer Person?
Haben wir ein hohes Maß an Vertrauen wie Maria?

Bewegt uns zu einseitig die Frage,
ob die uns berichteten Wunder Jesu geschichtlich sind?
Stellen wir uns die zentrale Frage:
Worin offenbart Jesus seine Macht und Herrlichkeit?
Offenbart er sich auch heute?

Wie schaffen wir es, wie Maria zu lernen,
das Wesentliche der Geschichte Jesu zu begreifen?
Wollte Jesus durch Wunder die Not beseitigen,
oder wollte er in der Not
das Wunder »Gott« aufleuchten lassen?

Sollen wir Gott um dauernde Eingriffe
zur Verbesserung unserer Welt bitten?
Oder möchte er vor allem das eine von uns:
daß wir tun, was er sagt?

FÜRBITTEN

Lasset uns beten zu unserem Herrn Jesus Christus, der auf die Bitten seiner Mutter sich unserer Not erbarmt:

- Für die Kirche in unserer Zeit: daß sie die Gabe des Geistes neu empfange und aus vielen Gemeinschaften zusammenwachse zu einem Volk Gottes.
  (*Antwortruf*: Christus, höre uns. – Christus, erhöre uns.)
- Für den Papst und die Bischöfe, sowie die Vorsteher aller christlicher Kirchen: daß der Heilige Geist sie erleuchte und ihnen helfe, die nötigen Schritte auf die Einheit zu tun.

- Für alle Seelsorger und Verkünder, Priester, Diakone und andere von der Kirche Beauftragten: daß sie ihren Dienst tun im Vertrauen auf die Kraft des Geistes.
- Für alle getauften Christen: daß sie ihre Sendung erkennen und den Mut aufbringen, Zeugen deines Sohnes zu sein.
- Für die Kranken und Notleidenden: daß der Tröstergeist ihnen helfe, die auferlegte Last zu tragen.
- Für alle Traurigen und Verzweifelten: daß sie in der Freude des Gottesgeistes zuversichtlich werden.

Du, unser Bruder und Herr, gib auch uns Zeichen, damit wir deine Herrlichkeit erkennen und unser Glaube gestärkt werde. Amen.

WECHSELGEBET

V.: Wir grüßen Maria, die auserwählt wurde, mitzuwirken an der Erlösung.
Maria, du Auserwählte –
A: Gesegnet bist du vor allen Frauen.
V: Du Berufene –
A: Gesegnet bist du vor allen Frauen.
V: Du Begnadete –
A: Gesegnet bist du vor allen Frauen.
V: Du von allen Geschlechtern Gepriesene –
A: Gesegnet bist du vor allen Frauen.
V: Maria, du Magd des Herrn –
A: Gesegnet bist du vor allen Frauen.
V: Maria, du Schwester aller Glaubenden –
A: Gesegnet bist du vor allen Frauen.
V: Du Schwester aller, die auf Christus hören –
A: Gesegnet bist du vor allen Frauen.
V: Du Schwester aller, die sein Wort befolgen –
A: Gesegnet bist du vor allen Frauen.
V: Du Schwester aller, die ihn nicht mehr verstehen –
A: Gesegnet bist du vor allen Frauen.
V: Du Schwester aller, die unter dem Kreuz aushalten –
A: Gesegnet bist du vor allen Frauen.

V: Du Schwester aller, die den Willen des Vaters tun –
A: Gesegnet bist du vor allen Frauen.
V: Maria, du Trost aller, die noch unterwegs sind –
A: Gesegnet bist du vor allen Frauen.
V: Du Hilfe derer, die im Glauben angefochten sind –
A: Gesegnet bist du vor allen Frauen.
V: Du Gefährtin auf den Wegen des Glaubens –
A: Gesegnet bist du vor allen Frauen.
V: Du Bild dessen, was Gott uns bereitet hat –
A: Gesegnet bist du vor allen Frauen.
V: Du Zeichen unserer künftigen Herrlichkeit –
A: Gesegnet bist du vor allen Frauen.

V: Gegrüßet seist du Maria ...

SEGEN

Der Herr segne uns in unserem Alltag.
Er segne uns, wenn Not sich zeigt.
Er segne uns, daß wir aufmerksam sind, wenn unsere Hilfe gefragt ist.
Er segne uns, wenn wir abgewiesen werden.
Er segne uns, daß wir nicht aufgeben und verbittert sind.
Der Herr überschütte uns mit der Fülle seines Segens, daß wir im rechten Augenblick das Rechte sagen und tun.
Darum bitten wir im Namen des Vaters und des Sohnes und des Heiligen Geistes. Amen.

Entwurf: Elisabeth Schilling, Warthausen

Zeit für Begegnungen

Anlaß: Diese Maiandacht haben Frauen des Besuchsdienstes Warthausen vorbereitet. Sie fand statt am 14. Mai 1990 in Birkenhard.

SCHRIFTTEXT

Lukas 1,39–45: Maria bei Elisabet

EINFÜHRUNG

Die Texte dieser Maiandacht kreisen um das Thema: Zeit haben für andere – sich Zeit nehmen. Wer sich angesichts der vielen Aufgaben, die er hat, nicht bewußt Zeit nimmt für andere, dem wird auch keine echte Begegnung zuteil. Aus dieser Perspektive schauen wir auf Maria, deren ganzes Leben bestimmt war vom Leben anderer.

GESTALTUNGSELEMENTE

Meditation zum Evangelium

Es fehlt Maria nicht an Arbeit. Sie trägt ein Kind unter ihrem Herzen. Aber sie denkt an Elisabet. Diese ist in größerer Bedrängnis.

Maria hat es eilig.
Die Liebe kann nicht warten.
Sie muß zupacken,
wo Not handgreiflich ist.
(...)
Maria eilt in das Gebirge,
sie eilt in die Stadt.
Sie geht dorthin,
wo sie gebraucht wird.

Glaube muß sich notwendig
auswirken in Liebe.
Der Glaubende bittet nicht ständig,
Gott möge eingreifen,
Gott möge etwas tun.

Der Glaubende tut alles,
was er mit eigener Kraft kann
und wozu Gott ihm Kraft gibt.

Der Glaubende übersteigt jeden Berg.
Denn seine Kraft –
ist die Liebe.

Elisabeth und Maria –
zwei Menschen begegnen einander.
Viele Menschen begegnen sich täglich
und begegnen sich in Wahrheit – nie.
Viele treffen sich oft.
Aber nur wenige treffen sich wirklich.

Echte Begegnungen sind selten.
Sie geschehen dort,
wo ein guter Geist herrscht,
»Heiliger Geist«, sagt die Schrift.

Es genügt ein Gruß, oder ein Blick.
Und zwei Menschen finden einander,
finden ihr Glück.
(...)
Sie nennen sich selig
und sind es.

(Theo Schmidkonz)

Fragen an uns selbst

Habe ich Zeit, überflüssige Zeit
Für wen nehme ich mir gerne Zeit.
Für wen habe ich keine Zeit.
Wem könnte ich mehr Zeit schenken.
Verbuche ich Zeit, die ich anderen schenke,
unter verlorener oder nützlicher Zeit.

Habe ich einen Blick für fremde Not.
Entschuldige ich mich allzuleicht
mit vielen eigenen Verpflichtungen.
Ist meine Arbeit immer die umfangreichste.
Wähle ich meine Arbeit aus nach Geschmack
oder nach Dringlichkeit.
(...)
Tue ich etwas über meine Familie hinaus.
(...)
Ist unser Grüßen nur eine Floskel,
oder Ausdruck von Achtung und Wertschätzung.
Was ist Voraussetzung für echte Begegnung.
(...)

(Theo Schmidkonz)

BITTGEBET

Maria, Mutter des Herrn, du unsere Mutter,
wir bitten dich um deine mächtige Fürsprache.
Bitte für uns, damit wir bereitwilliger glauben.
Bitte für uns, damit wir bereitwilliger dienen.
Bitte für uns, damit wir uns fremder Not nicht verschließen.
Bitte für uns, damit wir ein weises Herz gewinnen.
Bitte für uns, damit wir mehr Freude ausstrahlen.
Bitte für uns, damit der Friede Christi in uns wohne.
Bitte für uns, damit wir den Willen des Herrn erkennen.
Bitte für uns, damit wir zum ewigen Heil gelangen.
Maria, Mutter des Herrn, du unsere Mutter,
wir bitten dich um deine mächtige Fürsprache.

GEBETE

Herr, mein Gott, ich danke dir für den Tag,
für das Leben, das du mir schenkst,
für das Licht und die Wärme,
für den Kaffee am Morgen und das Glas Wein am Abend,
für die Menschen, die mir begegnet sind,

für die Liebe, die ich erfahren habe,
für deine ganze bunte Welt,
für alles, was mir neu war,
für alles, was mir Freude brachte,
Herr, mein Gott, ich danke dir für den Tag. Amen.

*

Maria, du wirst gerühmt, weil du geglaubt hast,
so sagt deine Verwandte Elisabet.
Am Eingang des Neuen Testaments stehst du,
um uns den Weg zu weisen,
den Weg des Glaubens.
Du bist an die Seite gestellt
einem anderen, dessen Glaube gerühmt wird:
Am Eingang des Alten Testaments
nimmt diesen Platz ein Mann ein:
Abraham gilt als der Vater des Glaubens.
Jetzt steht neben ihm eine Frau –
eine Frau, an so wichtigem Platz.
Dein Glaube, Maria, ist Leitbild für alle,
die deinem Sohn folgen.
Maria, du unsere Schwester im Glauben,
zeig uns, was es heißt,
aus der Kraft des Glaubens zu leben.

(Eleonore Beck/Gabriele Miller)

SEGEN

Der Herr segne uns und behüte uns, daß wir in unserer Hetze und Betriebsamkeit nicht am Wichtigsten vorbeilaufen.
Der Herr wende uns sein Angesicht zu, wie er es zugewandt hat den beiden Frauen, die sich begegnet sind.
Der Herr erhebe sein Angesicht über uns, damit wir wie Maria seine Größe preisen.
Darum bitten wir im Namen des Vaters und des Sohnes und des Heiligen Geistes. Amen.

Entwurf: Elisabeth Schilling, Warthausen

Wir träumen Maria neu

Anlaß: Dieser Gottesdienst wurde von einer Frauengruppe der Gemeinde St. Johannes in Leonberg vorbereitet und am 6. Mai 1994 gefeiert. Im Mittelpunkt sollte die Gestalt Marias stehen – in dem, was sie gerade jüngeren Frauen sagen könnte.
Zur Vorbereitung: Vor allem wegen der Weg-Meditation (mit dem anschließenden Tanz) legt es sich nahe, den Gottesdienst im Saal des Gemeindehauses zu feiern. Der Raum muß dann allerdings entsprechend gestaltet werden (Marienbild!). Wird der Gottesdienst in der Kirche gefeiert, muß vorher überlegt werden, ob die räumlichen Verhältnisse im Chor den Tanz um den Altar erlauben. Die verschiedenen Sprecherinnenrollen müssen festgelegt werden.

SCHRIFTTEXT

Lukas 1,39–56: Maria und Elisabet begegnen sich

EINFÜHRUNG

Zu unserem Frauengottesdienst in der Gemeinde begrüße ich Sie alle recht herzlich. Uns Frauen von der Vorbereitungsgruppe hat vor allem die Frage beschäftigt, was uns Maria heute sagen kann. Wie kommen wir mit den traditionellen Bildern von Maria zurecht? Welche Möglichkeiten gibt es, sich dieser Frau anders als in gewohnten Bildern anzunähern? Aus solchen Fragen heraus ist dieser Gottesdienst entstanden. Wir beginnen unseren Gottesdienst mit dem Kreuzzeichen.

GESTALTUNGSELEMENTE

Lied mit Denkanstößen

»Wenn eine(r) alleine träumt« (EH 156)

»Träumt unseren Traum« – das bedeutet, daß wir jetzt, in diesem Wortgottesdienst, die Chance haben, gemeinsam zu träumen.
Wir sind zusammengekommen, weil wir die Gemeinschaft suchen und weil viele innere Bilder von jeder einzelnen von uns ein anderes, neues gemeinsames Bild entstehen lassen können.
Das könnte für uns heißen: Den uns bekannten Bildern Marias – von der reinen Jungfrau – von der dienenden Magd – von der erhabenen Himmelskönigin, neue Bilder gegenüberzustellen.
Bilder, die uns ansprechen. Bilder, die aus unserem Inneren kommen. Bilder, die uns begleiten und leiten, die uns verbinden und die für unsere heutige Zeit Gültigkeit haben.

Überlegungen zum Weg (Lk 1,39–56)

Wenn wir auf einer Landkarte Marias Weg von Nazaret in Galiläa ins Bergland von Judäa nachspüren, regt sich, bei dieser unendlich weiten Strecke, der Verdacht, Lukas könne da in seinem Evangelium etwas ganz anderes gemeint haben als den einsamen Fußmarsch einer jungen schwangeren Frau durch eine unwegsame Landschaft, wahrscheinlich ohne Wegzeichen, Schutzhütten und ganz sicher ohne Supermarkt.
Aber wir wollen heute ja Maria neu träumen. Lassen wir also den Verstand beiseite, lauschen wir auf die Träume in uns, im Zusammenklang mit denen der Bibel.
Wir von der Vorbereitungsgruppe fühlten uns bei diesem Evangelium erinnert an Abrahams Aufbruch in ein fernes unbekanntes Land, ins Ungewisse hinein. Auch Maria erhielt eine »Botschaft«, einen Anruf Gottes, wie Abraham. Sie würde ein Kind gebären, hieß es, und auch ihre Base Elisabet sei schwanger.
Ein Kind im Traum bedeutet immer neue Möglichkeiten, etwas ganz und gar Erfreuliches. Etwas in dir will leben. Will wachsen, von dir zunächst umschlossen, geschützt, genährt werden. Doch dann will es hinaus, an deiner Hand die ersten Schritte tun.
Ja, Maria zögerte nicht, sich auf den Weg zu machen. Die Mitteilung des Engels über ihre Base Elisabet war der Anruf Gottes für sie. Sie ging, wie Abraham, doch ohne große Vorkehrungen. Sie »eilte«, so wird gesagt. Sie blieb nicht bei Josef, ihrem Beschützer, veranlaßte ihn auch nicht zum Mitgehen. Sie ging selber, wollte sie selber werden. Sie ließ sich nicht einschließen, in falsche Si-

cherheiten, die Wachstum verhindern. Nein, sie ging hinaus, auf einen langen, steinigen Weg. Denn nur so können Kräfte wachsen.

Die Jungfrau in allen Mythen und Erzählungen der Völker bedeutet die durch ihre Unschuld anrührende, feine, zarte und doch starke junge Frau, die in ihrer inneren Geschlossenheit, ihrem Vollständigsein sich selber gehört. Die sich nicht ausschließlich über einen Mann oder sonst etwas ganz Wichtiges definiert. Deshalb wohl sollte sie als Jungfrau ihr Kind zur Welt bringen, auf der Höhe ihrer Kraft.

Es wird klar, daß dabei nicht nur von einer biologischen Jungfrauschaft die Rede sein kann. Die »reine Magd« war nicht schlechthin die sexuell Unberührte. Nicht »von einem Mann wissen« mag bedeuten, daß sie allein aus ihren weiblichen Kräften lebte.

Wir alle, ob Frauen, ob Männer, sind mit weiblichen und männlichen Kräften ausgestattet, wobei die männlichen eher in Gefahr sind, überzuschießen, auszuarten, in Rivalitäten ausgelebt zu werden, während die weiblichen mehr behüten und bergen wollen, auf Wachstum hin angelegt sind. »Rein«-Sein könnte demnach auch heißen: arg- und wehrlos, ohne Rückversicherung, doch guten Glaubens sein, verletzlich, gerade in der Verletzlichkeit entwaffnend. Auch die Jungfrau im Märchen geht unbeschadet, unbeschmutzt, unbeschädigt aus allem hervor. Diebe, Räuber, wilde Tiere, Hexenzauber können ihr nichts anhaben.

Maria hat nicht das Einfache gewählt, indem sie diesen Weg ging, aber sie ging ihn aus dieser ihr »verkündeten« neuen Kraft heraus. Weil Gott es so wollte, und um Elisabet zu begegnen, deren Weiblichkeit und der Weiblichkeit in sich selber.

Auch wir kennen das alles aus eigener Erfahrung: Dieses Neue in uns, das leben will, aber immer auch wieder gefährdet ist. Den »Gang übers Gebirge«, das Karge, gerade noch Lebbare, das Reduziertsein aufs Notwendigste, die Steine auf dem Weg und immer wieder neue Berge vor uns ... Sind wir schließlich oben: ein bißchen mehr Klarheit, gewiß, ein wenig mehr Überblick, auch auf das, was schon hinter uns liegt, aber dann die schmerzliche Einsicht, daß wir von neuem »hinuntermüssen«, mit wieder einem neuen Berg vor uns.

Aber gottlob können wir immer wieder die Zuversicht spüren: »das Kind« in uns, dieses wundervoll Neue, und das Erstarken unsrer Kräfte. Das Sich-Selber-Werden, das Unabhängigwerden von dieser Tendenz zum überbordend Männlichen auch in uns. Und wir dürfen uns freuen auf die Begegnung mit »Elisabet«, dem weiblichen Prinzip in unserem Leben, das Gott selber ist.

Weg-Meditation

Die Weg-Meditation kann mit Flötenspiel begleitet werden (zur Not Meditationsmusik von einer Cassette).

Ich lade Sie ein, diesem »Weg«, diesem »Kind« in uns nachzuspüren in einer kleinen Meditation.
Der Saal ist groß genug, um zu gehen, einfach zu gehen und nachzuspüren (oder: die Gänge an den Seiten und in der Mitte erlauben uns ...).
Mögen wir bei einer Begegnung mit einer »andern Maria« stehenbleiben, sie mit einer Geste, einem Lächeln grüßen, so tun wir das. Mögen wir aber lieber ganz bei uns selber bleiben, gehen wir einfach unsern Weg weiter.
Wer sitzen bleiben will, darf dies gern tun. Nach etwa fünf Minuten sammeln wir uns in der Kreismitte (oder: im Chor der Kirche) zu einem meditativen Tanz.

Zum Tanz stellen wir uns im Kreis und fassen uns an den Händen. Wir gehen drei Schritte nach rechts – zwei Schritte nach links – drei nach rechts – zwei nach links. Dann einen Schritt nach vorn und einen zurück. Und wieder drei nach rechts, zwei nach links ...

Man lasse der Gruppe Zeit, sich an den Tanzschritt zu gewöhnen, und gebe ihr dann abermals Zeit, eine Weile sich auf die Schrittweise einzulassen.

Überlegungen zur Begegnung (Lk 1,39–56)

Als Maria ihre Base Elisabet traf, »hüpfte« das Kind in deren Leib. Eine riß die andere also in ihrer Freude mit, steckte sie mit ihrer Begeisterung an. Grund dazu gab es: Die beiden Frauen sind schwanger geworden – auf höchst ungewöhnliche Weise: Maria »wußte« nichts von einem Mann, Elisabet war in einem Alter, in dem man kein Kind mehr bekommen kann.

Es ist also nie zu spät, neues Leben zu empfangen, es zu ergreifen und sich von ihm herausfordern zu lassen. Die junge und die alte Frau markieren Eckpfeiler in unserm Leben und fließen gleichsam zu einer zusammen. Maria und Elisabet: das ganze Leben. Leben in Fülle.

Nun stimmt Maria das Magnificat an. Wir wissen, daß es aus verschiedenen Texten des Alten Testaments zusammengesetzt ist. Zufall? Sicher nicht! Lukas wollte uns wohl zeigen, daß ein Neues anfängt, ohne daß das Alte aufgehoben ist. Maria und Elisabet: die ganze Bibel! Erfahrung und Weisheit?

Wir übersehen nicht, daß das Magnificat auf Jesus hinweist. Um ihn geht es letztendlich, und um das elementar Neue, das er bringen wird. Und doch sollte man nicht den Fehler begehen und Maria ausschließlich über Jesus definieren wollen. Allzu oft hat man sie mißbraucht, um Frauen auf ihrem Platz festzuhalten, allzu bequem hat man es sich damit gemacht.

Maria ist eine eigenständige Person. Das Magnificat ist für sie politisches Programm. Sie setzt damit die Reihe der Prophetinnen, Seherinnen und Führerinnen fort. Jeremia sagt: »Der Herr wird ein Neues schaffen, das Weib wird den Mann umgeben.« Dafür ist Maria ein Symbol. Catharina Halkes, mit deren Buch »Gott hat nicht nur starke Söhne« wir teilweise gearbeitet haben, sagt es so: »Maria ist Ausdruck prophetischen Lebens, des Lebens aus dem Geist, des empfänglichen und des hervorbringenden Lebens.« Lukas muß das über Maria gewußt haben, sonst hätte er sie anders dargestellt: Sie hätte zu Hause gesessen und für ihr Kind Jäckchen gestrickt.

Maria ist auch Symbol als Hinweis auf die Endzeit. Dort wird sich erfüllen, was Jesus gewollt hat. Aber die Endzeit fängt jetzt schon an: Lassen wir uns mitreißen. Die Welt hat heute weibliche Werte, weibliches Handeln bitter nötig. Hierin können wir uns mit Männern treffen, die das wissen: daß nämlich Weiblichkeit nicht nur Frauensache ist. Gerade heute, in der Zeit des Abschlachtens, des Vergewaltigens, der Eroberungsfeldzüge, sollten wir gemeinsam um die Verwirklichung der marianischen Prophetie kämpfen.

Fangen wir bescheiden an: Maria ist für viele Frauen – in der Dritten Welt ist es so – auch ein Symbol für unsere geschundene Erde. Können wir uns unserer Welt auf diese Weise zuwenden, werden wir nicht auf Kosten unserer Nachfahren leben.

»Herrscher hat er gestürzt, Niedrige erhoben.« Mir scheint, daß dies nicht nur auf Herrschaftssysteme, sondern manchmal auch auf unsere Kirche zutrifft. – »Hungernde hat er beschenkt mit Gaben, Reiche gehen lassen mit leeren Händen.« Fangen wir an zu handeln. Fangen wir an zu glauben wie Maria. Maria sang ihr Lied. Lassen wir uns anstecken. Seien wir solidarisch mit ihr und untereinander.

Lied

Es ist angeraten, das Magnificat aus Taizé mehrfach zu singen, dazwischen vielleicht auch die Melodie nur zu summen, um sich in den meditativen Charakter des Liedes einzuschwingen.

»Magnificat« (EH 97)

Vaterunser

Das folgende Vaterunser kann von drei Sprecherinnen vorgebetet werden. Die 1. Sprecherin betet den offiziellen Vaterunser-Text; die beiden andern wechseln sich mit den einzelnen Abschnitten ab.

Vater unser	Und Mutter unser, gerechter und barmherziger Gott, kraftvoller und zärtlicher Gott. Du bist mit uns durch Jesus, in uns und zwischen uns durch den Geist, auf immer.
im Himmel.	Denn Du bist Du, und wir sind wir, keine ineinander verschmolzene Einheit, sondern Partner in einem Bund zwischen Dir und der Menschheit, ja der ganzen Schöpfung.
Geheiligt werde Dein Name.	Indem Menschen geheilt werden, zerstörte Schöpfung neuen Frieden mit Menschen finden kann, jeder dem anderen zum Segen wird.

Dein Reich komme.

Immer mehr zur Geltung und
zur Wirksamkeit,
entfalte seine Kraft zwischen den
Menschen und im ganzen Kosmos.

Dein Wille geschehe
wie im Himmel
so auf Erden

Mit gleicher Konsequenz so,
daß Himmel und Erde auf immer
miteinander verbunden werden,
wie Mann und Frau in Liebe verbunden
sein können.

Unser tägliches Brot
gibt uns heute.

Und alles, was wir zum Leben brauchen.
Weil wir aber genug zum Leben haben,
gib uns unser tägliches Herz für die,
mit denen wir teilen müssen.

Vergib uns unsere
Schuld, wie auch wir
vergeben unseren
Schuldigern.

Denn das Maß, nach dem wir gemessen
werden,
ist das Maß, das wir anderen angelegt
haben.

Und führe uns nicht
in Versuchung.

Durch den Wohlstand,
in dem wir leben
und der droht,
uns so satt, bequem und gierig zu machen,
daß wir uns nur noch selbst suchen.

Sondern erlöse uns
von dem Bösen.

Indem wir unserer Kraft bewußt werden,
die du uns verliehen hast,
uns aus allem zu befreien, was uns hindert,
persönlich und gesellschaftlich barmherzig zu sein.

Denn Dein ist das
Reich und die Kraft
und die Herrlichkeit

Und die Fraulichkeit und die Zärtlichkeit,
und die Gerechtigkeit und die Barmherzigkeit,
und die Ohnmacht der Liebe.

In Ewigkeit.

Was die Zukunft für uns bedeutet,
die jetzt schon wirksam ist,
endgültig und auf immer.
Amen.

(Norbert Copray)

GEBET

Gott, wir bitten dich, laß die nötige Aufmerksamkeit und Offenheit in uns wachsen für das, was uns heute Neues begegnet.
Gib du uns im Hier und Jetzt die Kraft und den Mut, wie du sie damals Maria gegeben hast, einen ungewöhnlichen Weg zu gehen.
Begleite uns bei unseren inneren Aufbrüchen, laß uns die Chancen des Neuen entdecken und die entstehende Spannung als ein neugewordenes Marienbewußtsein in unsere Welt tragen. Amen.

SEGEN

Wir geben uns jetzt die Hände.
Wir halten einander.
Wir spüren die Kraft
und bitten Gott um seinen Segen.

Gott, deinen mütterlichen Segen erbitten wir.
Deine Zärtlichkeit und Liebe umfange und halte uns.
Deine Kraft stachle uns an, neue Wege zu gehen.
Dein Segen sei mit uns allen. Amen.

Darum bitten wir im Namen des Vaters und des Sohnes
und des Heiligen Geistes. Amen.

Entwurf: Gertrud Ettlinger, Leonberg

Du krönst das Jahr mit deinem Segen

Anlaß: Ein Abend zur Besinnung im Herbst als Vorschlag für Frauengruppen, erarbeitet zur Umsetzung des Positionspapiers »Verantwortung für die Schöpfung im Ländlichen Raum« des Diözesanratsausschusses »Ländlicher Raum« der Diözese Rottenburg-Stuttgart.
Zur Vorbereitung: Große Tischdecke für die Mitte, Stuhlkreis. Selbstgebackenes Brot und Getränke der Region für ein gemeinsames Mahl am Schluß.

SCHRIFTTEXT

Psalm 104,1–2.10–17.24.27–30: Ein Loblied auf den Schöpfer

EINFÜHRUNG

Zum Kanon: »Wo zwei oder drei in meinem Namen versammelt sind« (EH 87) wird getanzt.
Aufstellung in Gruppen zu dritt; Gruppen stehen im Kreis. Zwei Frauen stehen einander gegenüber mit Blick auf die Kreisbahn und schauen sich an. Die dritte Frau steht in Tanzrichtung und schaut auf die Kreisbahn.

Text:	Bewegungen:
Wo zwei	1. und 2. fassen sich die Hände = Paarkreis
oder drei in …	1. und 2. nehmen 3. mit in den Kreis = Dreier-Kreis
da bin ich …	1. und 2. bilden ein Tor, durch das 3. geht und zum nächsten Paar kommt.

Wiederholung bis die dritten Frauen wieder bei ihrem ursprünglichen Paar sind.

Tisch decken

Frauen füllen die Mitte und decken so miteinander den Tisch. Sie bringen Gaben und sagen, wofür sie stehen.
Es ist gut, sich dafür Zeit zu nehmen. Weitere Gaben können dazu kommen oder je nach Landschaft weggelassen werden.

1. Frau:
Ich bringe diesen bunten Herbststrauß: Hecken, Bäume und Sträucher prägen unsere Landschaft mit, zu jeder Jahreszeit immer wieder anders. – Oft staune ich über die Schönheit unserer Heimat, über Wald und Flur, über Gottes Schöpfung – gestaltet von uns Menschen.

2. Frau:
Ich bringe diesen Krug mit klarem, gesundem, lebenswichtigem Wasser. Tag und Nacht steht es uns zur Verfügung zum Trinken, Kochen, Waschen, zur Körperpflege und zum Gießen unserer Pflanzen. – Nur ein kleiner Handgriff, und das Wasser fließt. Kein langer, schwerer Weg ist uns abverlangt, wie ihn viele Frauen gehen müssen. – Ich denke jetzt auch an die drei Milliarden Menschen, denen es an Trinkwasser fehlt.

3. Frau:
Ich bringe Butter: ein Produkt der Landwirtschaft und der Molkerei unsere Region. Sie ist entstanden aus dem Zusammenwirken unserer Landschaft, der Wiesen und Felder, der Kühe, die hier ihr Futter finden, und der Arbeit unserer Bäuerinnen und Bauern.

4. Frau:
Ich bringe Eier von unseren Hühnern: Sie sind mir anvertraut, ihre Versorgung gehört zu meinem Arbeitsbereich. Immer wieder überrascht mich die Zuverlässigkeit der Tiere: Tag für Tag legen sie ihr Ei. Manchmal meine ich, dies sei ihr Dank für meine Fürsorge.

5. Frau:
Ich bringe einen Korb mit Obst: saftig und geschmackvoll, die Früchte mit feinem Duft, ganz unterschiedlich in der Form und

in der Farbe. Einfach so gewachsen, schon bereit zum Essen, kann das Obst Durst und Hunger und die Freude am Essen stillen.

6. Frau:
Ich bringe ein Einweckglas mit Gemüse aus unserem Garten. Es ist haltbar gemacht und zum Essen im Winter vorbereitet. Essensvorsorge gehört in vielen Kulturen und auch bei uns zur Aufgabe von uns Frauen. Ich denke daran, daß in vielen Ländern Frauen zu arm sind, um in dieser umsichtigen Weise für ihre Familien vorsorgen zu können.

7. Frau:
Ich bringe frischgewaschene und gebügelte Wäsche. Tag für Tag, Woche für Woche und Jahr für Jahr steht für uns Frauen Kochen, Waschen und Bügeln an. Auch wenn ich aus wirtschaftlichen und ökologischen Gründen Wäsche spare, häuft sie sich in der Familie an. Manchmal belastet mich diese wiederkehrende, nie abgeschlossene Haus- und Familienarbeit. Dann frage ich mich, wie haben unsere Großmütter dies alles leisten können ohne die guten Maschinen?

8. Frau:
Ich bringe ein Produkt aus unserem Betrieb: Viele Menschen und Gruppen sind an seiner Herstellung beteiligt, und viele sind froh, daß sie es kaufen können und es zu ihrer Verfügung steht. Seit ... Jahren arbeite ich in der Firma ... an seiner Herstellung mit. Diese Arbeit gibt mir Kontakt mit anderen Menschen, Lebensunterhalt und Sinn. – Ich denke an die Jugendlichen, die Frauen und Männer ohne Arbeit.

Austausch über das Thema

Leiterin:
Wir tauschen unsere Gedanken aus über das Thema: Sehnsucht und Mangel – trotz aller Fülle.

Wenn ich unseren reich gedeckten Tisch sehe, unser Singen höre und die Ruhe spüre, in eure frohen Gesichter sehe ... ja, dann möchte ich loben, dann ist das Herz voll: Doch unter all der Fülle, bei dem Reichtum, regt sich etwas in mir, das einen Hauch von

Traurigkeit auslöst, einen Hauch, wie ein Luftzug, den ich spüre, wenn ein Mensch vorübergeht. Ein Hauch von Traurigkeit ..., oder ist es Sehnsucht?

1. Frau:
Ich sehe die Gaben der Felder und der Gärten. Als Bäuerin weiß ich, wieviele Gedanken, wieviele Stunden Arbeit nötig waren, bis die Gaben hier bei uns auf dem Tisch liegen, das Ernten des Bauern, das Mahlen, das Backen ... Manchmal sehne ich mich danach, daß irgendjemand, ein Mensch nur, dieses Mühen, das in jedem Brot steckt, auch sieht.

2. Frau:
Wenn ich unseren Tisch anschaue, dann sehe ich nicht nur die Dinge, die da sind. Ich höre die Erntemaschinen, die LKW, die die Lebensmittel transportieren, ich spüre die Stunden, die am Schlaf fehlen, weil bis in die späten Stunden eingekocht wurde, spüre die Müdigkeit des Aufstehens, weil dann auch noch die Kinder in der Nacht unruhig waren ... Alles läuft und tut und macht ... Alles ist umtriebig und schafft ... und ich, ich bin mittendrin. Ich sehne mich nach Ruhe, nach ein paar Augenblicken am Tag, an denen niemand etwas von mir will, in denen ich die Welt vergessen darf.

3. Frau:
Manchmal möchte ich einfach irgendwohin kommen, ohne daß mich jemand fragt: »Warum kommst du?« Möchte mich an den Abendbrottisch setzen und dazugehören. Wünsche, daß die Freundinnen sagen: »Schön, daß du da bist!«

4. Frau:
Wir haben den elterlichen Betrieb übernommen, obwohl eine andere Entscheidung finanziell mehr gebracht hätte. Aber für uns ist Landwirtschaft mehr als nur betriebwirtschaftliches Rechnen. Natürlich brauchen wir unser Auskommen. Aber ist es nicht auch schön zu erleben, wie etwas wächst? Den Rhythmus des Jahres zu erleben, bedeutet mir mehr, als ich euch sagen kann. Viele Menschen verstehen das nicht, begreifen nicht, daß unser Leben mehr umfaßt, als wir alle sehen können. Oft habe ich das Gefühl, ich muß mich rechtfertigen für meinen Beruf. Ich sehne mich nach Verständnis.

5. Frau:
Wenn ich euch anschaue, dann merke ich, wer alles nicht hier ist. Es fällt mir schwer, es zu sagen, denn ich bin ja so froh, daß ihr alle da seid.
Doch es fehlen mir die Freundinnen, die verstorben sind, meine Tochter, die hier keinen Arbeitsplatz gefunden hat. Die Jungen, die wegziehen, die Alten, die sterben ... Das schmerzt.

Leiterin:
Der Zwiespalt: tiefe Dankbarkeit für die Fülle der Gaben Gottes einerseits und Sehnsucht nach dem, was nicht mehr ist oder noch nicht ist, gehört in unser menschliches Leben. Deshalb lade ich euch ein, die geäußerten Gedanken zu ergänzen.

Mahl

Zum Abschluß des Abends essen die Frauen miteinander das (selbstgebackene) Brot. Von den Gaben, die in der Mitte liegen, nimmt sich jede Frau beim Heimgehen, was sie brauchen kann.
Anregung: Ausländische Frauen, die in der Kirchengemeinde wohnen, könnten zu dieser Erntedankfeier eingeladen werden. Dies kann ein Anfang zu einem dauerhaften Kontakt sein.

FÜRBITTEN

Gott, unser Vater und unsere Mutter, immer wieder staunen wir, mit welch schönem Kleid die Natur bedacht wurde. Jahr für Jahr läßt du Pflanzen und Bäume aufbrechen, wachsen und ihre Frücht reifen. Wir danken dir für den reich gedeckten Tisch. Die Gaben vor uns geben Zeugnis von deiner Liebe.
Im Kreislauf der Jahreszeiten begegnen wir dem Rhythmus des Lebens in deiner Schöpfung. Auch wir haben daran Anteil. Auch wir spüren in uns Zeiten des Aufbruchs, des Reifens und Zeiten der Ruhe, des Lassens.
Auch wir spüren die Einbindung in deine Schöpferkraft durch die Weitergabe des Lebens an unsere Kinder und durch unsere tägliche Arbeit. Diese Teilhabe an deinem Leben ist gemeint, wenn wir »Töchter Gottes« genannt werden. Neben allem Sichbaren und Schönen verbirgt sich auch Mangel, Not und Ohn-

macht bei uns selbst und in der Welt. Deshalb tragen wir dir unsere Bitten vor:

Die Teilnehmerinnen sind eingeladen, ihre Bitten frei zu formulieren und die vorbereiteten Bitten zu ergänzen.

1. Frau:
Für alle, die nicht mehr staunen und danken können.
(Gott, erbarme dich.)

2. Frau:
Für alle Mütter, die für ihre Kinder kein Brot haben.
(Gott, erbarme dich.)

3. Frau:
Für die Landwirte, die um ihre Existenz ringen.
(Gott, erbarme dich.)

4. Frau:
Für die Menschen, die meinen, Erfolg, Geld und volle Schränke würden ihre Sehnsucht stillen.
(Gott, erbarme dich.)

SEGEN

Gott segne uns alle.
Gehet hin in Dank und Freude,
gebt die Einladung Gottes weiter,
laßt uns füreinander offen sein.
Die Gnade unseres Herrn Jesus Christus
und die Liebe Gottes und die Gemeinschaft des Heiligen Geistes
sei mit uns allen.

Entwurf: Elfriede Hirsch, Biberach; Beate Gröne, Stuttgart

Maria – lebendiger Glaube

Anlaß: Dieser Wortgottesdienst wurde von der Frauengruppe in Bad Waldsee am Frauentag, den 14. November 1992, gefeiert.
Zur Vorbereitung: Eine Flötenspielerin sollte die Meditation begleiten (wenn nicht vorhanden: Cassette mit Meditationsmusik).

SCHRIFTTEXTE

Lukas 1,26–38: Die Verkündigung der Geburt Jesu
Matthäus 2,13-15: Die Flucht nach Ägypten
Lukas 2,41–52: Jesus bei den Gelehrten im Tempel
Johannes 19,25–27: Die Mutter unter dem Kreuz

EINFÜHRUNG

Maria wird gerühmt, weil sie geglaubt hat – so sagt ihre Verwandte Elisabet. Sie steht am Eingang des Neuen Testaments, um uns den Weg zu weisen, den Weg des Glaubens. Damit ist sie einem andern an die Seite gestellt, dessen Glaube gerühmt wird. Am Eingang des Alten Testaments nimmt diesen Platz ein Mann ein: Abraham gilt als der Vater des Glaubens. Jetzt steht neben ihm eine Frau – eine Frau, an so wichtigem Platz. Der Glaube Mariens ist Leitbild für alle, die ihrem Sohn folgen.
Maria, unsere Schwester im Glauben, kann uns zeigen, was es heißt, aus der Kraft des Glaubens zu leben. Den Stationen ihres Glaubensweges werden wir in diesem Gottesdienst folgen.

GESTALTUNGSELEMENTE

Wegstationen mit Maria

Die Verkündigung der Geburt Jesu
Maria, ein junges Mädchen, das trotz des wunderbaren Handelns Gottes ihr einfaches Menschsein nicht eingebüßt hat.

Mit der Botschaft des Engels tritt Gott ganz in das Leben Marias ein. – Der Bote und seine Worte weisen sich durch kein wunderbares Zeichen aus. – Maria muß glauben.

Flötenspiel

Maria – eine junge, gläubige Frau, die die Regeln ihrer Kultur akzeptiert, wird schwanger, noch vor der Hochzeit mit Josef. Sie allein ahnt, daß Gott in ihr Leben eingegriffen hat, daß er etwas Besonderes mit ihr vorhat und daß von ihrem Ja unendlich viel abhangen wird.
Von ihrem Ja, sie allein hat zu entscheiden, sonst niemand. Kann sie es wagen, dieses Ja zu sagen zu Gottes Willen? Eine Welt würde zusammenbrechen für ihre Eltern, die sie streng im jüdischen Glauben erzogen haben. Und Josef – was würde in ihm vorgehen, wenn er von ihrer Schwangerschaft erführe?
Kann sie es wagen, die Liebe zwischen ihm und ihr auf's Spiel zu setzen? – Kann Gott von ihr verlangen, daß sie ihn so tief verletzt? Ein voreheliches, gar ein uneheliches Kind – das konnte den Tod für sie bedeuten! Kann das Gott von ihr wollen? – Trotz aller Vor- und Einwände, trotz aller Angst sagt Maria »ja« – ja zum Plan Gottes mit ihr, ja zu seinen Wünschen, von denen sie nicht einmal weiß, wie sie sich verwirklichen lassen. Sie sagt ja zum Leben – zu dem Leben, das Gott ihr zugedacht hat, ihr allein und keinem anderen Menschen sonst auf der Welt. Maria sagt »ja« zum neuen Leben, das in ihr wachsen will, von dem sie nicht weiß, wie es entstanden ist. – Mit diesem Ja wirft sie alle ihre Lebenspläne über Bord, alle eigenen Träume und Vorstellungen, alles, was sich bisher schon entschieden hat in ihrem Leben. Sie läßt sich ein auf Gott, auf das, was er von ihr will.

Und was ist die Folge? Schwerwiegende weitere Entscheidungen kommen auf Maria zu. Maria sagt ja zu ihrem Leben, wie Gott es für sie geplant hat. Sie sagt »ja«:

- obwohl ihr Sohn seinen sicheren Job als Schreiner aufgibt, um ein Leben als Aussteiger zu führen;
- obwohl er beginnt, phantastische Geschichten zu erzählen, und auf diese Weise junge Leute beeinflußt, ihre Familien zu verlassen und sich ihm anzuschließen;
- obwohl die Menschen mit Fingern auf ihn zeigen und selbst Verwandte und Bekannte ihn für einen Spinner halten;

– obwohl sie eigentlich Grund genug hätte, von ihrem Sohn ettäuscht zu sein, schenkt sie ihm doch volles Vertrauen und ist bereit, ihr ganzes Leben mit ihm zu teilen – bis zum bitteren Ende läßt sie ihn nicht allein.

Maria sagt ja zu ihrem Leben, weil sie grenzenloses Vertrauen zu Gott hat.

Flötenspiel

Die Flucht nach Ägypten

Maria mit ihrem Mann und ihrem Kind auf der Flucht nach Ägypten. Der Weg des Glaubens führt Maria für viele Jahre in die Fremde. Armut und Hilflosigkeit eines Kindes sind kaum Zeichen eines »Herrschers über das Haus Israel«, und Worte von Flucht und Aufenthalt in Ägypten passen nur schlecht zum »Großsein unter den Völkern«.

Flötenspiel

So finden wir Maria mit ihrer Familie im Flüchtlingsstrom der Geschichte, bei denen, die nicht geduldet werden, weil sie anders sind; bei denen, die vertrieben werden, weil sie von einer menschlicheren Welt träumen und verändern möchten, was den Menschen hindert, Mensch zu sein.

Bilder und Berichte über die Flucht von Menschen aus Diktaturen unserer Zeit erschrecken uns und machen uns Angst. Wir finden jedoch leicht heraus, wer die Nachfolger von Herodes sind.

Wenn wir Menschen links liegenlassen, weil deren Lebensstil ein anderer ist als der unsere – wenn wir jene mit unseren Ordnungen und Regeln unterdrücken, die der Menschlichkeit das Wort reden, und nicht mehr bereit sind, uns zu ändern, so ist Herodes in uns zu erkennen.

Maria hat alle Niederungen dieser Ausgrenzungen durchschritten.

Sei uns Schwester und zeige uns, daß Jesus für alle da ist. Vor allem bei den Ausgegrenzten und Verachteten finden wir ihn. Dort müssen wir ihn suchen, mit ihnen ihn aufnehmen, wenn es besser werden soll in unserer Welt.

Lied: »In Ängsten die einen« (EH 173)

Jesus bei den Gelehrten im Tempel
Jesus macht mit seinen Eltern eine Wallfahrt nach Jerusalem. Er bleibt im Tempel zurück. Auf dem Heimweg suchen ihn seine Eltern bei Freunden und Verwandten. Sie kehren nach Jerusalem zurück und finden ihn im Tempel. Er diskutiert mit den Gelehrten. Die Eltern sehen es mit Befremden, und auch die Worte: Ich muß in dem sein, was meines Vaters ist, verstehen sie nicht. – Auch dann, als sie ihn gefunden haben, bleiben sie Suchende.

Flötenspiel

Auch im Leben mit unseren Kindern gibt es Situationen, die wir nicht verstehen können. – Wie gut können wir uns in diese Begebenheit hineinversetzen. Dieses Sichlösen von der Mutter, von den Eltern, war sicher sehr schmerzlich.
Maria, wir finden dich in unseren ähnlichen Problemen und können von dir lernen, wie wir im Vertrauen auf Gott unsere Kinder in die Freiheit loslassen können. Du zeigst uns, wie wir sie trotz ihres Andersseins annehmen und ins Leben begleiten können.

Flötenspiel

Maria unter dem Kreuz
Maria steht unter dem Kreuz. Nun steht sie in der Feuerprobe des Glaubens. Das Liebste soll sie hergeben. Die Mutter soll ihren Sohn hingeben und dennoch glauben, daß nicht alle Zukunft des Gottesvolkes verloren ist.

– *Stille* –

Viele fragen heute: Ist nun alles vorbei? Haben unsere Kirchen keine Zukunft mehr? Sind sie gescheitert?
Wer von einer triumphierenden Kirche träumt, ist auf dem falschen Weg. – Die wahre Kirche ist die Kirche aller; auch der Gescheiterten, der Armen, der Abgeschobenen. Christus wollte allen nahe sein, darum ist er durch den Tod der Angst und Verzweiflung und des Hasses gegangen. Er schenkte uns Hoffnung durch seine Auferstehung.
Maria, unsere Schwester, hilf uns zu diesem Glauben und dieser Hoffnung, die uns sagen, daß das Ende nicht Tod, sondern Auferstehung und Leben ist.

Lied: »Christi Mutter stand mit Schmerzen« (GL 584)

Meditation

Diese junge Frau aus Nazaret, sie spricht mich in meinen Lebensproblemen an.
Eigentlich wollte ich mehr über ihr Alltagsleben erfahren. Die Evangelisten schrieben nichts von glücklichen oder unglücklichen Stunden, die sie mit Josef gemeinsam verbrachte, nichts von den Kinderfragen, die auch ihr Sohn stellte und die sie zum Lachen brachten, nichts von der Zärtlichkeit und der Geborgenheit, die in ihrem Hause herrschten, nichts von dem, was so unwichtig scheint und doch so wichtig ist. Nichts von alledem, was unserem Leben heute so viel sagen könnte.
Ich wollte von Maria nicht nur die außergewöhnlichen Dinge erfahren, sondern auch die menschlichen Reaktionen wie Mißverständnisse, den Ärger mit Nachbarn, die über ihren erwachsenen Sohn herzogen. Sie hat sicher nicht nur milde gelächelt, sie war sicher auch manchmal ärgerlich und verzweifelt. – Und sie konnte wohl auch herzhaft lachen. Nichts von dem erfahren wir.
Und trotzdem spricht mich diese junge Frau aus Nazaret in meiner Situation und meinem Lebensproblem an.
Sie sagt zu mir: »Du kannst dein Leben mit allem, was dir darin zugemutet wird, bejahen, du darfst es annehmen und lieben!
Du bist nicht anonym in diese Welt hineingeworfen worden. Du bist von Gott angenommen, angesehen und geliebt mit allem, was in deinem Leben aufbricht.
Du darfst sein, wie du dich erfährst. Du brauchst keine Angst vor der Zukunft zu haben, wie immer sie sich auch gestalten mag. Doch du darfst sie haben diese Angst, du brauchst sie nicht zu überspielen, du darfst sie leben und aussprechen. Du darfst deine Fragen stellen, deine Probleme artikulieren, den Schmerz deines Lebens hinausschreien. Du kannst gewiß sein, sie werden gehört.
Nicht immer wirst du das Ja zu allem Neuen in diesem Leben sofort sprechen können. Oft braucht es dazu einen langen, schmerzhaften Weg voller Trauer, voll von Ausgesetztheit, Ungeborgenheit und Fremdheit. Weiche deinem Weg nicht aus, gehe ihn.
Ich bin dankbar, daß die junge Frau aus Nazaret so zu mir spricht. Sie gibt mir ein Stück Hoffnung, daß mir die Lösung meines Lebensproblems gelingt – daß ich mein Leben umfassend bejahen kann.

Lied: »Magnificat« (GL 127) oder (EH 97)

GEBET

Seliggepriesen
haben dich viele Geschlechter,
besungen,
dich in tausend Bildern ausgeschmückt.
Großes hat der Herr an dir getan.
Geworden bist du, wie Gott dich dachte. –
Wir aber werden gemessen an Tugenden,
die man dir zuspricht,
wissen oft selbst nicht, wie wir gemeint sind.
Wie können wir sein wie du?
Maria, sieh uns, wir sind deine Schwestern!
Hilf uns durch dein Flehen zu Gott!

SEGEN

In der Dunkelheit unserer Tage begleite uns der Segen Gottes.
Wenn wir zögern und Unsicherheit uns überfällt, begleite uns der Segen Gottes.
Wenn unser Vertrauen schwach ist und unser Glaube nicht durchzuhalten droht, begleite uns der Segen Gottes.
Darum bitten wir im Namen des Vaters und des Sohnes und des Heiligen Geistes. Amen.

Entwurf: Rosemarie Straub und Elisabeth Pschibul, Bad Waldsee

Maria und Marta

Anlaß: Der Frauentag am 16. November 1991 in Bad Waldsee, vorbereitet von einer Frauengruppe.

SCHRIFTTEXT

Lukas 10,38–42: Die beiden Schwestern

EINFÜHRUNG

Maria und Marta – ihre Geschichte ist bekannt. Woher eigentlich kommt dieser langweilige Firnis, der über diesen Frauenbildern üblicherweise liegt? Schaut man sie genauer an, wird der Realismus, der hier verhandelt wird, geradezu handgreiflich. Ich weiß auch, weswegen diese Geschichte mir immer wieder aufstößt: Ich sehe mich nämlich eher in der Rolle der Marta. Eine Maria kann einem ganz schön auf die Nerven fallen. Aber genau besehen: umgekehrt mag es genau so sein.

GESTALTUNGSELEMENTE

Überlegungen zur Geschichte

Die Geschichte von Maria und Marta ist bekannt, die Geschichte von den Schwestern, in deren Haus Jesus aus und ein ging. »Marta« – ihr Name schon sagt es – ist »Herrin« des Hauses; sie waltet ihres Amtes. Ihre offensichtlich jüngere Schwester sitzt Jesus zu Füßen. Die Antwort Jesu – die der kritisierenden Marta zum Schutze von Maria gegeben wird – ist von vielen Auslegern interpretiert und strapaziert worden. Maria habe den guten Teil erwählt, der ihr nicht genommen werden soll.
Warum eigentlich fährt Jesus die tüchtige Marta so an? Hier geht es wohl nicht um ein Abwägen, was gut oder was besser ist. Es

heißt, wenn man den Text genau anschaut: Was Maria macht, ist gut, nämlich für diese Maria gut. Sie hat den Teil erwählt, der gut für sie ist. Und Marta? Soll sie doch ihren Teil tun! Warum aber fängt sie zu quengeln an? Mit ihrem Vorwurf will sie wohl die Aufmerksamkeit auf sich lenken: Da, schau her, wie tüchtig ich bin!
Es ist ein durchgehender Zug im Evangelium, daß Jesus immer dann hart reagiert, wenn einer der Fragenden auf andere mit dem Finger zeigt. Hier geht es nicht um ein Entweder – Oder. Hier geht es vielmehr darum, einer jeden ihren Platz zu lassen. Und das ist nicht leicht, wenn man eine Marta als Schwester hat!

(Eleonore Beck/Gabriele Miller)

Dialog zwischen Maria und Marta

A: Ich bin Marta.

B: Ich bin Maria.

Sprecherin:
Sie kennen diese beiden Frauen aus dem Lukasevangelium:
»Als Jesus und seine Jünger weiterzogen, kamen sie in ein Dorf, in dem er von einer Frau mit Namen Marta gastlich aufgenommen wurde. Sie hatte eine Schwester mit Namen Maria, die setzte sich Jesu zu Füßen und hörte ihm zu. Marta dagegen machte sich viel zu schaffen mit der Bedienung. Sie trat zu Jesus und sagte: »Herr, merkst du nicht, daß meine Schwester mich alleine dienen läßt? Sag ihr doch, daß sie mir helfen soll!« Aber Jesus antwortete: »Marta, Marta, du machst dir Sorge und Mühe um viele Dinge. Eins aber ist notwendig. Maria hat das gute Teil erwählt, und das soll ihr nicht weggenommen werden.«

A: Mich kennt ihr als die pflichtbewußte Hausfrau und Gastgeberin.

B: Mich kennt ihr als die Frau, die Jesus zuhört, die wißbegierig seine Worte hört.

Sprecherin:
Mit welcher von den beiden Frauen sympathisieren Sie mehr, mit Marta oder mit Maria? Ich weiß es schon, Sie brauchen es mir nicht zu sagen: In ihrem stillen Kämmerlein lieben die meisten

Frauen, die zu Hause aktiv sind, mehr die Marta und schauen oft bissig auf Maria.
Und Frauen, die in ihrem Alltag häusliche Arbeit etwas zurückstellen und weiteren Interessen nachgehen, die sympathisieren mehr mit Maria und freuen sich, daß dieser Jesus endlich auch mal ein Wörtchen sagt zur Verteidigung dieser Frauen.

A: Ihr spielt uns gegeneinander aus.

B: Ihr glaubt, daß wir's nicht miteinander können.

Sprecherin:
Ja, natürlich glauben Sie das, und sie können es ja auch nicht miteinander.
Die Hausfrau zum Beispiel zeigt manchmal auf die berufstätige Frau und spricht: »Die vernachläßigt den Haushalt, die Kinder.« Die Berufstätige zeigt auf die Hausfrau und spricht: »Die hat nichts weiter im Kopf als Haushalt und Kinder.«

A: Würdet ihr mehr in der Bibel lesen, mit euren Augen, mit eurem Verstand, nicht nur mit den Augen des Lukas, dann hättet ihr die Chance, uns besser zu verstehen, Maria, mich und Jesus.

B: Ihr lest oder hört einen Abschnitt, und dann macht ihr euch ein Bild von uns.

A: Es ist ein Vorurteil, wenn ihr glaubt, ich – Marta – bin eine »Nur-Hausfrau« und nichts weiter.

B: Es ist ein Vorurteil, wenn ihr glaubt, ich – Maria – bin nur das Weibchen, das Jesus zu Füßen liegt und seinen Worten lauscht.

Sprecherin:
Sie sollten auch Johannes 11,1–44 lesen: »Es war aber einer krank, Lazarus von Bethanien aus dem Dorf der Maria und ihrer Schwester Marta ... Jesus liebte Marta und ihre Schwester und Lazarus ... Als Marta hörte, daß Jesus sich dem Dorf näherte, ging sie ihm entgegen. Maria blieb im Haus. Marta sagte zu Jesus: »Herr, wenn du bei uns gewesen wärest, hätte mein Bruder nicht sterben müssen. Aber ich weiß, daß Gott dir auch jetzt keine Bitte abschlägt.«
»Dein Bruder wird auferstehen«, sagte Jesus zu ihr. »Ich weiß«, erwiderte sie, »am letzten Tag, wenn alle auferstehen, wird auch er ins Leben zurückkehren.« Jesus sagte zu ihr: »Ich bin die Auf-

erstehung und das Leben. Wer an mich glaubt, wird leben, auch wenn er stirbt. Und wer lebt und an mich glaubt, wird nie sterben. Glaubst du das?« Sie sagte zu ihm: »Ja Herr, ich glaube, daß du Christus bist, der Sohn Gottes, der in die Welt gekommen ist.«

A: Hier bin ich eine andere als bei Lukas. Ich gehe aus dem Haus und gehe Jesus entgegen. Und wenn ihr das Gespräch verfolgt, das ich mit Jesus geführt habe, so erkennt ihr, daß ich nicht nur am Herd stehe, sondern von der Lehre Jesu sehr wohl weiß.

B: Ja, und wenn ihr bei Johannes 12,1–8 lest, müßtet ihr erkennen, daß ich nicht nur die passiv lauschende, Jesus zu Füßen liegende Frau bin, sondern eine selbstbewußte Frau, wie meine Schwester Marta.

Sprecherin:
Es steht geschrieben: »Da nahm Maria eine Flasche mit sehr wertvollem Nardenöl, goß es Jesus über die Füße und trocknete sie mit ihren Haaren. Judas Iskariot sagte: »Warum wurde dieses Öl nicht für dreihundert Silberstücke verkauft und an die Armen verteilt?« Jesus sagte: »Laß sie in Ruhe!«

A: Es geht nicht darum, so oder so zu sein, besser als die andere zu sein, eifriger, wißbegieriger, mütterlicher, häuslicher.

B: Es geht darum, das Vielseitige in sich zu erkennen. Und in der Schwester die Chance zu sehen, das Eigene zu überprüfen.

Sprecherin:
Ja, so könnten wir die Reaktion von Jesus auch verstehen. Er ruft uns auf, das Eigene zu überprüfen, um uns neu in Freiheit zu entscheiden.

FÜRBITTEN

Die Gaben, die wir empfangen haben, sind verschieden. Der eine kann dies, dem anderen gelingt jenes. Gemeinsam ist uns aufgetragen, Welt und Leben zu gestalten. Deshalb bitten wir:

- Daß jeder Mensch seine Fähigkeiten entfalten und einsetzen kann, daß er Freude daran hat zum Wohle aller.
  (*Antwortruf*: Darum bitten wir dich, Herr.)

- Daß keine störenden Rivalitäten aufkommen, die das Zusammenleben blockieren.
- Daß Erfolge der andern nicht zu Neid verführen, der jedes Miteinander vergiftet.
- Daß in unserer Gemeinde Neid und Mißgunst keinen Platz haben.
- Daß wir einander ermutigen und fördern, damit sich ablesen läßt, was echtes christliches Klima ist, was Nächstenliebe bewirken kann.

Laß uns begreifen, Herr, was es heißt: Wenn ein Glied leidet, leiden alle Glieder zusammen. Und wenn ein Glied verherrlicht wird, freuen sich alle Glieder zusammen. Laß uns als Gemeinde, als Kirche dein Leib sein und wir alle deine Glieder. Amen.

(Gabriele Miller)

GEBET

Du hast uns gerufen, Herr, jede mit ihren Fähigkeiten und Besonderheiten. Wir folgen dir im Vertrauen darauf, daß dein Weg ins Leben führt.

Wir gehen hinter dir her – manchmal mit leichtem Schritt, manchmal stockend und hinkend. Und manchmal behindern wir uns gegenseitig.

Wir wollen dir dennoch folgen mit allen, die dein Wort getroffen hat. Du wirst jede von uns erkennen an dem Kreuz, das sie zu tragen hat, so wie wir dich erkennen an deinem Kreuz. Amen.

SEGEN

Der Herr segne uns und behüte uns.
Er bewahre uns davor, daß wir uns gegeneinander ausspielen.
Er lasse vielmehr sein Angesicht über uns leuchten und er sei uns gnädig, wenn Kleinlichkeit und Vorurteil uns bestimmen.
Der Herr erhebe sein Angesicht schützend und erhellend über uns und führe uns – auf ihn hörend und ihm dienend – in seinen Frieden. Amen.

Entwurf: Rosemarie Straub, Bad Waldsee

Themenpalette

Gottes Schöpfung

Anlaß: Eucharistiefeier von Frauen des Katholischen Frauenbundes in Bad Buchau gestaltet.
Zur Vorbereitung: Für den Sonnengesang des Franziskus braucht man eine kleine Schola. – Genügend Blumen für die Abschlußaktion bereitstellen.

SCHRIFTTEXT

Lukas 12,22–32: Von der falschen und der rechten Sorge

EINFÜHRUNG

Den Schöpfungsauftrag erfüllen, das heißt:

- die Erde, und alles, was von und mit ihr lebt, kennenlernen;
- die Vielfalt des Lebens hüten und lieben;
- mit den Gaben der Schöpfung verantwortlich umgehen;
- Wohlstand, Technik, Fortschritt nicht auf Kosten anderer genießen;
- wissen, daß die Fähigkeit, einem Kind das Leben zu schenken, an das Geheimnis Gottes rührt;
- wissen, daß jedes Kind, das eigene wie das fremde, ein Recht auf Leben, Schutz, Selbstverwirklichung und Liebe hat;
- Menschenfreundlichkeit als hohe Tugend respektieren.

GESTALTUNGSELEMENTE

Kyrie-Ruf

Die Welt ist schön; wir wissen aber auch, daß sie bedroht ist, daß es in ihr Krieg, Hunger, Tod, Krankheit, Mord und Haß gibt. Auch durch unser Versagen und unsere Schuld ist die Zukunft der Schöpfung bedroht.

Wir wollen um das Erbarmen Gottes bitten:

Bin ich mir der Verantwortung bewußt, die meine Generation für die kommende Generation hat?
Herr, erbarme dich und vergib uns unsere Schuld.

Alle: Herr, erbarme dich und vergib uns unsere Schuld.

Leben wir manchmal so, als wären wir die alleinigen Herren dieser Welt? Mißbrauchen wir die Kräfte der Erde und gefährden damit leichtfertig unser eigenes und das Leben anderer Menschen?
Herr, erbarme dich unser und vergib uns unsere Schuld.

Alle: Herr, erbarme dich und vergib uns unsere Schuld.

Verschließen wir Augen und Herzen vor den Zeichen deines Wirkens? Leben wir so, als wärst du gar nicht da, hier, mitten unter uns in deiner schenkenden und erhaltenden Liebe? Haben wir es verlernt – gerade auch in den Erfahrungen des Alltags – dich, o Gott, zu entdecken?
Herr, erbarme dich und vergib uns unsere Schuld.

Alle: Herr, erbarme dich und vergib uns unsere Schuld.

Meditation nach dem Evangelium

An einem schönen Sommertage war um die Mittagszeit eine Stille im Wald eingetreten. Die Vögel steckten ihre Köpfe unter die Flügel. Alles ruhte. Da steckte der Buchfink sein Köpfchen hervor und fragte: »Was ist eigentlich das Leben?« – Alle waren betroffen über diese schwierige Frage.
Die Rose entfaltete gerade ihre Knospe und schob behutsam ein Blatt ums andere heraus. Sie sprach: »Das Leben ist eine Entwicklung.« Weniger tief veranlagt war der Schmetterling. Lustig flog er von einer Blume zur anderen, naschte da und dort und sagte: »Das Leben ist lauter Freude und Sonnenschein.«
Drunten am Boden schleppte sich eine Ameise mit einem Strohhalm, zehnmal länger als sie selbst, und sagte: »Das Leben ist nichts anderes als Mühe und Arbeit.« Geschäftig kam eine Biene von einer honighaltigen Blume zurück und meinte dazu: »Das Leben ist ein Wechsel von Arbeit und Vergnügen.«
Wo so weise Reden geführt wurden, steckte der Maulwurf seinen

Kopf aus der Erde und sagte: »Das Leben ist ein Kampf im Dunkeln.«
Es hätte nun fast einen Streit gegeben, wenn nicht ein feiner Regen eingesetzt hätte, der sagte: »Das Leben besteht aus Tränen, nichts als Tränen.« Dann zog er weiter zum Meer.
Dort brandeten die Wogen und warfen sich mit aller Gewalt gegen die Felsen und stöhnten: »Das Leben ist ein stets vergebliches Ringen nach Freiheit.«
Hoch über ihnen zog majestätisch ein Adler seine Kreise, der frohlockte: »Das Leben, das Leben ist ein Streben nach oben!«
Nicht weit davon stand eine Weide, die hatte der Sturm schon zur Seite gebogen. Sie sagte: »Das Leben ist ein Sichneigen unter eine höhere Macht.«
Dann kam die Nacht. Mit lautlosem Flug glitt der Uhu durch das Geäst des Waldes und krächzte: »Das Leben heißt: Die Gelegenheit nutzen, wenn die anderen schlafen.«
Und schließlich wurde es still im Wald Nach einer Weile ging ein junger Mann durch die menschenleeren Straßen nach Hause; er kam von einer Lustbarkeit und sagte vor sich hin: »Das Leben ist das ständige Suchen nach Glück und eine Kette von Enttäuschungen.«
Auf einmal stand die Morgenröte in ihrer vollen Pracht auf und sprach: »Wie ich, die Morgenröte, der Beginn des kommenden Tages bin, so ist das Leben der Anbruch der Ewigkeit.«

Sonnengesang des heiligen Franziskus

»Höchster, allmächtiger, guter Herr« (GL 285)

Die Schola singt den Sonnengesang; die Gemeinde den Kehrvers.

Aktion

Am Schluß des Gottesdienstes werden an alle Teilnehmer kleine Blumensträußchen verteilt.

FÜRBITTEN

Laßt uns beten, und laßt uns loben den großen Gott, der uns seine Schöpfung anvertraut hat:

– Gott, du Schöpfer der Welt, wir bitten dich: Für die Kirche, daß in ihr Lob und Dank für Gottes Schöpfung nicht verstummen möge.
(Christus, höre uns. – Christus, erhöre uns.)

– Gott, unser Vater, wir haben das unverdiente Glück, in den fruchtbarsten und reichsten Gebieten dieser Erde zu leben. Mache unsere Herzen bereit, daß sie teilen und wegschenken können, was wir im Überfluß haben.
(Christus, höre uns. – Christus, erhöre uns.)

– Gott, unser Vater, alles Leben kommt aus deiner Hand und wird allein in dir Fülle und Vollendung erlangen. Schenke uns die Gnade, auch unser eigenes Leben als kostbares Geschenk zu betrachten.
(Christus, höre uns. – Christus, erhöre uns.)

– Gott, unser Vater, manche Menschen, die alt, krank oder gehbehindert sind, können nicht so viel von der Schönheit der Welt erfahren. Wir bitten dich: Laß sie Helfer finden, damit sie noch viel Freude am Leben und an der schönen Natur haben.
(Christus, höre uns – Christus, erhöre uns.)

– Gott, unser Vater, nehme unsere lieben Verstorbenen, besonders unsere Mitglieder des katholischen Frauenbundes auf in dein Reich, schenke ihnen deine Nähe und deine Freude. Laß sie ruhen in Frieden.
(Christus, höre uns. – Christus, erhöre uns.)

Gott, du hast uns gerufen von weit und breit, du hast uns geschaffen, Große und Kleine, alle verschieden an Herz und Gesicht. Wir bitten dich: Mache heute noch neue Menschen aus uns, die deine Stimme hören, die Verantwortung für die Schöpfung übernehmen.
Darum bitten wir dich durch Jesus Christus, deinen Sohn. Amen.

GEBET

O Herr der Welt, dir singe ich.
Alles blüht um mich her,
und die Welt ist gesegnet und voll Freude.

Dir singe ich! Wie glänzt jetzt der Tau!
Wie jubeln alle die bunten Vögel,
der Gesang der Zwitschernden tönt überall.
Alle singen dir zu Ehren,
dem Erschaffer des Alls, dir, der Gott ist.

Du allein bist die Quelle des Gesanges,
denn das Lied wurde im Himmel geboren.

Die Morgenröte kleidet sich in ihr Lichtgewand.
Sie will Ehre erweisen dem Schöpfer der Menschen.

Der hohe Himmel legt die Decke seiner Wolken
von sich. Er beugt sich vor dem Schöpfer der Menschen.

Die Sonne, die Königin unter den Sternen,
breitet ihre Strahlen aus wie goldenes Haar.

Die Blumen breiten ihre Farben aus und ihren Duft.
Es ist herrlich, sie zu sehen.

So rühmt auch mein Herz dich, meinen Vater,
bei jeder Morgenröte aufs neue, du, mein Schöpfer!

SEGEN

Laßt uns Gottes Segen erbitten:
Gott, deinen mütterlichen Segen erbitten wir, deine Zärtlichkeit und Liebe umfange und erhalte uns.

Deine Kraft stachle uns an.
Deine Weisheit sei unsere Ratgeberin.
Heute, morgen, immer.

Darauf vertrauen wir, denn du hältst die Welt in deinen Händen. Wir vertrauen auf dich mit unseren Schwestern und Brüdern, mit unseren Familien, mit unserer Gemeinde.

Du Schöpfer der Welt, wir bitten, daß du uns mit deinem Segen begleitest. Amen.

Entwurf: Juliane Herrmann, Bad Buchau

Wachsen – reifen – danken

Anlaß: Diese Erntedankfeier wurde von einer Arbeitsgruppe im Rahmen eines Wochenendes »Frauen feiern Gottesdienst« (Bildungswerk Biberach) erstellt und miteinander gefeiert.
Zur Vorbereitung: Die Gruppe sitzt im Kreis. In der Mitte auf dem Boden liegt ein grünes oder braunes Tuch. Darauf ein Band mit langen Flügeln. Auf dem einen Bandteil stehen hintereinander Traubenkerne, Trauben und ein Glas Wein: auf dem anderen Bandteil Weizenkörner, Weizenähren, Mehl und ein Laib Brot. Das Motiv des Wachstums sollte in beiden Symbolen deutlich werden. Vielleicht gibt es noch Platz für Blumen und Kerzen. – Auf der Seite stehen fünf Brotsorten bereit.

SCHRIFTTEXTE

Johannes 12,23–24: Wenn das Weizenkorn nicht in die Erde fällt
Johannes 15,1–5: Vom Fruchtbringen

EINFÜHRUNG

Wachsen – reifen – danken heißt unser Gottesdienst. Wir gehen von Brot und Wein aus. Eine Weizenähre kann 50–70 Körner tragen. Aus dem kleinen Korn wachsen in der Regel zwei Ähren, manchmal eine, aber auch vier. Das Brot, unser täglich Brot, wird »aus der Kraft der Natur« und durch menschliche Arbeit. Ein langer Weg, an dem Bauer, Händler, Müller, Bäcker oder Hausfrau ihre Kraft hineingeben. Ohne Sterben, Zerrieben-Werden, Vermengt- und Geknetet- und Umgewandelt-Werden im Feuer oder der Hitzes des Backofens wird keine Nahrung.
Menschliches Wachsen und Reifen geschieht durch einen ähnlichen Vorgang. Fragen wir uns: Wo komme ich auf diesem Weg vom Korn zum Brot vor?
Und hier noch die Traubenkerne. Aus ihnen werden Setzlinge gezogen. In zwei bis drei Jahren hat der Weinstock seine volle

Reife und trägt drei bis fünf kg Trauben, daraus können zwei bis drei Flaschen Wein gekeltert werden. Wein, kein Grundnahrungsmittel wie Brot. Und doch »erfreut er des Menschen Herz«, beflügelt, begeistert, führt Menschen zusammen. Ein Element von Fest, Feier und Freude.

GESTALTUNGSELEMENTE

Gespräch

Wo komme ich auf dem Weg des Wachsens und Reifens vor?
Wo stehe ich zur Zeit?
Wo finde ich mich beim Anschauen dieses Brottisches?

Darbringung der Brotsorten

Die verschiedenen Brotsorten werden nacheinander zur Mitte gebracht und mit Fürbitten verbunden.

1. Ich bringe ein Brot, zubereitet aus dem Mehl von *Weizen und Roggen*, mit Salz und Gewürzen. Es ist unser tägliches Brot, schmackhaft und kraftvoll. Der Segen des Brotes ist: Gott schenke uns die wechselseitige Kraft von Männern und Frauen, damit sie gemeinsam für das Leben eintreten.

Kanon: »Danket, danket dem Herrn« (GL 283)

2. Ich bringe *Fladenbrot* für unseren Tisch, das Brot, das die farbigen Frauen in vielen Teilen der Welt für ihre Familien backen. Es soll uns daran erinnern, daß Gott nicht zuläßt, daß Menschen wegen ihrer Hautfarbe oder Rasse diskriminiert werden. Der Segen des Brotes ist: Gott, schütze unsere Brüder und Schwestern vor der Ungerechtigkeit und der Anmaßung der weißen Rasse.

Kanon: »Danket, danket dem Herrn« (GL 283)

3. Ich bringe *ungesäuertes Brot* an unseren Tisch. Es erinnert an unsere jüdischen Schwestern und Brüder, die mit dem Brot das Passahmahl feiern. Sie sind von Menschen aus unserem Volk, die sich auch Christen nannten, verfolgt, gequält, verjagt und getötet worden. Auch heute werden ihre Friedhöfe und Gedenkstätten wieder geschändet.

Unser Ruf ist: Gott, vergib uns unsere Schuld. Laß uns im öffentlichen Leben verantwortungsbewußt handeln und nicht gleichgültig sein.

Kanon: »Danket, danket dem Herrn« (GL 283)

4. Ich bringe das Brot, gebacken mit den *Kernen der Sonnenblume*. Es ist das Brot für die, die ohne Hoffnung sind, die Kranken, die Alten, die Einsamen, die Verfolgten.
Der Segen des Brotes ist: Gott, schenke allen, die Mangel leiden, das Licht deiner liebenden Nähe.

Kanon: »Danket, danket dem Herrn« (GL 283)

5. Ich bringe *Knauzenbrot, aus dem Dinkel* unserer oberschwäbischen Heimat zubereitet. Es verbindet uns mit den Frauen und Kindern unserer Kirchengemeinden. In ihm bringen wir auch unser eigenes Mühen und Sorgen.
Unsere Bitte an Gott: Schenke uns ein Herz, das Brot, Freude und Leid teilen kann.

Kanon: »Danket, danket dem Herrn« (GL 283)

Überraschungstext

Kalt das frühe Jahr
ohne Sonne, ohne Leben.
Unruhig der Bauer
vergrämt die Gärtnerin
wenn's so bleibt?

Wenn's so bleibt klagen auch die Eltern
verschlossen und abweisend der Sohn
fremd und schnippisch die Tochter

Graue Tage
Lange Nächte
Pubertät

Doch sieh: Sonne bricht hervor
Leben drängt aus jedem Spalt
es sproßt und grünt und blüht
umarmt und lacht

Freude und Staunen und Danken
der Bauer, die Gärtnerin, die Eltern
So kann Sommer werden
So die Furcht reifen.

Lieder

»Das Weizenkorn muß sterben« (GL 620)
»Kommt herbei« (GL 270,1–3.6)
»Jubilate Deo« (EH 107)

GEBET

Jesus, Bruder und Freund, du hast uns dein Wort, Brot und Wein und deine Nähe anvertraut.
Wir durften die Gaben der Schöpfung in diesem Jahr entgegennehmen.
Wir durften in den vielen Jahren unseres Lebens Wachsen und Reifen erfahren.
Wir dürfen immer wieder Freude und herzliche Begegnungen erleben.
Dafür wollen wir dir von ganzem Herzen danken. Amen.

SEGEN

Lied: »Gottes guter Segen sei mit euch« (siehe S. 264)

Entwurf: Elfriede Hirsch, Biberach

Wach auf

Anlaß: Frauenliturgie, vorbereitet von einem Team von fünf Frauen als Meditationswortgottesdienst für Frauen.
Zur Vorbereitung: An die Teilnehmerinnen werden Samen ausgeteilt (z. B. Feuerbohnen). – In der Mitte des Kreises liegt ein Tuch; die Bohnen werden bei der Einführung in die Mitte gelegt. – Recorder mit Cassette; Musik, auf die sich einfache Schritte machen lassen. – »Blütenblatt« – aus Tonpapier (zum Aufhängen präparieren); Stifte.

SCHRIFTTEXT

Markus 5,21–43: Mädchen, steh auf

EINFÜHRUNG

In jeder von uns schlummern verborgene Kräfte. Oft entdecken wir sie nicht, werden uns dessen nicht bewußt. Tausend Alltagsprobleme blockieren uns, lassen uns kaum zum Nachdenken kommen. Unsere Gedanken bleiben an der Oberfläche; wir sind eingepaßt in unsere Umwelt, und wir funktionieren ganz gut. Nur dann und wann ahnen wir, daß da mehr ist – man muß es nur entdecken. Man muß zulassen, daß es an die Oberfläche kommt. Wenn man Geduld hat und wartet, kann Verborgenes aufgehen wie Same.

GESTALTUNGSELEMENTE

Begrüßungstanz

Musik, auf die sich einfache Schritte machen lassen. Die Teilnehmerinnen werden eingeladen, sich in zwei ineinandergehende Kreise aufzustellen; der innere Kreis geht im Uhrzeiger-

sinn; der äußere in entgegengesetzter Richtung. Jede folgt in einfachem Tanzschritt der, die vor ihr tanzt. Die Teilnehmerinnen der beiden Kreise nehmen einander zur Kenntnis, nicken sich gegenseitig zu. In die leiser werdende Musik wird gesprochen.

Wir wollen uns auf das einlassen, was der Abend uns bringt. Wir lassen unsere Wünsche, unsere Sehnsüchte, unsere versteckten Fähigkeiten keimen und wachsen.

Stilleübung

Wir setzen uns ganz gelöst auf unseren Stuhl (legen uns auf den Boden), schließen die Augen. Warten. Wir werden uns unseres Körpers bewußt. Ich habe nicht diesen Leib, ich bin dieser Leib.

- Stille -

Wir fragen uns: Was schläft in mir? Wann will es aufwachen? Was will an die Oberfläche?

- Stille -

Jesus sagt zu dem Mädchen: Talita kum. Mädchen, ich sage dir, steh auf. Er fordert das Mädchen auf, aufzuwachen, sich auf die eigenen Füße zu stellen, es selber zu sein. Wir sind wie ein Samenkorn, das die Erde durchbricht, sich der Sonne entgegenstreckt.

Meditationsmusik, Aufforderung, aufzustehen. Stand fassen. Mit geschlossenen Augen ein paar Schritte machen.

Lied

»Manchmal feiern wir mitten am Tag« (EH 146)

Tanz

Jede bekommt einen blühenden Zweig. Tanz im Pilgerschritt (rechts - links - rechts - links an rechts heranziehen; dann: links - rechts - links - rechts neben links stellen usw.) mit Zweig. Meditationsmusik.
Nach dem Tanz werden die Zweige in die Mitte in eine Vase gestellt.

Schriftmeditation

Jede bekommt ein »Blütenblatt« aus Tonpapier und einen Stift. »Was schlummert in mir?« – die Antwort soll auf das Blütenblatt geschrieben werden. Wer fertig ist, hängt seine Papierblume an die Zweige in der Mitte.
Danach Austausch zu zweit oder in kleinen Gruppen.

GEBET

Sich keinen Fehler gestatten,
sich keinen Fehler verzeihen
ist weit schlimmer, als Fehler haben
und mit Fehlern leben.

Sich keinen Fehler gestatten macht unbarmherzig,
und gestattet selbst Gott nicht die Freude,
barmherzig zu sein.

Herr, nimm uns mit unseren Fehlern an.
Gib uns die Kraft, sie uns einzugestehen.
Gib uns die Kraft, sie dir einzugestehen.
Schenk uns die Kraft, an unseren Fehlern
unsere Träume zu erkennen.
Und schenk uns die Kraft,
durch alle Unvollkommenheiten hindurch
etwas von unseren Träumen
Wirklichkeit werden zu lassen. Amen.

SEGEN

Gott, stärke, was in uns wachsen will,
schütze, was uns lebendig macht,
behüte, was wir weitertragen,
bewahre, was wir freigeben,
und segne uns, wenn wir aufbrechen zu dir.
Amen.

(Heidi Rostenstock)

Entwurf: Angelika Heer, Herrenberg

Eure Kinder sind nicht eure Kinder

Anlaß: Der Gottesdienst wurde vom »Frauenkreis« im Katholischen Frauenbund in Stuttgart-Hofen erarbeitet und im September 1993 als Eucharistiefeier in der Gemeinde gefeiert.

SCHRIFTTEXT

1 Korinther 13,1–13: Das Hohelied der Liebe

EINFÜHRUNG

1.
Das Kind erfreut sich aller in dieser Erklärung enthaltenen Rechte. Ohne jede Ausnahme und ohne Unterscheidung oder Benachteiligung durch Rasse, Hautfarbe, Geschlecht, Sprache, Religion, politische oder sonstige Überzeugung, nationale oder soziale Herkunft, Eigentum, Geburt oder sonstige Umstände, sowohl hinsichtlich seiner selbst wie seiner Familie, hat das Kind auf diese Rechte Anpruch.

2.
Das Kind erfreut sich der Wohltaten der sozialen Sicherheit. Es ist berechtigt, in Gesundheit heranzuwachsen und zu reifen; deshalb werden ihm und seiner Mutter besondere Fürsorge und Schutz gewährt, einschließlich angemessener Pflege vor und nach der Geburt. Das Kind hat das Recht auf ausreichende Ernährung, Wohnung, Erholung und ärztliche Betreuung.

3.
Das Kind bedarf zur vollen und harmonischen Entwicklung seiner Person der Liebe und des Verständnisses. Es wächst soweit irgend möglich, in der Obhut und der Verantwortung seiner Eltern, immer aber in der Umgebung der Zuneigung und moralischer und materieller Sicherheit auf; in zartem Alter wird das Kind nicht von seiner Mutter getrennt, außer durch ungewöhnliche

Umstände. Gesellschaftliche und öffentliche Stellen haben die Pflicht, alleinstehenden und mittellosen Kindern verstärkte Fürsorge angedeihen zu lassen. Staatliche und anderweitige finanzielle Unterstützung kinderreicher Familien ist wünschenswert.

(»Erklärung der Rechte des Kindes«; einstimmig angenommen am 20. November 1959 von der Vollversammlung der Vereinten Nationen)

GESTALTUNGSELEMENTE

Aus einer Schülerzeitung

Das Gedicht aus einer Schülerzeitung kann als Schuldbekenntnis dienen. Es sollte von einem/einer Jugendlichen gelesen werden. Die Zwischenrufe um das Erbarmen Gottes werden von einem Erwachsenen bzw. von der Gemeinde gesprochen.

Wir heben das Gesicht in den Himmel und schreien. Wir schreien, bis die Welt darüber taumelt, und hören nicht auf, bis sie erkennt, warum wir schreien müssen. Wir sind die Generation ohne Moral, weil wir ehrlich sind.

Herr, erbarme dich.
Christus, erbarme dich.
Herr, erbarme dich.

Wir sind die Generation ohne Ideale, weil wir nicht mehr glauben können. Wir sind die Generation ohne Herz, weil man es uns genommen hat. Wir sind die Generation der Toten. Wir haben keine Zukunft, wie Eintagsfliegen keine Zukunft haben. Deshalb brauchen wir keine Moral, deshalb brauchen wir keine Ideale und kein Herz.

Herr, erbarme dich.
Christus, erbarme dich.
Herr, erbarme dich.

Wir sind die Generation ohne Sinn. Wir sind die Ausgelieferten, die Verratenen. Das Spottgelächter der Zeit sind wir. Warum kommt niemand und erlöst uns aus dem Wahn, vergeblich zu sein? Warum kommt niemand und erkennt mit uns, daß zu viele

Kriege gewesen sind, um länger die Augen schließen zu können? Warum kommt niemand, der uns liebt?

Herr, erbarme dich.
Christus, erbarme dich.
Herr, erbarme dich.

Wir wollen das doch gar nicht! Das ohne Moral sein, ohne Ideale und ohne Herz! Wir wollen das doch gar nicht. Das Verlorensein an die Leere, das Angstlachen um das Unaussprechliche ... Deshalb hassen wir die Welt. Und deshalb lieben wir sie.

Herr, erbarme dich.
Christus, erbarme dich.
Herr, erbarme dich.

Wir heben das Gesicht in den Himmel und schreien, bis die Welt darüber taumelt, und hören nicht auf, bis sie erkennt, warum wir schreien müssen.

Herr, erbarme dich.
Christus, erbarme dich.
Herr, erbarme dich.

Meditation zu einem Text von Khalil Gibran

Der Text wird hier zunächst vollständig abgedruckt. Darauf folgt ein Dialog, in dem ein Gesprächspartner Sätze aus dem Text als Herausforderung zitiert, der andere nimmt dazu Stellung, so wie unser »gesunder« Alltagsverstand darauf reagiert.

Eure Kinder sind nicht eure Kinder.
Sie sind die Söhne und Töchter der Sehnsucht des Lebens nach sich selber.
Sie kommen durch euch, aber nicht von euch,
Und obwohl sie mit euch sind, gehören sie euch doch nicht.
Ihr dürft ihnen eure Liebe geben, aber nicht eure Gedanken,
Denn sie haben ihre eigenen Gedanken.
Ihr dürft ihren Körpern ein Haus geben, aber nicht ihren Seelen,
Denn ihre Seelen wohnen im Haus von morgen, das ihr nicht besuchen könnt, nicht einmal in euren Träumen.
Ihr dürft euch bemühen, wie sie zu sein, aber versucht nicht, sie euch ähnlich zu machen.

Denn das Leben verläuft nicht rückwärts, noch verweilt es im Gestern.
Ihr seid die Bogen, von denen eure Kinder als lebende Pfeile ausgeschickt werden.
Der Schütze sieht das Ziel auf dem Pfad der Unendlichkeit, und Er spannt euch mit Seiner Macht, damit seine Pfeile schnell und weit fliegen.
Laßt euren Bogen von der Hand des Schützen auf Freude gerichtet sein;
Denn so wie Er den Pfeil liebt, der fliegt, so liebt Er auch den Bogen, der fest ist.

(Khalil Gibran)

A: Eure Kinder sind nicht eure Kinder...

B: Unsere Kinder sind nicht unsere Kinder – es wehrt sich etwas in uns, wenn wir diese Worte hören, besonders, wenn sie noch klein sind, unsere Kinder. Was wären diese Kinder, wenn sie nicht unsere Kinder wären? Was würde aus ihnen werden ohne unsere Fürsorge, unsere Achtsamkeit – ohne die Sicherheit unseres Wohlstandes, eingebettet in eine überschaubare Ordung mit geregelten Abläufen?
Und später – ? Wie könnten wir diese Kinder, wenn sie nicht unsere Kinder wären, ertragen in ihren unangemessenen Forderungen, in ihrer unberechenbaren Aufsässigkeit, in ihrer Ablehnung unserer Werte?
Verfechter der Jugend sagen – und wir wissen, sie haben recht: So müssen sie sein; sie müssen sich auflehnen gegen die Vormacht der Älteren; sie müssen sich freimachen – manchmal auch radikal –, denn den eigenen Weg können sie nur alleine gehen.
Es ist wohl die Sehnsucht des Lebens nach sich selber, die sie treibt. Und wir müssen akzeptieren.

A: Sie kommen durch euch, aber nicht von euch.

B: Dies zu glauben fällt weniger schwer: denn ist es wirklich ausschließlich biologisch zu erklären, daß sich aus mikroskopisch kleinen Zellen ein Wesen entwickelt, das die Krone der Schöpfung genannt wird? Ist es nicht doch ein unfaßbares Wunder, das mit der Entstehung jedes einzelnen Menschen geschieht?

A: Ihr dürft ihnen eure Liebe geben, aber nicht eure Gedanken, denn sie haben ihre eigenen Gedanken.

B: Schließt Liebe Gedanken aus? Ist es nicht vielmehr ein Wechselspiel – Gedankenaustausch? Behutsam und mit Bedacht den stürmischen und bedrängenden Gedanken unserer Kinder und Jugendlichen begegnen, ihr Anderssein zulassen? Ihre eigenen Gedanken bewußt annehmen – auch wenn sie unseren zuwiderlaufen?

A: Ihr dürft ihren Körpern ein Haus geben, aber nicht ihren Seelen.

B: Das ist wohl die schwerste Auflage, die Khalil Gibran uns macht. Ein Körper ohne Seele ist wie ein Haus ohne Fenster – dunkel, bedrohlich... Wer, wenn nicht wir, kann die Fenster im Leben unserer Kinder planen (einbauen); Fenster, durch die Licht hereinströmt (die das Haus hell machen), groß genug, um (aus der Geborgenheit des Hauses) den Blick nach draußen nicht einzuengen; Fenster, die Träume zulassen und Hoffnung und Wünsche, die uns fremd geworden sind, weil wir sie nicht in Einklang bringen können mit den Erfahrungen unseres Lebens.

A: Ihr dürft euch bemühen, wie sie zu sein, aber versucht nicht, sie euch ähnlich zu machen.

B: »Wenn ihr nicht werdet wie die Kinder...« – offen, frei, verletzlich, arglos, verzeihend, bedingungslos liebend, ohne Hast, voller Vertrauen, zuversichtlich, gerecht, spontan, fröhlich, fragend, treu, aufrichtig...
Wäre es nicht wunderbar, wie die Kinder im Anfang zu sein? Und doch sind wir nicht dagegen gefeit, sie zu formen und zu biegen nach unserer Norm, ohne Vertrauen in ihre eigenen Kräfte, das beste für sich selbst zu entwickeln.
Statt zu fördern, hemmen wir: statt zu glauben, mißtrauen wir. Und doch müssen wir unsere Kinder in eine Zukunft entlassen, die nicht mehr unsere ist...

A: Denn das Leben verläuft nicht rückwärts, noch verweilt es im Gestern.

B: Wir sind die Bogen, von denen unsere Kinder als lebende Pfeile ausgeschickt werden. Wir müssen stark sein und doch biegsam in der Hand des Schützen – und wir müssen, ja wir dürfen, dem

Schützen vertrauen, der uns spannt mit seiner Macht, damit seine Pfeile – unsere Kinder – schnell und weit fliegen.

A: Denn so wie er den Pfeil liebt, der fliegt, so liebt er auch den Bogen, der fest ist.
Amen.

FÜRBITTEN

Gott, unser Vater, wir bitten jetzt für Kinder und Jugendliche und für jene Menschen, die für sie verantwortlich sind:

- Vater, wir bitten dich, laß uns bewußt werden und danach handeln, daß wir die Kinder haben wollten und nicht sie uns.
  (Wir bitten dich, erhöre uns.)

- Vater, vertiefe in uns die Liebe, die Geduld, den Weitblick, die Kraft für die Aufgabe, unsere Kinder auf ein verantwortungsbewußtes Leben vorzubreiten.
  (Wir bitten dich, erhöre uns.)

- Vater, hilf, daß wir unsere Kinder nicht beherrschen, sondern forme ihr und unser Gewissen, und laß sie in ihrem Verhalten sicher werden.
  (Wir bitten dich, erhöre uns.)

- Gott, unser Vater, für viele Jugendliche können wir nur noch beten. Sie haben den Halt verloren und keine Hoffnung mehr: von Drogen abhängig, straffällig geworden, ohne Bleibe und Geborgenheit. Wir bitten dich, sei du diesen Jugendlichen Hilfe; stell ihnen Menschen zur Seite, denen du Kraft und Mut gibst, sie aus der Ausgrenzung zurückzuholen.
  (Wir bitten dich, erhöre uns.)

- Wenn wir das Planen und Handeln der Verantwortlichen in Politik und Wirtschaft sehen, könnte man meinen, ein Volk wird nicht von den nachfolgenden Generationen beerbt. Wohlstand, Zukunftsaussichten, innere Werte werden verschleudert. Die junge Generation steht vor Arbeitslosigkeit, einer kaputten Umwelt, vor Sinnlosigkeit und Leere. Sende deinen Geist auf jene Menschen, die heute das Land verwalten, daß sie Leitbilder sind und nicht das Chaos vorleben.
  (Wir bitten dich, erhöre uns.)

- Gott, unser Vater, wir denken an Gewaltszenen in der ganzen Welt, denen Kinder und Jugendliche ausgeliefert sind: an Kinder, die verlassen werden, damit ihre Familienangehörigen den Lebensunterhalt weitab von ihrer Heimat finden; an Kinder, die durch Vergewaltigung und Prostitution ihres Seelenlebens beraubt werden.
  (Wir bitten dich, erhöre uns.)
- Gott, unser Vater, wir denken an Kinder, die erleben müssen, daß man sie nicht umsorgt, sondern deren Familien gefoltert, erniedrigt oder ermordet werden. Laß uns im eigenen Wohlergehen diese Menschen nicht vergessen und weiterhin um friedliches Miteinander bitten.
  (Wir bitten dich, erhöre uns.)

Gott, unser Vater, wir bringen die Ängste, die Sorgen, die Not der Kinder und Jugendlichen der ganzen Welt vor dich und bitten dich, sende deinen Geist, daß er die Welt der Erwachsenen zur Umkehr bewege. Amen.

GEBET

Dank sei dir,
Du Gott mit dem weiten Herzen.
Was du geschaffen hast,
das darf auch sein:
Ich darf sein.
Dank für den Platz in deiner Hand.

Dank für die Kinder,
die du schenkst.
Dank für die Braunen und Blonden,
die Dicken und Dünnen,
die Wilden und Stillen.
Sie dürfen sein.
Dank für den Platz in deiner Hand.
Du sagst ja zu uns, Gott.
Wir können leben
und alle die anderen auch,
die Schwierigen, Schlimmen, Ungeliebten.

Komm mit deiner Weite in unsere Enge,
komm mit deiner Erlaubnis in unsere Verbote,
komm mit deiner Liebe in unsere Angst,
damit wir leben,
damit alle leben,
und du in uns.
Amen.

(Ulrike Wagner-Rau)

SEGEN

Gottes Segen begleite uns; er öffne uns Augen und Herz.

Der Segen des zärtlichen Gottes begleite uns; er lehre uns, Zuwendung neu zu entdecken.

Der Segen des gütigen Gottes begleite uns; er rege uns an, unsere starren Vorurteile abzubauen.

Der Segen des verzeihenden Gottes begleite uns; er vergebe uns unsere Blindheit und Hartherzigkeit.

Der Segen Gottes, unseres lieben Vaters;
der Segen Gottes, unseres menschenfreundlichen Bruders;
der Segen unseres lebenspendenden Bewegers:
er begleite uns und führe uns auf seinem Weg. Amen.

Entwurf: Inge Pelka, Stuttgart-Hofen

Die Würde des Menschen ist unantastbar

Anlaß: Diese Eucharistiefeier wurde von einer Gruppe des Frauenbundes in Stuttgart-Hofen gestaltet und mit der Gemeinde am 28. März 1993 gefeiert.
Zur Vorbeitung: Für die verschiedenen Texte und Gestaltungselemente sind mehrere Sprecherinnen einzuteilen. Es ist angeraten, daß sie sich vorher genau absprechen.

SCHRIFTTEXT

Markus 5,21–43: Heilung der blutflüssigen Frau

EINFÜHRUNG

1. Sprecherin: Die Würde des Menschen ist unantastbar.

2. Sprecherin: Frauen leisten zwei Drittel aller Arbeitsstunden auf der Welt und produzieren 45% der Nahrungsmittel, erhalten dafür aber nur ein Zehntel allen Einkommens und besitzen weniger als ein Prozent der Produktionsmittel.

3. Sprecherin: Die Arbeit der Frauen, die für die Familie lebensnotwendig ist, wird nicht bezahlt. Die unbezahlte Arbeit der Frauen wird weniger anerkannt als die bezahlte Arbeit der Männer.

4. Sprecherin: Ein alter indischer Spruch lautet: »Ein Freund ist die Gattin, ein Jammer die Tochter, Licht in der höchsten Himmelswelt ist der Sohn für den Vater.« In Indien treiben die Mitgiftforderungen ganze Familien für den Rest ihres Lebens in den Ruin. Kann eine junge Frau die Forderungen nicht mehr erfüllen, wird sie oft vom Ehemann auf grausame Weise umgebracht, um Platz zu machen für eine neue Frau. Allein in Neu-Delhi sterben so jedes Jahr 700 junge Frauen. Die Dunkelziffer wird erheblich höher eingeschätzt.

5. *Sprecherin:* Überall auf der Welt bürden die Männer den Frauen die Hauptlast bei der Erziehung der Kinder und der Sorge für das Heim auf, tun aber so, als sei diese Last keine Arbeit.

6. *Sprecherin:* In den Kirchen sind die Frauen an der Basis stark und an der Leitung kaum oder gar nicht beteiligt.

1. *Sprecherin:* Die Frauen dieser Welt – also mehr als die Hälfte der Menschheit – haben wenig oder gar keinen Einfluß auf die Geschicke dieser Welt.

2. *Sprecherin:* Im April 1990 stimmten die Männer des Schweizer Halbkantons Appenzell-Innerrhoden dafür, Frauen weiterhin vom kantonalen Wahlrecht auszuschließen.

3. *Sprecherin:* Vier Fünftel der Ärmsten in den USA sind Frauen.

4. *Sprecherin:* In vielen Ländern der Welt ist es üblich, daß Frauen, die z. B. im Krieg vergewaltigt wurden, von ihren Ehemännern oder Vätern völlig mittellos aus dem Haus geworfen werden.

5. *Sprecherin:* In vielen Ländern der Erde darf eine Frau nur mit Erlaubnis der männlichen Familienmitglieder das Haus verlassen oder einer Arbeit nachgehen. Das Gesetz, daß Männer bestimmen konnten, ob ihre Frau arbeiten gehen darf oder nicht, wurde in Deutschland erst 1970 abgeschafft.

6. *Sprecherin:* Die Würde des Menschen ist unantastbar!

GESTALTUNGSELEMENT

Schriftauslegung zu Mk 5,21–43

Von zwei Sprecherinnen abwechselnd zu lesen.

1. Das Markusevangelium berichtet über eine Frau, die seit zwölf Jahren unheilbar daran leidet, als Frau leben zu müssen. Um zu

begreifen, wovon in dieser Heilungsgeschichte die Rede ist, muß man davon ausgehen, daß in besonders intensiven Momenten des Lebens, wenn buchstäblich alles auf dem Spiel zu stehen scheint, ein Mensch sich so verhält, wie es seinem ganzen Charakter entspricht. Alles, was er sagt und tut, besitzt in solchen Augenblicken eine besondere Ausdruckskraft.
Rein äußerlich betrachtet, läßt sich die Krankheit der blutflüssigen Frau ziemlich sicher feststellen: Es dürfte sich um eine Anomalie der weiblichen Monatsblutung handeln. Wie sich diese Frau wohl seit einem Dutzend Jahren fühlen muß, davon legen die hier stark verkürzten Worte aus dem Buch Leviticus im Alten Testament ein beredtes Zeugnis ab:

2. »Wenn ein Weib den Blutfluß hat, so ist sie während der ganzen Zeit unrein. Jedes Lager, auf dem sie liegt, und jedes Gerät, auf dem sie sitzt, wird unrein. Und wer diese Dinge berührt, der wird unrein, und er soll seine Kleider waschen und sich in Wasser baden, und er ist unrein bis zum Abend« (Lev 5,19).

1. Wer nach diesen Anweisungen leben muß, ist im Grunde zu einer ständigen Berührungsangst verurteilt: »Komm mir nicht zu nahe, rühr mich nicht an, laß dich durch mich nicht anstecken!« Und je mehr man den anderen liebt, desto mehr muß man ihm ausweichen. Ein ständiges Leben im Abseits.
Und doch würde diese Frau nicht so unentwegt und schmerzhaft an ihrer Krankheit leiden, wenn sie nicht ihrer ganzen Natur nach ausgesprochen kontaktfreudig wäre und sich nicht nach menschlicher Gemeinschaft sehnen würde.
Was mag im Herzen dieser Frau vor sich gegangen sein, als sie erfuhr, Jesus komme in die Stadt? Sicher wird sie gewünscht haben, er möge sie heilen durch den Zauber seiner Nähe. Und sie wird geträumt haben von einer Berührung, die durch denKörper hindurch ihre Seele berührte und an ihrem Leib nichts Unreines fände. Und ausgemalt haben wird sie sich die Begegnung einer Liebe voller Vertrauen – ohne Angst, eine Liebe voller Entgegenkommen – ohne Vorleistung, eine Liebe ohne Gewalt; eine Begegnung, eine Berührung, die in einem Augenblick imstande wäre, das ganze Leben einer Frau vom Schmerz zur Seligkeit zu öffnen.

2. Aber im selben Moment muß in ihr jäh und drohend die alte Scham, die verzweifelte Angst aufgestanden sein: Wie soll es

denn möglich sein, daß ein Gottesmann eine Frau derart berühren könnte, noch dazu eine solche wie sie, eine Unreine! Kann es denn einen größeren Gegensatz geben als diesen Kontrast zwischen dem ganz Heiligen und dem ganz Unheilen, zwischen dem ganz Reinen und dem ganz Unreinen, zwischen dem gottgeweihten Mann und der durch ihr Geschlecht und ihre Krankheit gleich doppelt ausgeschlossenen Frau!

1. Und dennoch hört sie nicht auf zu träumen: Wenn sie schon selbst nicht hoffen darf, den Gottesmann für sich und ihr Leid zu gewinnen, so wird es vielleicht doch möglich sein, ganz im Geheimen, ohne daß es jemand merkt, und vor allem, ohne lästig zu werden, Jesus ganz leicht zu berühren. Wohl weiß auch sie ganz genau, daß ihre Berührung den Mann Gottes beflecken muß, aber wenn er es nicht merkt, noch weiß ...

2. Dürfte sie nicht einmal Jesus das Vertrauen entgegenbringen, er werde ihre Berührung verstehen und sich nicht dadurch geschädigt fühlen, so wäre sie zeitlebens dazu verurteilt, ausgeschlossen aus jeder menschlichen Gesellschaft ihr Leben zu fristen, endlos auf der Suche nach Nähe und menschlicher Wärme. Und so wagt sie wenigstens dieses eine entscheidende Mal, sich gegen alle Scham und Scheu dem anderen, Jesus, zuzumuten.

1. Dabei scheint der Augenblick an sich denkbar ungünstig, und doch wird diese Frau sich dieses eine Mal nicht abschrecken lassen. Wie kann sie als einzelne es wagen, durch den Trubel der Menge zu Jesus vorzudringen?

2. Aber sie tut es.

1. Wie kann sie den Mann Gottes auf dem Wege zu einer wichtigen Heilung mit ihrem persönlichen Problem belästigen und aufhalten?

2. Aber sie tut es.

1. In diesem Moment muß sie völlig anders handeln als jemals zuvor.

2. Aber sie tut es: denn sonst würde niemals in ihrem unglückseligen Leben sich etwas ändern können.

1. Was sich in diesem alles entscheidenden Augenblick der Berührung wirklich zugetragen hat, läßt sich von außen her nicht

bestimmen. Nur so viel steht fest: Es geschah etwas durch und durch Wunderbares.

2. Kann eine einzige Berührung so viel bewirken? Gewiß, wenn man sich vorstellt, wie tief Gesten und Gebärden empfunden werden können.

1. Dennoch genügt nicht die Geste allein. Es kommt auf die Betonung an, mit der man die Frage Jesu vernimmt: »Wer hat meine Kleider angerührt?« Sie ist keine Frage gereizter Verärgerung. »Wer hat mich berührt?« – bedeutet im Munde Jesu:

2. Du brauchst dich doch nicht zu schämen, wenn du meine Hilfe möchtest; du brauchst dich nicht zu ängstigen, wenn du meine Nähe suchst; du brauchst dich nicht wie ein Dieb zu fühlen, wenn du mich in Anspruch nehmen möchtest.

1. Oder anders formuliert: Betrachte es als dein Recht, zu fordern, was du zum Leben brauchst. Habe offen den Mut, dich vor allen zu dir selber zu bekennen.

2. Es ist eine erschütternde Szene, als die Frau sich Jesus zu Füßen wirft, um seine Vergebung zu erlangen. Alles steht in diesem Moment für sie auf dem Spiel: endgültige Verurteilung oder endgültige Rettung.

1. Aber sie hat sich nicht geirrt, weder in ihrer Sehnsucht noch in der Person Jesu! Denn das Wunderbare geschieht: statt sie zu verstoßen, erklärt Jesus sie ausdrücklich für gerettet, und statt sich selber für unrein oder für befleckt zu halten, segnet er sie und verzichtet selbst vollkommen auf die gesetzlich vorgeschriebene Reinigungszeremonie.

2.Nichts, gar nichts ist daran zu bereuen, eine Frau zu sein und als Frau leben zu wollen.

1. Erst in diesem Augenblick ist das Wunder der Heilung vollendet, das es dieser Frau erlaubt, an ihrem Frausein nicht mehr länger zu leiden; sie braucht sich nie mehr als Diebin zu fühlen, wenn sie Anspruch darauf erhebt, von Grund auf rein zu sein.

2. Es gibt kein Gesetz mehr, das sie aussperren dürfte aus der Gemeinschaft der Menschen. Denn Gott ist Vater aller Menschenkinder und lebt im Herzen eines jeden Menschen; die Frau darf

im Bewußtsein ihres Stolzes und ihrer Größe leben, als Vorbild für alle künftigen Geschlechter.

1. Im Alten Testament galt es als Vorschrift, die Unreinheit am achten Tage durch das Opfer zweier Tauben zu beenden; das Wunder der Heilung Jesu besteht darin, die Taube der Seele nicht länger mehr abzutöten, sondern sie fliegen zu lassen in Freiheit.

(Nach: Eugen Drewermann)

FÜRBITTEN

Wir wollen beten: für uns selbst, für die Frauen neben uns, für alle Frauen der Welt:

1. Sprecherin: Schenke uns die Liebe und Solidarität, in der Frau neben uns die Schwester zu sehen:

2. Sprecherin: – auch wenn sie ein anderes Gottesbild hat und eine andere Partei wählt;
– gleichgültig, ob sie Familienfrau ist oder nach Karriere strebt oder sich bemüht, beides zu verbinden;

3. Sprecherin: – ob sie Kinder ablehnt oder mit Leib und Seele Mutter ist;
– ob sie jung und unerfahren ist;

4. Sprecherin: oder alt und manchmal besserwisserisch und trotzdem auf der Suche nach Liebe.
Gott, mach uns eins!
Alle: Gott, mach uns eins!

1. Sprecherin: Gott, wir bitten dich für alle Frauen dieser Welt:
– die Hungernden und Elenden, die für sich und ihre Kinder ums Überleben kämpfen, die ersten Opfer einer ungerechten Wirtschaftsordnung;

2. Sprecherin: – die Kranken und Behinderten.
Öffne uns die Augen für ihr Leid!
Alle: Öffne uns die Augen für ihr Leid!

3. Sprecherin: Gott, wir bitten dich
– für die Vergewaltigten und Mißbrauchten;

– für die Opfer von Kriegen und Katastrophen, ernähre sie mit Lebenskraft und Hoffnung.

4. Sprecherin: Gott, gib ihnen ihre Würde zurück.
Alle: Gott, gib ihnen ihre Würde zurück.

Du, unser Gott, um das alles bitten wir dich, weil wir wissen, daß du ein menschenfreundlicher Gott bist. Amen.

GEBETE

Schuldbekenntnis

Von zwei Sprecherinnen abwechselnd zu lesen.

1. Du, Gott unserer Mütter und Väter. Du hast uns berufen wie Eva damals, an dieser Welt mitzubauen und Verantwortung zu übernehmen.
2. Aber wir treten diese Verantwortung ab und ergeben uns in Ohnmachtsgefühle.

1. Du hast uns dazu berufen, genau wie Mirjam um der Freiheit willen aufzubrechen.
2. Aber wir sind voll Angst und Unsicherheit, statt uns auf dich zu verlassen.

1. Du hast uns berufen wie die Richterin Deborah, unseren Verstand zu benutzen, uns eine Meinung zu bilden und sie auch einzubringen.
2. Aber wir passen uns an und suchen, die eigene Gedankenlosigkeit zu rechtfertigen.

1. Du hast uns berufen wie Noomi und Ruth, einander zu lieben.
2. Aber wir verweigern uns und konkurrieren gegeneinander.

1. Du hast uns berufen genau wie Thekla und Phoebe, Kirche neu zu bauen.
2. Aber wir verweigern uns und ordnen uns ein in das System, in dem wir leben.

1. Du, der du voll Barmherzigkeit alles heil machen willst: Wir nutzen nicht, was du uns als Möglichkeit gegeben hast. Wir stellen uns deiner Berufung nicht. Wir schlagen es aus, für deine Welt zu sorgen, wie du es uns aufgetragen hast.

2. Hilf uns und stärke uns, daß wir neu aufbrechen und dir vertrauen. Amen.

(Misereor)

Tagesgebet

Und ist noch nicht erschienen, was wir sein werden
O Gott, der du auftust und offenbar machst
wann wird es soweit sein?
Wann werden wir sichtbar?
Wann wird die Wahrheit an uns sichtbar?
Wann wird man an unseren Städten sehen:
hier wohnen die Söhne und Töchter Gottes
die Schwarze nicht von Weißen apart halten
die Türken nicht von Deutschen separieren
und Frauen nicht von der Wahrheitsfindung ausschließen.
Wann werden wir sichtbar, Gott,
als deine Töchter und Söhne?
(...)
Und ist noch nicht erschienen, was wir sein werden
O Gott, der du alles geschaffen hast
wann wird es so weit sein
daß wir es *sehr gut* nennen wie du
wann werden wir sichtbar?
Wann wird die Wahrheit scheinen?
Wann wird man an unsern Gärten und Feldern sehen
hier wohnen die sanften Kinder der Erde
die das Vergewaltigen nicht gelernt haben
und das Plündern verlernten
hier wohnen kleine Menschen
die die Türme nicht in den Himmel bauen
und die Tiere nicht zu Tode testen
Gott, Freundin der Menschen, Freund der Erde
komm bald
maranatha beeil dich
mach uns sichtbar
Töchter und Söhne
in deinem Reich.

(Dorothee Sölle)

Glaubensbekenntnis

1., 2. und 3. Sprecherin: Ich glaube an Gott, den Vater,

1. Sprecherin:
- der Frau und Mann nach seinem Bilde schuf, beiden die Welt anvertraut hat und sah, daß es sehr gut war,
- der die Erlaubnis einer Frau erbat, um seinen Heilsplan durchzuführen.

1., 2. und 3. Sprecherin: Ich glaube an Jesus, Sohn Gottes, von einer Frau geboren,

2. Sprecherin:
- der die Frauen hörte und achtete und sie vor den männlichen Anklägern beschützte,
- der Jüngerinnen um sich hatte, die ihm nachfolgten und dienten,
- der zuerst Maria Magdalena und den Frauen erschien und sie zu den Jüngern sandte, um ihnen die Frohe Botschaft der Auferstehung zu verkünden.

1., 2. und 3. Sprecherin: Ich glaube an den Heiligen Geist, Atem und Anfang des Lebens,

3. Sprecherin:
- der über Frauen und Männer am Pfingstmorgen ausgeschüttet wurde
- und der die Kirchengemeinde zur Gleichberechtigung hinführt, denn alle, Frauen und Männer, sind »eins in Christus«.

Besinnung nach der Kommunion

Geht euren Weg gemeinsam,
damit ihr Freund seid dem Fremden.

Geht euren Weg gemeinsam,
damit ihr lernt voneinander.

Geht euren Weg gemeinsam,
damit ihr Not leichter ertragt.

Geht euren Weg gemeinsam,
damit ihr lacht mit den anderen.

Geht euren Weg gemeinsam,
damit ihr gerecht teilt das Glück.

Geht euren Weg gemeinsam,
damit ihr zurückruft Verirrte.

Geht euren Weg gemeinsam,
damit ihr findet euch selbst.

Geht euren Weg gemeinsam,
damit alle kommen ans Ziel.

Geht euren Weg gemeinsam,
damit Hoffnung Hand und Fuß bekommt.

(BDKJ)

SEGEN

Das Lied kann von einer Schola vorgesungen werden. In das »Amen« stimmen alle ein.

Lied: »Der Herr segne dich«

Entwurf: Inge Pelka, Stuttgart-Hofen

Wähle das Leben

Anlaß: Eucharistiefeier der Frauen vom Besuchsdienst der Caritaskonferenz in der Gemeinde Warthausen.

SCHRIFTTEXTE

Deuteronomium 30,19–20a: Wähle das Leben
Johannes 15,9–10: Ich habe euch erwählt

EINFÜHRUNG

Gott ist der Schöpfer allen Lebens, die Quelle allen Seins. Er hat uns ins Leben gerufen. Wir sind seine Geschöpfe. Er will nicht unseren Tod, sondern, daß wir leben, uns entfalten. »Wähle das Leben« ist das Thema des heutigen Gottesdienstes. Was verbirgt sich dahinter?
Die Erde wird täglich erschüttert von Katastrophen. Der Mensch nimmt seine Grenzen nicht mehr wahr. Oft scheint es, als laufe er Sensationen nach, die Leben zerstören.
Viele Gefährdungen, wie etwa Kindesmißhandlungen, Jugendkriminalität, Drogen, Diskriminierung von Randgruppen, Gefahren des Straßenverkehrs und im Berufsleben, Zerstörung der Umwelt und Gewalt zwischen Staaten blockieren das Leben.
Wir begegnen in vielen Situationen täglich der Bedrohung, wir begegnen den Krankheiten des Lebens. Heute überlegen wir uns, was wir dazu beitragen können, um nicht den Tod sondern das Leben zu wählen, es mitzugestalten.

GESTALTUNGSELEMENTE

Denkimpuls

Die gegensätzlichen Aussagen werden von zwei Sprecherinnen vorgetragen.

Zeichen des Todes: Bäume sterben.
Der Baum ist ein uraltes Symbol des Lebens, ein Symbol für den Menschen. Ist mit dem Baumsterben eine Mahnung ausgesprochen: Stirbt das Leben, stirbt der Mensch?

Zeichen des Lebens: Aufforsten des Waldes.
Jugendliche finden sich zusammen, opfern ihre Freizeit, setzen sich ein, daß es auch morgen noch Wälder gibt. Das ist mehr als Referate und Diskussionen über das Problem.

Zeichen des Todes: Beziehungen sterben.
Eheleute verstehen sich nicht mehr, reden nicht mehr miteinander, hören einander nicht mehr an, künden sich die Treue auf, gehen auseinander.

Zeichen des Lebens: Neu anfangen.
Beziehungen, die in die Krise geraten sind, Eheleute, die um ihr Zusammensein bangen, beginnen nachzudenken, beschließen, Schritte aufeinander zuzumachen, sind bereit, sich zu versöhnen, sind bereit, immer wieder neu anzufangen.

Zeichen des Todes: Atomraketen.
Signale der Macht, Zeichen von Angst, Mittel zur Zerstörung, Frucht menschlichen Denkens und Ausdruck von Gewaltbereitschaft. Raketen, die auf Knopfdruck losgehen und töten.

Zeichen des Lebens: Friedenstiften.
Paulus sagt von Jesus: Er ist unser Friede. An ihm orientieren sich Menschen in der Nachfolge. Leute wie Martin Luther King, Mutter Teresa. All jene Gruppen, die Frieden in ihrem Programm haben.

Zeichen des Todes: Egoismus.
Menschen, die nur an sich denken, die um ihres Vorteils willen »über Leichen gehen«, die eine Gesellschaftsform unterstützen, die Fremdenhaß fördert, Abtreibung gering achtet. Leben tötet.

Zeichen des Lebens: Nächstenliebe.
Eine Gemeinschaft, die sich das Gebot Jesu zu eigen macht: Liebet einander, wie ich euch geliebt habe.

Besinnung

Der Mensch ist auf den Mitmenschen angewiesen. Niemand hat sich selbst gemacht; wir verdanken uns anderen – den Eltern, denen, die uns auf den Weg gebracht haben; letztlich verdanken wir uns dem, der uns ins Leben gerufen hat. Die wesentlichen menschlichen Fähigkeiten und Qualitäten wie Vertrauen, Liebe, Treue, Hilfsbereitschaft – sie entwickeln sich nicht von selbst. Diese menschlichen Qualitäten kommen nur zur Entfaltung im menschlichen Miteinander einer Familie, einer Freundschaft, einer Gemeinde. Sie entfalten sich nur, wenn sie gefordert werden in einem Leben füreinander.

Caritas, das ist Umkehr vom Ich zum Wir. Wir brauchen die Caritas in der Gemeinde, damit das »Wir« erfahrbar wird und bleibt. Wir brauchen die heilende Nähe, das Verstehen, damit Menschen leben können.

Jeder Mensch braucht ein Zuhause. Das ist mehr als ein Dach über dem Kopf. Zu Hause ist man dort, wo man vertraut ist, wo man angenommen und erwartet wird.

Ein Vater sagte: »Zu Hause ist man dort, wohin man trotz eines Fehltritts, trotz eines Streites, immer wieder zurückkehren darf.« Das setzt die Fähigkeit und die Bereitschaft voraus, zu vergeben und immer neu zu beginnen. Wo solche Erfahrungen gemacht werden, finden Menschen Mut zum Leben.

Dazu gehört auch, daß wir das Leben nicht nur als Belastung, nicht nur als Pflicht leben, sondern, daß das Ja zum Leben auch Freude bedeutet. Wir sollten versuchen, so zu leben und anderen dazu verhelfen.

FÜRBITTEN

Gott, unser Vater, uns ist es aufgegeben, Leben zu erhalten und nicht zu zerstören. Darin ist uns Jesus mit seinem Beispiel vorangegangen. Im Vertrauen auf ihn bitten wir:

- Wir bitten für alle Frauen und Familien, denen ein Ja zum ungeborenen Kind so schwergemacht wird: Laß sie die lebenspendende Kraft deiner und unserer Liebe erfahren, die ihnen hilft, ihre Schwierigkeiten zu bewältigen.
  (Christus, höre uns. – Christus, erhöre uns.)

- Wir bitten für die Kirchen und Gemeinden: Laß sie zu einem Ort werden, wo Familien, Mütter, Väter und Kinder sich zu Hause fühlen können, wo ihre Freuden und Nöte mitgetragen werden.
  (Christus, höre uns. – Christus, erhöre uns.)
- Wir bitten für alle, die ihre Zeit, Kraft und Phantasie in den Dienst am Menschen, in den Dienst am Leben stellen: Laß sie spüren, daß ihr Mühen nicht umsonst ist und daß die Zahl derer immer größer wird, die sich mit ihnen für das Leben, für eine hoffnungsvolle Zukunft für die Menschen einsetzen.
  (Christus, höre uns. – Christus, erhöre uns.)
- Wir bitten für uns alle, denen du aufgetragen hast, einander zu lieben, wie du uns geliebt hast: Bewahre uns davor, andere zu verurteilen; laß uns vielmehr hellhörig sein für die Nöte, die unsere Hilfsbereitschaft erfordern.
  (Christus, höre uns. – Christus, erhöre uns.)
- Wir bitten für alle Verstorbenen, die wir besucht haben und die wir sehr vermissen. Für alle, die auch uns Zeit und Freude schenkten und sich mit guten Taten einbrachten. Für alle, die ein schweres Leben ertrugen und deshalb für uns zum Vorbild wurden. Schenke ihnen die ewige Freude.
  (Christus, höre uns. – Christus, erhöre uns.)

Herr und Gott, es gibt so vieles in unserer Welt, was Leben unmöglich macht und es zerstört. Du hast uns aber deinen Geist gesandt, der uns lebendig macht. Laß uns mit seiner Hilfe aufmerksam sein für alle die vielen kleinen und großen Möglichkeiten, die unser aller Leben lebenswert machen können. Darum bitten wir mit Christus, unserem Bruder. Amen.

GEBETE

Herr,
du kennst unser Elend:
Wir reden miteinander
und verstehen uns nicht.
Wir schließen Verträge
und vertragen uns nicht.

Wir sprechen vom Frieden
und rüsten zum Krieg.
Reiß uns heraus
aus diesen Sackgassen.
Sende uns deinen Geist,
damit er den Teufelskreis des Bösen durchbricht.
Sende aus deinen Geist,
damit das Angesicht der Erde neu wird.
Darum bitten wir durch Jesus Christus.

*

Herr Jesus Christus, wir wollen im Lärm unserer Zeit dein weisendes Wort nicht überhören. Sei du uns Zuflucht in den Anfechtungen und Halt in der Unsicherheit. Gib, daß wir nicht dem täuschenden Glanz der Lüge verfallen. Mache uns frei für dich und die Menschen. Gib uns den Mut, dein Evangelium mit ganzer Kraft zu bezeugen. Leite uns an, deine Wahrheit in Liebe zu tun.
Lehre uns das Leben ehrfürchtig zu bewahren, zu umsorgen und liebevoll zu schützen. Segne das Werk unseres Geistes und unserer Hände. Hilf uns, Gemeinde zu sein, wo Kinder und Jugendliche, Familien und Alleinstehende deine Nähe erfahren. Schenke allen Menschen Geduld in der Mühsal, Trost im Leiden, Vergebung der Schuld, und erfülle ihre Sehnsucht. Laß uns bei dir geborgen sein. Amen.

SEGEN

Gott, stärke, was in uns wachsen will.
Schütze, was uns lebendig macht.
Behüte, was wir weitertragen.
Bewahre, was wir freigeben
und segne uns, wenn wir aufbrechen zu dir.
Darum bitten wir im Namen des Vaters und des Sohnes und des Heiligen Geistes. Amen.

Entwurf: Elisabeth Schilling, Warthausen

Leben ist Vielfalt – dem Geiste trauen

Anlaß: Frauen-Gottesdienst anläßlich des Landfrauentags 1996, entworfen vom Zweigverein Bad Buchau des Katholischen Frauenbundes.

SCHRIFTTEXT

Lukas 12,22–31: Von der falschen und der rechten Sorge

EINFÜHRUNG

Täglich kommen uns Freuden ohne unser Zutun zugeflogen. Das kann der Anblick froher Kinder sein, das lachende Gesicht eines Säuglings, das gute Wort einer Freundin oder eines Freundes, Blumen am Wegrand, das ständig sich wechselnde Wolkenbild oder Vögel, die zur frühen Sommerzeit ihre jubilierende Freude geradezu an den Himmel werfen.
Soviel Freude wird uns geschenkt. Aber wir sind oft unfähig, sie als Geschenk wahrzunehmen, geschweige denn anzunehmen und in uns einzulassen. Zu sehr sind wir mit uns und unseren Gedanken beschäftigt. Die Sorgen des Alltags nehmen uns allzuleicht über Gebühr in Anspruch.

GESTALTUNGSELEMENTE

Kyrie-Ruf

Wir wollen uns besinnen und uns fragen, warum wir mit der Freude so sparsam umgehen und sie als Quelle des Lebens zu wenig sprudeln, ja oftmals versiegen lassen.
Wenn Kinder sich lautstark freuen, dann kann es sein, daß wir uns nicht so recht über ihre Lebenslust freuen, sondern sie leicht als unerwünschten, störenden Lärm empfinden.
Herr, erbarme dich. – Herr, erbarme dich.

Junge Menschen, die sich lieben, sind oft voller Heiterkeit und Lachen. Leichtfüßig packen sie die Dinge an, unbelastet vom trägen Sich-Festfahren und Sich-Einrichten. Ältere stellen sich ihnen eher pessimistisch in den Weg. Statt sich anstecken zu lassen von dieser Lebensfreude, sind sie den jungen Menschen dann ein Hemmschuh.
Christus, erbarme dich. – Christus, erbarme dich.

Die Tage um uns her sind oft dunkel und schwer. Traurigkeit führt das Zepter, zuweilen auch Angt und Sorge. Sie machen unser Leben flügellahm. Wo bleibt unser Gottvertrauen?
Herr, erbarme dich. – Herr, erbarme dich.

Nachlaß, Vergebung und Verzeihung gewähre uns der allmächtige Gott. Amen.

Meditation

Herr, ich werfe meine Freude
wie Vögel an den Himmel.
Die Nacht ist verflattert,
und ich freue mich am Licht.
Deine Sonne hat den Tau weggebrannt
vom Gras und von unseren Herzen.
Was da aus uns kommt, was da um uns ist
an diesem Morgen, das ist Dank.

Herr, ich bin fröhlich heute am Morgen.
Die Vögel und Engel singen, und ich jubiliere auch.
Das All und unsere Herzen sind offen für deine Gnade.
Ich fühle meinen Körper und danke.
Die Sonne brennt meine Haut, ich danke.
Das Meer rollt gegen den Strand, ich danke.
Die Gischt klatscht gegen unser Haus, ich danke.

Herr, ich freue mich an der Schöpfung
und daß du dahinter bist und daneben
und davor und darüber und in uns.

Ich freue mich, Herr,
ich freue mich und freue mich.

Die Psalmen singen von deiner Liebe,
die Propheten verkündigen sie.
Und wir erfahren sie:
Weihnachten, Ostern, Pfingsten und Himmelfahrt
ist jeder Tag in deiner Gnade.

Herr, ich werfe meine Freude
wie Vögel an den Himmel.
Ein neuer Tag, der glitzert und knistert,
knallt und jubiliert von deiner Liebe.
Jeden Tag machst du. Halleluja, Herr!

(Aus Westafrika)

Antwortgesang

Unsere Hilfe ist im Namen des Herrn,
der Himmel und Erde geschaffen hat.

Ich hebe meine Augen auf zu den Bergen:
Woher kommt mir Hilfe?
Meine Hilfe kommt vom Herrn,
der Himmel und Erde gemacht hat.

Unsere Hilfe ist im Namen des Herrn,
der Himmel und Erde geschaffen hat.

Er läßt deinen Fuß nicht wanken;
er, der dich behütet, schläft nicht.
Nein, der Hüter Israels
schläft und schlummert nicht.

Unsere Hilfe ist im Namen des Herrn,
der Himmel und Erde geschaffen hat.

Der Herr ist dein Hüter, der Herr gibt dir Schatten:
er steht dir zur Seite.
Bei Tag wird dir die Sonne nicht schaden
noch der Mond in der Nacht.

Unsere Hilfe ist im Namen des Herrn,
der Himmel und Erde geschaffen hat.

Der Herr behüte dich vor allem Bösen,
er behüte dein Leben.
Der Herr behüte dich,
wenn du fortgehst und wiederkommst,
von nun an bis in Ewigkeit.

Unsere Hilfe ist im Namen des Herrn,
der Himmel und Erde geschaffen hast.

(Psalm 121)

FÜRBITTEN

Gott der Freude! Wir wissen, daß nicht allein in den Dingen, sondern im Innersten unserer Seele die Freude wohnt. Wir bitten dich:

- Schenke uns den rechten Blick, in unserer Umgebung zu sehen, was du uns schenkst, damit wir froh und dadurch Spender von Freude für andere werden.
  (Wir bitten dich, erhöre uns.)
- Nicht nur große Geschenke beglücken, sondern auch die kleinen Aufmerksamkeiten im Alltag. Gib uns Ideen, einander zu erfreuen.
  (Wir bitten dich, erhöre uns.)
- Schenke uns Sinn für Humor, daß wir dem Leben heitere Seiten abgewinnen, um den Frohsinn und die Heiterkeit in unseren Familien zu pflegen.
  (Wir bitten dich, erhöre uns.)
- Schenke uns die Einsicht, daß es an uns selbst liegt, die Frauengemeinschaft in unserer Gemeinde zu einem Feld der Entfaltung und Einübung in praktisches Christsein zu machen.
  (Wir bitten dich, erhöre uns.)

Guter Gott und Vater! Das Lachen und Fröhlichsein schafft die herzlichsten Begegnungen. Nimm von uns alle Reserviertheit und Hemmungen, und führe uns in Liebe zueinander. Darum bitten wir durch Christus, unseren Herrn. Amen.

GEBETE

Herr, du Gott der Freude und des Trostes. Die Welt ist voller liebenswürdiger Geschenke von dir. Ein Vogel mit seinem Gesang am Morgen oder am Abend ist ein froher Gruß. Hilf, daß wir deine zugeflogenen Freuden nicht überhören und übersehen, sondern fahig bleiben, unser Leben froh zu gestalten. Darum bitten wir durch Christus, unseren Herrn, Amen.

*

Gott der Güte! Aufs neue haben wir erfahren dürfen, wie wichtig es ist, die Freuden, die du uns täglich schenkst, in unser Leben einzulassen. Frohsinn und Lachen sind ein Fest für die Seele. Du wirfst uns die Freude wie einen Ball zu. Dankbar nehmen wir sie an und schicken sie weiter an alle Menschen, die wir froh und glücklich machen wollen. Durch Christus, unseren Herrn. Amen.

SEGEN

Gott segne unseren Blick zurück und unseren Schritt nach vorn. Gott segen uns, daß wir nicht nur das Brausen hören, sondern auch das leise Säuseln des Windes, der weht, wo er will.
Gott segne uns, daß der Duft, den der Wind herbeiträgt, in unseren Nasen den Geruch einer neuen Welt verbreitet. Gott segne uns, daß die Hoffnung auf Gerechtigkeit und Liebe, die Sehnsucht nach Zärtlichkeit und Frieden auf den Flügeln des Windes zu uns reiten.
Gott segne uns, daß wir vom Wind der Zukunft ergriffen werden, der uns von dort entgegenkommt, wohin wir nicht mit eigener Macht, aber mit Gottes Hilfe gelangen werden. Gottes Segen begleite uns in das Fest und in den Alltag. Gott segne uns und behüte uns.
Jesus Beispiel beflügle unsere eigene Kraft.
In uns allen lebe Gottes Segen.

Entwurf: Juliane Herrmann, Bad Buchau

Den eigenen Weg finden

Anlaß: Die Frauenliturgie wurde von einem Team von fünf Frauen als Meditations-Wortgottesdienst für Frauen vorbereitet und am 29. August 1993 in Herrenberg gefeiert.
Zur Vorbereitung: Blumen für jede Teilnehmerin am Eingang bereitstellen. Die Stühle im Kreis stellen. – Für jede Teilnehmerin einen Zettel mit den Wegworten (zweites Gestaltungselement) bereithalten. Eine Schola von drei Frauen sollte das Lied einüben: »Gib mir deine Hand, Wand'rer durch die Zeiten« (EH 170).

SCHRIFTTEXT

Genesis 17,1–2: Geh deinen Weg

EINFÜHRUNG

Ich begrüße alle Frauen ganz herzlich. Jede hat eine Blume bekommen, die sollen zusammen einen bunten Strauß ergeben. Wenn Sie jetzt Ihre Blume in die Vase stecken, bitte ich Sie, Ihren Namen zu sagen, wo Sie herkommen. Wir kennen uns nicht alle. Und wer will, sagt noch dazu, wie es ihr gerade geht, ob sie ausgeruht, angespannt oder ausgebrannt aus dem Wochenende kommt. Wir haben dann einen Strauß in der Mitte, drum herum liegen unsere Energie, unsere Freude, unser Streß, unsere Leere und was auch immer. Vielleicht bleibt es nicht unverändert, wenn wir dann drumherum getanzt, gesungen und geschwiegen haben.

GESTALTUNGSELEMENTE

Weggedanken

Wer von uns ist nicht von klein auf immer wieder Menschen begegnet, die genau zu wissen vorgaben, was das Beste für uns ist:

seien es Eltern, Freunde, Lebenspartner, Kollegen oder auch die eigenen Kinder? Wann fangen wir an, selbst zu wissen, was gut für uns ist? Manche wissen es schon als Kind, manche in der Ablösungsphase vom Elternhaus, manche, wenn sie anfangen, eine Familie zu gründen, manche, wenn sie einem unausweichlichen Leid ausgesetzt sind und manche nie.
Wir stehen meist in einem Spannungsfeld zwischen dem, was wir für uns für richtig halten und dem, was man von außen von uns erwartet. Um aus diesem Spannungsfeld herauszukommen, haben wir nur zwei Möglichkeiten: entweder uns selbst zu vertrauen und uns für unseren Weg zu entscheiden oder den Erwartungsanforderungen zu entsprechen, das heißt uns selbst aufzugeben.
Zu dieser Problematik möchte ich Ihnen ein Gedicht von Werner Sprenger vorlesen:

Es gibt einen Weg, den keine geht,
wenn du ihn nicht gehst.
Wege entstehen, indem wir sie gehen.
Die vielen zugewachsenen, wartenden Wege,
von ungelebtem Leben überwuchert.
Es gibt einen Weg, den keine geht, wenn du ihn nicht gehst:
Es gibt deinen Weg,
ein Weg, der entsteht, wenn du ihn gehst.

(Werner Sprenger)

Weg-Assoziationen

Jede Teilnehmerin bekommt einen Zettel, auf dem die folgenden Weg-Worte aufgeschrieben sind.

Ich möchte Sie einladen, sich die Weg-Worte anzuschauen. Ich bin sicher, daß Sie an verschiedenen Stichworten hängenbleiben. Nach einer kurzen Zeit des Nachdenkens tauschen wir uns darüber aus, was uns eingefallen ist.

Weg – weglos – Ausweg – Irrweg – ausweglos – Wegbegleiter – Weggeschichten – Schleichwege – Wegmarke – Wegweiser – Wanderweg – Wegkarte – Holzweg – Umweg – Wegstrecke – Wegwart – Wegzehrung – Wegerecht – Weggenosse – Wegkreuz

– Schulweg – Heimweg – Waldweg – Kreuzweg – Wüstenweg – Hohlweg – unterwegs – abwegig – Abwege.

Tanz

Während die Schola das Lied einmal vorsingt »Gib mir deine Hand, Wand'rer durch die Zeiten«, stellen sich die Teilnehmerinnen zum Tanz auf.

Wir halten uns an den Händen und gehen im alten Pilgerschritt: gehen – gehen – gehen – und stehen. Das heißt: rechter Fuß vor – linker Fuß vor – rechter Fuß vor – linker Fuß her zum rechten Fuß (stehen). Dann wieder gehen – gehen – gehen – und stehen; diesmal beginnt der linke Fuß, (also wird der rechte zum linken hergezogen). Es beginnt immer der Fuß, der eben hergezogen wurde. Lassen Sie sich Zeit, sich in diesen Schritt einzuschwingen. Die Schola wird uns mit ihrem Lied begleiten (3x singen).

Zum Bibeltext

Unser Schrifttext ist aus dem Abrahamzyklus in der Genesis. Er ist sozusagen die Zusammenfassung von Auftrag und Verheißung an Abraham. Der altgewordene, der eigentlich nichts mehr zu erwarten hat, wird herausgerufen aus seiner bisherigen Lebenssituation. In der Abrahamsgeschichte wissen wir, was dieser Aufruf Gottes bedeutete. Der Text hat jedoch eine Zusage in sich, die weit über den Stammvater und sein Schicksal hinausreicht. Ganz allgemein formuliert könnte man sagen: Geh deinen Weg (was immer das für den einzelnen bedeuten mag) – geh deinen Weg, vor mir, heißt es, also vor dem Angesicht Gottes soll der Weg gegangen werden. »Sei rechtschaffen«, heißt es in unserer Übersetzung. Martin Buber, der jüdische Bibelübersetzer, der das Hebräische besser kennt und versteht, übersetzt: »Sei ganz« – also nicht so halb und halb, mal dies und mal das und nichts ganz. »Sei ganz«, denn Gott will einen Bund mit Abraham schließen, will sich mit dem verbünden, was »ganz« ist, und er will ihn zahlreich, also fruchtbar machen. Auf uns übertragen heißt das also: Geh deinen Weg (und zögere nicht, geh ihn konsequent), geh deinen Weg und sei ganz (ganz so wie du bist), dann wirst du fruchtbar sein.

GEBETE

Zum Beginn

Du Gott, wenn wir zusammenkommen, um unsern Glauben und unser Leben zu feiern, bist du immer schon da. Bei dir sind wir immer willkommen, du hast immer Zeit, ob wir bei dir singen oder uns ausheulen wollen, ob wir uns bei dir erholen oder mit dir streiten wollen, vor dir tanzen oder dich ganz einfach nur anschauen und nichts sagen wollen. So sind wir hier, jede mit ihrem Weg, so verschieden wie die Blumen um die Rose herum.
Sei du so, wie die Rose im Strauß steht, in unserer Mitte. Amen.

Zum Schluß

Besser du gehst deinen eigenen Weg
und sei es noch so unvollkommen,
als du gehst den Weg eines anderen
und gehst ihn noch so gut.
Besser du lebst und stirbst auf deinem eigenen Weg;
die Wege der anderen zu gehen
ist gefährlich für dein Leben.

(Nach Bhagavad-Gita)

SEGEN

Gottes Segen sei mit dir
auf dem gewundenen Pfad
deines Lebensweges,
bei deinen Aufgaben
in Familien und Beruf,
bei deinen Entscheidungen,
die du täglich triffst,
bei jedem Schritt,
den du ins Unbekannte tust.
Gottes Segen sei mit dir. Amen.

(Brigitte Enzner-Probst/Andrea Felsenstein-Roßberg)

Entwurf: Angelika Heer, Herrenberg

Loslassen – neue Wege ins Ungewisse gehen

Anlaß: Wortgottesdienst zum Abschluß der Vorbereitung auf den Diözesantag 1995 der Diözese Rottenburg-Stuttgart.

SCHRIFTTEXT

Lukas 9,57–62: Nicht zurückschauen

EINFÜHRUNG

Ich begrüße Sie alle ganz herzlich zu unserem Gottesdienst, die Mitchristen aus unserer Gemeinde und auch die Mitchristen aus anderen Gemeinden, mit denen wir heute einen Tag zusammen verbracht haben, um – im Hinblick auf den Diösesantag – Erfahrungen über die Entwicklungen in unseren Gemeinden auszutauschen. In den heutigen Schrifttexten geht es ums Loslassen. Bei der Vorbereitung dieses Gottesdienstes erinnerte ich mich an einen Abend unseres Glaubensseminars, zu welchem wir im letzten Herbst zusammenkamen. An diesem Abend dachten und sprachen wir intensiv über das Loslassen, das ja immer wieder von uns verlangt wird. Wir bekamen wie jedes Mal in diesem Glaubensseminar ein kleines Symbol mit nach Hause. An diesem Abend war es ein Stück Schnur – Schnur, an der nichts festgebunden war. Dieses Symbol haben wir auch Ihnen heute mitgebracht.

GESTALTUNGSELEMENTE

Symbolischer Bußakt

Jeder Teilnehmer / jede Teilnehmerin bekommt zu Beginn des Gottesdienstes ein Stück Schnur, Zeichen für die Verstrickun-

gen, in denen wir gefangen sind, Zeichen für das, was wir loslassen möchten.
Loslassen, um Neues aufnehmen zu können, das heißt lebendig sein. Jeder und jede von uns hat seine und ihre »Verstrickungen«. Gott lädt uns ein – in seine Barmherzigkeit – loszulassen, was uns schuldig spricht, was uns traurig macht.
Wir möchten Sie einladen auszusprechen, was Sie loslassen möchten. Das Stück Schnur in Ihrer Hand soll Ihnen Hilfe sein. Wir werden alle mit dem »Herr, erbarme dich« Ihren Entschluß mittragen.

Liedruf: »Herr, erbarme dich« (GL 358,3)

Gloria

»Ihr Völker alle, klatscht in die Hände. Jauchzt Gott zu mit lautem Jubel.« Das ist der Eröffnungsvers zum heutigen Sonntag. In die Hände klatschen kann ich nur, wenn ich sie frei habe – wie das kleine Kind, das alles fallen läßt, um vor Freude in die Hände zu klatschen, weil diese Freude im Augenblick das Wichtigste ist. Unsere Gemeinschaft hier ist sichtbares Zeichen: Gott ist mitten unter uns! Ist das nicht auch Grund für uns, alles fallen zu lassen und vor Freude in die Hände zu klatschen zum »Hallelu, Halleluja preiset den Herrn (lobet den Herrn, danket dem Herrn)«.

Lied: »Hallelu, Halleluja, preiset den Herrn« *(klatschen, loslassen)*

Gebet

Gott, du Freund des Lebens. Jeden und jede von uns hast du losgelassen in unser Leben hinein. Wie Mutter und Vater ihr Kind loslassen zu eigenen Schritten – zu eigenem Leben.
Loslassen ist nicht Lebensverlust, loslassen ist Lebensgewinn. Das laß auch uns in dieser Feier mit dir wieder neu erfahren. Darum bitten wir durch Jesus Christus, unserem Herrn. Amen.

Ansprache zum Evangelium

»Jesus entschloß sich, nach Jerusalem zu gehen«, so lesen wir im Lukasevangelium, ein paar Verse vor dem Text, den wir gehört haben. Das ist eine ungeheuerliche Entscheidung, denn er ahnt si-

cherlich schon einiges von dem, was in dieser Stadt auf ihn zukommen soll. Es wird kein Zurück mehr geben in seine Heimat, in sein bisheriges vertrautes Leben. Er muß alles loslassen, obwohl Einsamkeit, Verrat, Tod auf ihn warten. Warum geht er so einen scheinbar unsinnigen Weg? Gott hat ihn geschickt, und deshalb muß er gehen, einerseits, ohne zurückzublicken, und andererseits aber auch, ohne das Ziel genau zu kennen. Es ist der Weg der Treue zu Gott und zu den Menschen.
Die harte Ermahnung »Laß die Toten ihre Toten begraben« und das schmerzliche Abschiedsverbot zeigen, daß von denen, die leben wollen wie er, auch absolutes Loslassen verlangt werden kann. Es gab und gibt immer wieder radikale Menschen, die wie Jesus nur nach vorne blicken und alles loslassen müssen, die ihren Weg gehen, ohne daß ihnen irgend jemand Sicherheiten für ihre Zukunft bieten könnte. »Die Füchse haben Höhlen, und die Vögel ihre Nester«, dem Menschensohn und seinen Nachfolgern kann keine Sicherheit vermittelt werden. Der Gedanke daran würde jeden Mann und jede Frau abschrecken, gäbe es nicht noch andere Bilder. Da ist beispielsweise der Mantel, den Elija dem Elischa bei seiner Berufung überwirft. Elischa begreift sofort und versperrt sich selbst den Rückweg in sein bisheriges Leben. Eine ungewisse Zukunft liegt vor ihm, aber er hat den Mantel, wenn er ihn braucht. Er verleiht ihm Schutz und Geborgenheit. Dieser Mantel ist wie Gott: egal, woher Menschen kommen und wohin der Lebensweg sie führt, er ist bei ihnen, um auf seine Weise zu schützen und seine Geborgenheit zu schenken.
Das heutige Evangelium ist aber nicht nur für radikale Christen und Heilige bestimmt, sondern jede und jeder von uns wird von Jesus zum Loslassen aufgefordert. Die große Bedeutung des Loslassens hat Hermann Hesse in seinem Gedicht »Stufen« ausgedrückt:

Stufen

Wie jede Blüte welkt und jede Jugend
dem Alter weicht, blüht jede Lebensstufe,
blüht jede Weisheit auch und jede Tugend
zu ihrer Zeit und darf nicht ewig dauern.
Es muß das Herz bei jedem Lebensrufe
bereit zum Abschied sein und Neubeginne,
um sich in Tapferkeit und ohne Trauern

in neue, andre Bindungen zu geben.
Und jedem Anfang wohnt ein Zauber inne,
der uns beschützt und der uns hilft, zu leben.
Wir sollen heiter Raum um Raum durchschreiten,
an keinem wie an einer Heimat hängen,
der Weltgeist will nicht fesseln uns und engen;
er will uns Stuf' um Stufe heben, weiten.
Kaum sind wir heimisch einem Lebenskreise
und traulich eingewöhnt, so droht Erschlaffen,
nur wer bereit zu Aufbruch ist und Reise,
mag lähmender Gewöhnung sich entraffen.
Es wird vielleicht auch noch die Todesstunde
uns neuen Räumen jung entgegensenden,
des Lebens Ruf an uns wird niemals enden...
Wohlan denn, Herz, nimm Abschied
und gesunde!

(Hermann Hesse)

Das Bild der Stufen lädt ein, sich in Bewegung zu setzen, die »Räume des Lebens zu durchschreiten immer im Bewußtsein, daß nur lebendig bleibt, wer sich nicht zum Nestbauen und Höhlengraben verführen läßt.

Ein anderes, sehr dynamisches Bild, verwendet das Zweite Vatikanische Konzil, wenn es von der Kirche als dem pilgernden Volk Gottes spricht: Freunde und Freundinnen Jesu Christi, in allen Jahrhunderten – überall auf der Erde – in Bewegung – auf dem Weg – noch nicht angelangt – nur den Mantel der Berufung um die Schultern – ohne noble Adressen – aber überall dort, wo es gilt, Menschen aus den Fallen des Lebens zu lösen: aus Ungerechtigkeiten und Vorurteilen, aus Armut und Krankheit, aus Trauer und Sinnlosigkeit.

Kirche, Volk Gottes unterwegs – als einzigen Wegweiser das neue Liebesgebot: die ganze Schöpfung zu lieben wie Jesus Christus.

Heute haben wir erlebt, wie schön es ist, wenn Menschen sich auf den Weg machen. Unsere Kirchengemeinde hatte zu einem Treffen mit Menschen aus anderen Gemeinden eingeladen. Gemeinsam mit ihnen wollten wir herausfinden, was unser Gemeindeleben fördert, und was es behindert. Aus sieben Gemeinden, von Heidenheim bis Gündringen, kamen sie angereist, Frauen und

Männer, vom Baby bis zur Oma, eine temperamentvolle Gesprächsrunde. Wir haben Aufbrüche und die Stolpersteine gesammelt:
Besonders wichtig für die Gemeinden ist das Glaubensgepräch, das Sprechen miteinander über die Gotteserfahrung im eigenen Leben. Des weiteren: die Sakramentenvorbereitung, die Familiengottesdienste und der Dreischritt: sehen, was wachsen will, zulassen, daß Leben wachsen kann, und es befähigen.
Als große Hindernisse nannten wir das Versorgungsdenken in den Gemeinden und das verzerrte Bild, das die Medien in ihren Berichten von der Kirche zeichnen.
Was wir an diesem Tag zusammengetragen haben, wird in unseren Beitrag zum Diözesantag einfließen. Wir haben wieder einmal erfahren, wie Gemeinschaft hilft, einen neuen Weg zu gehen. Scheitern ist nicht ausgeschlossen, aber der Weg muß gegangen werden, mitten durch die Freuden und Nöte der Menschen. Und der Geist, der uns zu Kindern Gottes macht, wird uns führen.

FÜRBITTEN

Wir beten vertrauensvoll zu Jesus Christus, der uns durch sein Leben gezeigt hat, wie wichtig das Loslassen ist.

- Hilf den Verantwortlichen in den Kriegsgebieten unserer Erde, daß sie erkennen, wie gut es wäre, wenn ihre Soldaten die Waffen loslassen würden.
  (*Antwortruf:* Wir bitten dich, erhöre uns.)
- Hilf den Mächtigen unserer Welt weise zu sein, damit sie nicht zum Schaden für Menschen und Völker an ihrer Macht festhalten.
- Hilf unserer Kirche, auf ihrem ungewissen Weg in die Zukunft.
- Hilf den Trauernden, daß sie die Verstorbenen in ihren Herzen lebendig halten und trotzdem lernen, sie behutsam loszulassen.

Guter Gott, du bist wie ein schützender Mantel für uns, wenn wir nicht wissen, wie es in unserem Leben weitergehen wird. Laß uns immer wieder diese Geborgenheit spüren, darum bitten wir durch Jesus Christus, unseren Freund und Bruder. Amen.

GEBET

Du hast alles losgelassen und alles aufgegeben. *(Stille)*
Du bist deinen Lebensweg gagangen und hast die Menschen niemals vergessen. *(Stille)*
Du warst immer für alle da. *(Stille)*
Du bist immer für uns da, für uns Lebende und die Verstorbenen. *(Stille)*
Du wartest auf uns, daß wir dir nachfolgen. *(Stille)*

SEGEN

Der Herr, der Ursprung und Vollender aller Dinge,
segne dich, gebe dir Gedeihen und Wachstum,
Gelingen deinen Hoffnungen, Frucht deiner Mühe,
und behüte dich vor allem Argen, sei dir Schutz und Zuflucht in Angst.
Der Herr lasse leuchten sein Angesicht über dir,
wie die Sonne über der Erde Wärme gibt dem Erstarrten und Freude gibt dem Lebendigen,
und er sei dir gnädig, wenn du verschlossen bist in Schuld,
er löse dich von allem Bösen und mache dich frei.
Der Herr erhebe sein Angesicht auf dich, er sehe dein Leid und höre deine Stimme, er heile dich und tröste dich
und gebe dir Frieden, das Wohl des Leibes und das Wohl der Seele, Liebe und Glück. Amen.

(Jörg Zink)

So segne euch der gütige Gott, der Vater und der Sohn und der Heilige Geist. Amen.
Gehet, und bringt Frieden.

Entwurf: Ingrid Braun und Barbara Schaupp, Gäufelden

Zeit für mich, Zeit zur Freude, Zeit mit Gott

Anlaß: Zum zehnjährigen Bestehen des Frauenkreises der Gemeinde St. Ulrich in Kirchheim/Teck wurde diese Eucharistiefeier gestaltet und am 13. Juni 1993 als Festgottesdienst mit der Gemeinde gefeiert.

SCHRIFTTEXTE

Kohelet 3,1–15: Alles hat seine Stunde
Matthäus 6,24–34: Von der falschen und der rechten Sorge

EINFÜHRUNG

Das Thema »Zeit« zieht sich wie ein roter Faden durch unsere Zusammenkünfte. Wir merken immer wieder, wie schwer es ist, mit unserer Zeit gewissenhaft umzugehen. Begriffe wie: Zeit sparen – Zeit herausholen und Zeit wieder hereinholen, oder noch schlimmer: Zeit herausschinden, sind zu modernen Schlagworten geworden. Sie nehmen uns die Möglichkeit, uns selbst so zu bestimmen, daß wir nach unseren besseren Einsichten handeln. Sie haben sich die Zeit genommen, mit uns Liturgie zu feiern: Ich begrüße Sie recht herzlich.
Alle im Gottesdienst verbrachte Zeit ist wirtschaftlich betrachtet verschwendete Zeit. Doch es ist Gott geschenkte Zeit, aus dem Wissen, daß Gott der Herr der Zeit ist. Er schenkte uns diese Zeit. An uns liegt es, sie sinnvoll zu gestalten.

GESTALTUNGSELEMENTE

Meditation zum Evangelium

»Alles hat seine Stunde!« Hat dieses Wort von Kohelet, das wir in der Lesung hörten, nach mehr als 2000 Jahren noch Gültigkeit?

Viele von uns kennen die eindrucksvolle Geschichte von Momo, dem Kind, das den Menschen die gestohlene Zeit zurückbrachte. Darin heißt es:
»Es gibt ein großes und doch alltägliches Geheimnis. Alle Menschen haben daran teil. Jeder kennt es, aber die wenigsten denken je darüber nach. Die meisten Menschen nehmen es einfach so hin und wundern sich kein bißchen darüber.
Dieses Geheimnis ist die Zeit. – Es gibt Kalender und Uhren, um sie zu messen, aber das will wenig besagen, denn jeder weiß, daß, einem eine einzige Stunde wie eine Ewigkeit vorkommen kann, mitunter kann sie aber auch wie ein Augenblick vergehen – je nachdem, was man in dieser Stunde erlebt.
Denn Zeit ist Leben. Und das Leben wohnt im Herzen.«

Wie gehen wir mit diesem kostbaren Gut um, mit dem Leben, mit der Zeit? Wer ergreift von diesem Gut Besitz? Wir sind angefüllt von Aufgaben, Sorgen und Pflichten, die wir bewältigen müssen. Volle Terminkalender zeugen von unserer Wichtigkeit.
Wir grübeln über Vergangenes nach, sind oft Gefangene unserer zermürbenden Gedanken: Was habe ich falsch gemacht ... was habe ich versäumt ... was hätte ich verhindern können ... hätte ich doch ... Um diese Fehler nicht mehr zu machen, muß ich vorplanen, vordenken, vorsorgen. – Gerade wir Christen und Christinnen sind aufgerufen, uns zu sorgen um den Auftrag Gottes hier in der Welt! Und dieser Verpflichtung wollen wir nachkommen, eifrig – übereifrig manches Mal. Wir beginnen den Wettlauf mit der Zeit, mit unseren Sorgen und in der Unwiederbringlichkeit des Jetzt und Heute fühlen wir uns hilflos, gelähmt, oft sogar ohnmächtig. Wir leben so, als müßten wir alles alleine bewältigen.
Und in dieses Erleben hinein greift unser heutiges Evangelium: »Sorget euch nicht um euer Leben!« Klingt dies nicht total weltfern? Ist dies nicht eine fast naive Aussage und Zumutung zugleich?
Aber Jesus führt uns weiter: »Richtet euren Blick auf euren himmlischen Vater. Vertraut, daß er alles zum Guten lenkt, auch, wenn ihr das Ende nicht absehen könnt.«

Genau dieser Aufforderung sind wir Frauen in den zehn Jahren in vielfältigen Gespächen nachgegangen, denn das Motto unseres Kirchenjubiläums 1983 hat uns immer begleitet:

»Laßt uns dem Leben trauen, weil wir es nicht alleine zu leben haben, sondern Gott lebt mit uns!«

Diese Worte von Alfred Delp haben wir weiterverfolgt in den Bisinnungstagen mit Sr. Benedikta im Kloster Kellenried. Auch hier wurde uns immer neu bewußt, wie wir unser Heute fast ausschließlich in Ängsten, Sorgen und Nöten leben.
Warum nehmen wir Gott nicht bei seinem Wort, zweifeln ständig am Treueversprechen seines Bundes mit uns Menschen?
Wir wollen alles selbst tragen und selbst lösen. Geben wir Gott eigentlich noch eine Chance, sich in unser Leben einzumischen?
Warum fällt es so schwer, uns diesem Wort ganz anzuvertrauen?
Gott wartet doch auf uns! Er steht am Wege, hält uns seine Hand hin; – wir gehen vorbei – ganz belastet mit unseren Sorgen und klagen über Gottes Ferne.
Packen wir wieder die Hand Gottes, lassen wir uns ein im Bewußtsein:
Ich weiß nicht, wohin Gott mich führt, aber ich weiß, daß er mich führt. Wenn wir das göttliche »Du« suchen, unsere Zeit und unser Leben in seinen Plan einbetten, dann werden wir gelassener, freier.
Er ist da! Sein Ja zu uns ist in der Zeit, ist außer der Zeit, ist immer.
Lassen wir uns ein in diese Geborgenheit. Wir spüren Wärme, Freude, Zuversicht. Dann können wir mit dem Wort eines chinesischen Christen vertrauend und mutig in unsere Zeit gehen:

Ich sagte zum Engel: »Gib mir ein Licht, damit ich festen Schrittes in die Ungewißheit des neuen Jahres schreiten kann!«

Aber er antwortete mir: »Geh' hinein in die Ungewißheit und lege deine Hand in Gottes Hand, das ist mehr wert als ein Licht und sicherer, als den Weg zu wissen!«

Meditation: Meine Zeit in deinen Händen

Ich wünsch' dir kein Traumschloß –
nicht den Reichtum der Erde.
Ich wünsch' dir,
was so viele nicht haben:
Ich wünsch' dir Zeit,

dich zu freuen – zu lachen –
leise Worte –
Hände, die zärtlich sind.

Ich wünsch' dir nicht,
daß dir alles im Leben leicht fällt.
Ich wünsch' dir,
was so viele nicht haben:
Ich wünsch' dir Zeit –
zum Grübeln und Suchen –
überlegtes Tun –
Hände, die teilen.

Ich wünsch' dir kein rastloses Rennen –
nicht die Geschwindigkeit unserer Zeit.
Ich wünsch' dir,
was so viele nicht haben:
Ich wünsch' dir Zeit –
zum Staunen – Zeit zum Vertrauen –
Verträumte Zeit –
Hände, die tasten.

Ich wünsch' dir nicht den Griff nach den Sternen –
nicht alles Glück dieser Welt.
Ich wünsch' dir,
was so viele nicht haben:
Ich wünsch' dir Zeit –
zum Wachsen – zum Reifen –
hoffende Zeit –
Hände, die pflanzen.

Ich wünsch' dir nicht, jemand anders zu werden,
nicht das Scheinwerferlicht dieser Zeit.
Ich wünsch' dir,
was so viele nicht haben:
Ich wünsch' dir Zeit –
dich selbst zu finden – Glück zu empfinden –
Deine Zeit –
Hände, die einander begegnen.

(Michael H. F. Brock)

FÜRBITTEN

Wir leben in unserer Zeit. Eine bestimmte Zeit liegt hinter uns und eine bestimmte Zeit vor uns.

- Gott, gib uns die Möglichkeit, an das Vergangene
  mit Dank und unbegrenzter Versöhnung zu denken,
  das Heute mit Gelassenheit und tief verwurzeltem Mut
  zu erleben
  und das Kommende in Zutrauen und mitgestaltender Hoffnung zu erwarten.
  (Wir bitten dich, erhöre uns.)

- Gott, du bist immer mit uns.
  Gib uns die Offenheit, daß wir eindringen lassen,
  was in uns eindringen möchte,
  daß wir Schmerz durchleiden und doch geschützt sind,
  daß wir Erschütterung erfahren und doch gegründet sind,
  daß wir in der Trauer Geborgenheit erfahren,
  daß wir bei Grenzerfahrungen in der Erwartung leben,
  und wenn wir keinen Weg sehen, doch vertrauen können.
  Auf diese Weise laß uns geduldig uns selbst und andere annehmen.
  (Wir bitten dich, erhöre uns.)

- Herr gib uns heute die Freude eines Kindes,
  das in jedem Ding einen Glanz entdeckt.
  Gib uns die Freude, täglich dem Leben voller Erwartung
  entgegen zu sehen.
  Laß uns die Freude weitergeben.
  (Wir bitten dich, erhöre uns.)

Du Gott, der unsere Jahre zählt, segne, was wir zustande bringen. Segne unsere Zeit und unseren Umgang mit ihr. Du Herr unserer Lebensgeschichte, sei mit uns heute und immer. Amen.

GEBET

Herr,
ich habe Zeit.
Ich habe meine Zeit für mich.

Alle Zeit, die du mir gibst,
die Jahre meines Lebens,
die Tage meiner Jahre,
die Stunden meiner Tage, sie gehören alle mir.
An mir ist es, sie zu füllen, ruhig und gelassen,
aber sie ganz zu füllen, bis zum Rande,
um sie dir darzubringen,
damit du aus ihrem schalen Wasser
einen edlen Wein machst,
wie du es einst tatest, zu Kana,
für die Hochzeit der Menschen.
Herr, ich bitte dich heute nicht um die Zeit,
dieses und dann noch jenes zu tun.
Ich bitte dich um die Gnade,
in der Zeit, die du mir gibst, gewissenhaft das zu tun,
was du willst, daß ich tun soll.

(Michel Quoist)

SEGEN

Der Herr sei vor dir, um dir den rechten Weg zu zeigen.
Der Herr sei neben dir, um dich in die Arme zu schließen
und dich zu schützen gegen Gefahren von links und rechts.
Der Herr sei unter dir, um dich aufzufangen, wenn du fällst,
und dich aus der Schlinge zu ziehen.
Der Herr sei in dir, um dich zu trösten, wenn du traurig bist.
Der Herr sei um dich herum, um dich zu verteidigen,
wenn andere über dich herfallen.
Der Herr sei über dir, um dich zu segnen.

(Segensspruch aus dem 4. Jahrhundert)

Entwurf: Jutta Traier, Kirchheim/Teck

Wir feiern unsere Gottesbilder

Anlaß: Frauenliturgie, vorbereitet von einem Team von fünf Frauen als Meditations-Wortgottesdienst für Frauen, gefeiert am 19. September 1993.
Zur Vorbereitung: Am Eingang stehen Ähren, damit jede Teilnehmerin eine Ähre bekommen kann. Die Stühle stehen im Kreis; in der Mitte steht eine Vase bereit, in die die Ähren gestellt werden können. – Bilder von Gott werden bereitgelegt (Gnadenstuhl; Gott, der die Welt erschafft; Dreifaltigkeitsdarstellung; Christusbilder...). – Ein großer Kreis aus gelbem Papier wird in viele Stücke geschnitten. Filzstifte für jede Teilnehmerin. – Recorder und Meditationsmusik.

SCHRIFTTEXT

Exodus 3,1–14: Ich bin der »Ich-bin-da«

EINFÜHRUNG

Jede Ankommende erhält eine Ähre; diese steckt sie in eine bereitgestellte Vase, sagt ihren Namen und fügt hinzu, wie es ihr gerade geht.

In unserer heutigen Liturgie wollen wir unseren Vorstellungen von Gott nachgehen. Welches Gesicht hat er in unserem Innern? Mit welchem Namen sprechen wir ihn an? (Oder wie sprechen wir sie an?) Eins ist sicher: Jede von uns hat eine andere Vorstellung. Und selbst die hat sich im Lauf des Lebens geändert. Sie ist mit 40 eine andere als mit 20 oder mit 10 Jahren. Ich bekomme eine Vorstellung von Gott, wenn meine Oma mich auf den Schoß nimmt als kleines Kind und sagt: Der liebe Gott hat dich noch viel, viel lieber, als ich es überhaupt kann. Und ich bekomme ein anderes Bild von Gott, wenn sie sagt: Wenn du so zornig bist und schreist, mag dich der liebe Gott gar nicht.

Wenn ich verliebt bin oder auch nach 20 Jahren noch glücklich in meiner Ehe, bedeutet Gottes Liebe und Güte anderes für mich, als wenn meine 10jährige Tochter vom Auto überfahren wurde oder meine Nachbarin mit 37 Jahren an Krebs stirbt und drei kleine Kinder hinterläßt.
Die Vorstellungen, die wir uns von Gott machen, die Namen, mit denen wir ihn ansprechen: dahinter stecken Erfahrungen.
Die Bibel beschreibt uns Gott auch in Bildern, und sie stattet ihn mit Eigenschaften aus – auch dahinter stecken Erfahrungen, die Menschen in ihrer Geschichte mit ihm gemacht haben.
Die Israeliten, die gerade den Ägyptern entronnen sind, sehen ihn als den Befreier. Die Israeliten, die gerade in die assyrische Gefangenschaft geschleppt werden, sehen ihn als den strafenden Richter. Judith, die gerade Holofernes umgebracht und ihre Stadt vor der Vernichtung bewahrt hat, spricht Gott anders an als Hiob, der krank, verlassen und verzweifelt ist.
Die Ehebrecherin, von Jesus in Schutz genommen, bekommt ein anderes Bild von Gott, als es Kajaphas, der Hohepriester, hat.
Heute abend geht es um uns. Jede hat in ihrem Leben und ihrer Geschichte Erfahrungen gemacht, wo Gott Konturen bekommen hat, ein Gesicht, einen Namen. Wie sehen wir ihn, wie sprechen wir ihn (oder sie) heute an?

GESTALTUNGSELEMENTE

Gott hat viele Gesichter

Die Bilder von Gott werden in der Mitte des Kreises ausgelegt. Die Teilnehmerinnen werden aufgefordert, sich eins der Bilder auszusuchen (im Hintergrund Musik). Wenn jede sich für ein Bild entschieden hat, setzen wir uns und teilen uns mit, was uns zu unserer Wahl bewogen hat.

Lied: »Ich lobe meinen Gott« (EH 16)

Gott hat viele Namen

Die Stücke aus gelbem Paper werden in die Mitte gelegt. Jede Teilnehmerin holt sich ein leeres Stück, setzt sich und schreibt einen

»Gottesnamen« darauf (im Hintergrund Musik). Dann teilen wir uns gegenseitig unsere Gottesnamen mit (vielleicht mit ein paar erklärenden Worten). Die gelben Papierstücke werden darauf zur Mitte gebracht, und es wird versucht, die Puzzleteile zum Kreis zusammenzulegen.

Lied: »Vater unser im Himmel« (EH 51)

Die Gottesnamen werden von einer Teilnehmerin noch einmal vorgelesen.
– Stille –

GEBETE

Du Gott,
mit vielen Namen nennen wir dich,
in vielen Bildern erzählen wir von dir.
Alle diese Namen und Bilder
erfassen nur einen Zipfel von dir.
Du sprengst sie alle.
Du bist immer wieder neu, überraschend.
Ich bin der ich bin da –
so nennst du in der Bibel deinen Namen.
Ich bin die ich bin da –
Ich bin das ich bin da –
so müssen wir heute ergänzen.
Du bist uns ein Geheimnis.
Verlocke uns immer wieder neu
durch alle Bilder und Namen hindurch
dich zu suchen
dir zu begegnen,
dich zu feiern und zu lieben.
Du, unser Gott.

*

Wo ich gehe – du!
Wo ich stehe – du!
Nur du, wieder du, immer du!
Ergeht's mir gut – du!

Wenn's weh mir tut – du!
Nur du, wieder du, immer du!
Du, du, du!
Himmel – du, Erde – du,
oben – du, unten – du,
wohin ich mich wende, an jedem Ende
nur du, wieder du, immer du!
Du, du, du!

(Martin Buber)

SEGEN

Du Gottheit, Mächtige,
Ursprung und Vollender aller Dinge:

Segne uns, gebe uns Gedeihen und Wachstum,
Gelingen unseren Hoffnungen, Frucht unserer Mühe,

und behüte uns vor allem Argen,
sei uns Schutz in Gefahr und Zuflucht in Angst.

Du, Gottheit, laß leuchten dein Angesicht über uns,
wie die Sonne über der Erde Wärme gibt dem Erstarrten
und Freude dem Lebendigen,

und sei uns gnädig, wenn Schuld uns quält.
Erlöse uns von allem Bösen und mache uns frei.

Du, Gottheit, erhebe dein Angesicht über uns
und sehe unser Leid und höre unsere Stimme.

Heile und tröste uns und gebe uns Frieden,
das Wohl des Leibes und das Wohl der Seele, Liebe und Glück.
Amen.

Entwurf: Angelika Heer, Herrenberg

Begegnung mit Gott, Begegnung mit Menschen

Anlaß: Der Gottesdienst wurde von Frauen des Katholischen Frauenbundes in Marlach entworfen und mit den Frauen der Gemeinde gefeiert. Anschließend Treffen im Gemeindehaus.

SCHRIFTTEXT

Lukas 1,39–56: Zwei Frauen begegnen sich – von Gott gerufen

EINFÜHRUNG

Zum heutigen Gottesdienst begrüße ich Sie ganz herzlich. Einige Frauen aus dem Frauenbund haben ihn vorbereitet. Wir haben ihn unter das Thema: Begegnung – Begegnung mit Gott, Begegnung mit Menschen gestellt. Wir sind eingeladen, darüber nachzudenken, wo und wie wir Gott und den Menschen begegnen – auch jetzt im Gottesdienst und nachher beim gemütlichen Beisammensein.

GESTALTUNGSELEMENTE

Begegnungsgeschichten

Eine kurze Verspätung wurde für den Intercity aus Hamburg angesagt. Der Mann schaute nun öfter auf die Uhr und ging unruhig am Ende des Bahnsteigs auf und ab. Knacken im Lautsprecher, eine Frauenstimme: »Der verspätete IC 173 aus Hamburg wird in Kürze einfahren! Bitte Vorsicht bei der Einfahrt des Zuges!« Langsam, als suche sie im Gewirr der Gleise den rechten Weg, zog die gelbrote Lok den Zug an den Bahnsteig und hielt kurz vor dem Prellbock. »Hier München Hauptbahnhof. Der Zug endet hier. Sie haben Anschluß ...«

Aber wen von den Wartenden interessierte das noch. Ich hatte den Mann, der nun den vielen Menschen entgegenging, fast aus den Augen verloren. Suchend reckte er den Hals, als er sich gegen den Menschenstrom schob. Auf einmal blieb er stehen und winkte heftig; sie hatten sich über die vielen Köpfe hinweg gesehen. Wenig später umarmten sie sich. Dann nahm er ihren Koffer, den sie zuvor schnell abgesetzt hatte, um ihre Arme frei zu haben. Eingehakt, mit glücklich lächelnden Gesichtern waren sie schnell unter den vielen Menschen meinem Blick entschwunden.
Eine alltägliche Szene zum Thema »Freude«. Warten auf den geliebten Menschen, erwartet werden, sich wiedersehen und zusammensein, weil man zusammengehört. Freude, ein Stück Glück ohne Wenn und Aber.
Ein Wort, das mit viel Sehnsucht und mancher Erfüllung befrachtet, aber auch mit Enttäuschung belastet ist, das Wort von der Freude.

Da sitzt ein Mann im Gefängnis, er schreibt einen Brief an seine Lieben, an jene, die sich um sein Schicksal sorgen. In diesem Brief heißt es: »Freut euch im Herrn zu jeder Zeit. Ja, ich wiederhole es: Freut euch!«
Der Apostel Paulus schrieb das um das Jahr 55 aus dem Gefängnis zu Ephesus an seine Gemeinde in Philippi.

Aber kann man zur Freude einfach auffordern? »Freu dich zu jeder Zeit!« Wenn mir das jemand sagt, antworte ich spontan: »Schön wär's!« Ich muß da viel bescheidener anfangen, etwa so, daß mir gesagt wird: »Vergiß die Freude nicht! Denk einmal nach, worüber du froh bist und worüber du dich freuen kannst.«
Dabei kommt es gar nicht auf das immer ersehnte große Glück mit einer alles überwältigenden Freude an. Auch an diesem Tag werden die vielen kleine Schritte zum Glück mein Weg zur Freude sein: eine gelungene Arbeit, die Hilfe für einen anderen, der Brief von einem Freund, das unbeschwerte Spiel von Kindern, ein paar lobende Worte, ein Lächeln der Dankbarkeit, die Schönheit einer Blume, die Nähe des geliebten Menschen ...
Aber wie kommt Paulus dazu, und das gerade in einer sehr quälenden Situation, seine Mitchristen aufzufordern, sich immer und überall zu freuen? Er will damit auf den letzten Grund jedweder Freude hinweisen, auf Jesus Christus, dessen endgültiges Kommen er sehnsüchtig erwartet.

»Wenn ihr an Jesus Christus glaubt, dann wißt ihr doch, daß Gott mitten in dieser Welt bei euch ist, daß er Gerechtigkeit, Frieden und Heil bringt, daß er das geglückte Leben ermöglicht. Dies alles ist nicht mehr aufzuhalten. Gottes Liebe drängt in diese Welt, in euer Leben, und deswegen habt ihr auch in den Schmerzen und Leiden dieser Welt, die wie in Geburtswehen liegt, allen Grund, euch immer und überall zu freuen. Steckt mit dieser Freude die anderen an, indem ihr sie liebt.«
Wenn wir ein wenig aufmerksamer durch den Tag gehen, finden wir all die kleinen Anlässe, die uns Freude in den Alltag bringen. »Freut euch zu jeder Zeit. Sorgt euch um nichts. Bringt doch einfach eure Bitten dankbar vor Gott!« Wer dazu im Glauben ja sagen kann, der hat weitaus mehr.

(Aus: Weggeschichten)

Meditation

Von zwei Sprecherinnen vorgetragen.

Unter das Thema Begegnungen haben wir diesen Gottesdienst gestellt. Wir wollen versuchen, uns ins Gedächtnis zurückzurufen, wem wir heute schon begegnet sind und welche Begegnungen noch auf uns warten.

1. Sprecherin: Wir machen verschiedene Begegnungen. Beim Wach-Werden begegne ich zuerst mir selbst. Es kommt mir gleich in den Sinn, was heute auf mich wartet, was jetzt gleich getan werden muß.

2. Sprecherin: Sich selbst begegnen. Wohl eine lebenslängliche Aufgabe. Viele Menschen laufen vor sich weg.

1. Sprecherin: Dann begegne ich denen, mit denen ich zusammenlebe, meiner Familie, meinen Kindern, die ich in den Tag geleite, meinem Mann, der seinem Beruf nachgeht. Begegnungen, die zu meinem Leben gehören, die einfach selbstverständlich sind, so daß sie mir gar nicht groß auffallen.

2. Sprecherin: Selbstverständliche Begegnungen begleiten unser Leben. Wir sind tagtäglich mit Menschen zusammen, mit den gleichen Menschen, die zu mir, zu uns gehören und deren Dasein wir brauchen, wenn wir das auch nicht besonders ausdrücken. Oft ist es so, daß wir diese selbstverständlichen Begegnungen erst als Lücke empfinden, wenn sie gar nicht mehr da sind.

1. Sprecherin: Wenn ich dann das Haus verlasse, zum Einkaufen oder zur Arbeit gehe, dann begegne ich meinem Nachbarn, mit Menschen am Ort komme ich zusammen, mit denen im Geschäft, mit meinen Arbeitskollegen. Es sind zufällige Begegnungen und täglich dieselben Begegnungen. Und hier merke ich, Begegnung braucht Worte, braucht Sprache, damit sie stattfinden kann.

2. Sprecherin: Begegnung ereignet sich auf vielfältige Weise. Es gibt eine stumme Begegnung, bei der man sich ohne Worte, nur durch Zeichen versteht und nahekommt, aber jede Begegnung lebt von dem Einander-sich-Mittteilen, von dem Sich-Kennen und dem Auf-den-anderen-Zugehen.

1. Sprecherin: Wenn ich dann alleine im Haus oder an meinem Arbeitsplatz arbeite, dann kommen mir Menschen in den Sinn: meine Familie taucht vor mir auf, ich werde auch manchen Fragen nachhängen, Probleme werden in den Gedanken sichtbar. Ich begegne auf eine andere Art Menschen, sie sind in mir vorhanden, sie sind da. Ich begegne aber auch Fragen und Problemen, ich begegne Sorgen und Freuden, denn beides beschäftigt mich.

2. Sprecherin: Die Vielgestaltigkeit der Begegnung wird deutlich. Ich kann Menschen nahe sein, die fern von mir sind. Ich kann ihnen begegnen in meinen Gedanken, in meinem An-sie-Denken. Und hier würde ich auch die Begegnung mit Gott ansetzen. Ihm begegne ich wohl in erster Linie in dieser Weise: Ich denke an ihn, ich bitte ihn, ich danke ihm. Ich begegne ihm auch, wenn ich mich den Fragen und Sorgen anderer Menschen stelle, wenn ich mit Menschen Not und Freude teile.

1. Sprecherin: Es gibt Begegnungen, die begleiten einen den ganzen Tag, die lassen nicht mehr los, die beschäftigen einen durch alles hindurch. Hier ist es nötig, solche Begegnungen loszulassen, loszulassen vielleicht auf Gott hin. Sie aber auch anderen mitzuteilen, damit ich mich nicht einschließe mit meinen Begegnungen.

2. Sprecherin: Das tun, so meine ich, Maria und Elisabet; in ihrer Begegnung wird Dank und Bitte, Sorge und Freude losgelassen, losgelassen im Blick für den andern, im Zuhören auf die Worte des anderen, im Zusprechen guter Worte für den anderen, das tun diese beiden Frauen in ihrer besonderen Weise.

1. Sprecherin: Im Tagesrhythmus kann es sein, daß ich ganz bewußt einen Besuch mache; ich besuche jemanden, der krank ist; besuche jemanden zu seinem Geburtstag; gehe ganz bewußt zu jemandem; Begegnungen in dieser Form, sie gehören auch zum Tag, den ich erlebe und erfahre.

2. Sprecherin: Eine andere Art von Begegnung, nicht zufällig, sondern bewußt gesucht, sie fällt mir nicht immer leicht, sie verlangt manches von mir. Aber wie gut und hilfreich sie sein kann, wer wüßte das nicht!

1. Sprecherin: Und heute abend begegnen wir uns! Hier in der Kirche beim Gottesdienst: Wir begegnen Gott und anderen Menschen. Und diese Begegnung soll heute fortgesetzt werden in unserem Fest.

2. Sprecherin: Begegnungen, sie gehören zu unserem Leben. Öffnen wir uns für sie. Begegnungen mit Gott und auch Begegnungen mit den Menschen.

FÜRBITTEN

Unser Gott hat uns gezeigt, daß er kein ferner Gott ist, fern unserer Welt, fern aller Fragen und Nöte der Menschen. Er hat sich uns zugewandt, hat ein menschliches Gesicht angenommen, ist unser Bruder geworden. Er hat gezeigt, daß er für uns da ist. Zu ihm rufen wir:

- Für alle, die durch Unsicherheit gequält werden, alle die krank sind, auf daß sie Lebensmut finden und Freunde, die für sie da sind.
  (Rufe uns auf, Herr.)
- Für alle, deren Gewissen beunruhigt ist, die sich unfähig fühlen zum Leben mit andern. Laß sie Freunde finden, die für sie da sind.
  (Rufe uns auf, Herr.)
- Für alle, die mit eigenen Ängsten zu kämpfen haben, die kein Vertrauen setzen können in ihre Mitmenschen. Laß sie Freunde finden, die für sie da sind.
  (Rufe uns auf, Herr.)

Du unser Gott, du bist für uns da. Laß uns es dir gleichtun und laß uns dasein für andere, so wie dein Sohn Jesus Christus, in dessen Namen wir zu dir rufen. Amen.

(Gabriele Miller)

GEBET

Herr, immer wieder begegnen uns Menschen, die bereit sind, uns zuzuhören, ein Stück mit uns zu gehen, die uns helfen, unseren Weg zu ändern und uns auch vergeben und verzeihen. Dafür danken wir dir.
Wir sagen dir auch Dank, daß wir dir begegnen dürfen, wenn wir dein Wort hören, wenn wir uns einladen lassen an deinen Tisch und du uns nahekommst, weil du uns dich ganz schenkst. Laß uns in deinem Wort und Sakrament Menschen sein, die zur Begegnung fähig werden und auf Dauer bleiben. Amen.

LIEDER

»Wo zwei oder drei« (EH 87)
»Wenn einer alleine träumt« (EH 156)
»Herr, erwecke deine Kirche« (EH 96)
»Wo ein Mensch Vertrauen gibt« (EH 160)

SEGEN

Unser Gott ist uns zum Segen geworden in seinem Wort.
Er ist uns nahe gekommen und zum Segen geworden in seinem Sohn.
Unser Gott will uns nahe kommen und zum Segen werden in der Begegnung mit jedem Menschen, der unseren Weg kreuzt.
Daß uns solche Begegnung gelingt, daß sie uns und denen, die wir treffen, zum Segen wird, darum bitten wir:
Im Namen des Vaters und des Sohnes und des Heiligen Geistes.
Amen.

Entwurf: Gisela Möhler, Marlach

Du hältst mich in deiner Hand

Anlaß: Dieser Gottesdienst wurde von Frauen des Katholischen Frauenbundes in Marlach erstellt und anläßlich des Bundesfestes (2. Juli) am 3. Juli 1992 gefeiert.

SCHRIFTTEXT

Markus 8,22–25: Heilung eines Blinden

EINFÜHRUNG

Zum Gottesdienst anläßlich unseres Bundesfestes begrüße ich Sie alle heute abend ganz herzlich.
Die Kirche feierte gestern das Fest Mariä Heimsuchung – die Begegnung Marias mit Elisabet. Auf sehr vielen Bildern wird diese Begegnung so dargestellt, daß Maria und Elisabet sich die Hände reichen – zum Gruß, als Ausdruck der Freude. »Hände« – das ist auch das Thema unseres heutigen Gottesdienstes.
Wir wissen alle: Wir sind in Gottes Hand geborgen. In einem bekannten Gebet heißt es aber auch: Christus hat keine Hände, nur unsere Hände, um seine Arbeit heute zu tun. Was aber geschieht, wenn unsere Hände mit anderen Dingen beschäftigt sind als mit den seinen?

GESTALTUNGSELEMENTE

Hände-Meditation

Zu unserer Meditation nehmen Sie bitte Platz und legen die Hände offen in den Schoß.

Betrachte deine Hände lange und gut –
bis in die Fingerspitzen sind sie mit deiner Seele erfüllt!

Du kannst mit deinen Händen greifen, den Kochlöffel umgreifen und etwas Gutes kochen.
Du kannst mit deinen Händen arbeiten, in der Küche, im Haus, im Garten, im Stall, auf dem Acker, in der Fabrik, im Büro.
Du kannst mit deinen Händen basteln und werken und schmücken oder nähen und stricken.
Du kannst mit deinen Händen eine Blume pflanzen und gießen und pflegen.
Du kannst mit deinen Händen schreiben – einen Brief, einen Liebesbrief, einen lieben Gruß oder auch einen Trost an einen Trauernden, eine Aufmunterung an einen Kranken.
Du kannst mit deinen Händen spielen, liebkosen, streicheln, zärtlich sein, winken.
Du kannst trösten mit deinen Händen, beruhigen und festhalten, helfen und pflegen.
Du kannst aber auch etwas zerstören mit deinen Händen, zuschlagen, quälen oder die geballte Faust erheben!

Unzählige viele Dinge kannst du mit deinen Händen tun, du kannst sie auch ruhen lassen – du kannst sie falten zum Gebet. Du kannst aber auch deine Hände offen lassen, damit du bereit bist, das anzunehmen, was dir geschenkt wird.

Ausgeschnittene Hände

Jede Teilnehmerin erhält eine aus buntem Papier ausgeschnittene Hand. Auf jeder steht eine der folgenden Aussagen geschrieben. Leise meditative Musik begleitet die Begegnung mit dem Satz.

Hände sind wie Schalen, die empfangen.
Hände sind wie ein Haus, das Geborgenheit gibt.
Hände sind wie ein Schiff, das Lasten trägt.
Hände sind wie ein Mantel, der wärmt.
Hände sind wie Balsam, wenn sie heilen.
Hände sind wie Anker, die retten.
Hände sind wie Brot, wenn sie Gutes tun.
Hände sind wie Burgen, die beschützen.
Hände sind wie eine Schatztruhe, die Kostbarkeiten bewahrt.
Hände sind wie Sterne, die Wege weisen.
Hände sind wie Brücken, wenn sie zur Versöhnung gereicht werden.

Hände sind wie Rosen, wenn sie schenken.
Hände sind wie eine Quelle, wenn sie segnen.
Hände sind wie ein Fels, wenn sie sich zum Schwur erheben.
Hände sind wie ein Blitz, wenn sie falsch schwören.
Hände sind wie eine Keule, wenn sie schlagen.
Hände sind wie Donner, wenn sie drohen.
Hände sind wie Türen, wenn sie einladen.
Hände sind wie Oasen, wenn sie beten.

Nach einiger Zeit werden die Teilnehmerinnen aufgefordert, mit der Nachbarin die »Hände« auszutauschen. Abermals kurze Zeit, den Satz zu bedenken.

FÜRBITTEN

Vertrauen ist ein Grundwort der Bibel. Im Vertrauen auf Gott ist Abraham ausgezogen, im Vertrauen auf ihn haben Propheten und Apostel Unübliches gewagt. Im Vertrauen auf ihn hat Maria ja gesagt zur Zumutung, die Gottes Engel ihr überbrachte. Um solches Vertrauen bitten wir.

- Für Menschen, die ihr Leben in die Hände des lebendigen Gottes legen, dessen Erbarmen größer ist als alles Verfehlen der Menschen. Herr, unser Gott:
  (*Antwortruf:* Wir bitten dich, erhöre uns.)
- Für alle, die auf Reichtum und Macht setzen und zögern, sich auf Gottes Wort zu verlassen. Herr, unser Gott:
- Für alle, die gehemmt sind im Umgang mit anderen Menschen, daß ihr Selbstvertrauen zunehme. Herr, unser Gott:
- Für unsere Gemeinde, daß sie vertrauen kann auf das, was kommt, und sich nicht festklammert an dem, was bisher war. Herr, unser Gott:
- Für uns alle, daß wir auf eine gute Zukunft vertrauen, weil Gott zur Vollendung bringt, was er in uns begonnen hat. Herr, unser Gott:

Herr, unser Gott. In deine Hände empfehlen wir unser Zögern und Mißtrauen, unsere Unentschlossenheit und Angst. Laß uns begreifen, daß du uns an dich ziehen willst und daß dein Herz größer ist als das unsere. Amen.

(Gabriele Miller)

GEBET

Herr, mein Gott, mein Vater im Himmel,
wie gut, daß du mich siehst! Du kennst mich.

Du siehst mich, wenn ich allein bin
und von großen Dingen träume
und von dem Leben, das vor mir liegt.

Du siehst mich, wenn ich Angst habe,
du siehst mich, wenn ich mich verstecke und nicht zugebe,
was ich getan habe.

Wie gut, daß du mich siehst!
Ich kann ja keinen Schritt tun,
bei dem du mich nicht begleitest.
Ich kann kein Wort denken,
das du nicht hörst, ehe ich es ausspreche.

Wie in zwei großen Händen hältst du mich,
ich bin darin geborgen wie ein Vogel im Nest. Amen.

SEGEN

Der Herr segne uns und behüte uns, wenn Angst uns befällt und uns lähmt.
Er lasse sein Angesicht über uns leuchten und öffne uns unsere Augen, daß wir das Gute und Schöne sehen.
Der Herr erhebe sein Angesicht über uns,
sein strahlendes Angesicht und lasse uns spüren,
daß er uns in seinen Händen hält.
Darum bitten wir im Namen des Vater und des Sohnes
und des Heiligen Geistes. Amen.

Entwurf: Gisela Möhler, Marlach

Kommt alle zu mir

Anlaß: Wortgottesdienst am Ende eines Gesprächsnachmittags für überwiegend ältere Frauen.

SCHRIFTTEXT

Matthäus 11,28–29: Vom leichten Joch Jesu

EINFÜHRUNG

Miteinander Gottesdienst feiern heißt, sich miteinander auf den zuzubewegen, der unsere Mitte ist; es heißt auch, zu unserer eigenen und zu unserer gemeinsamen Mitte zu finden. Dies wollen wir zu Beginn unseres Gottesdienstes in einem meditativen Tanz zum Ausdruck bringen.

GESTALTUNGSELEMENTE

Tanz

Der kurze Liedruf, den wir jetzt singen, stammt aus Taizé, dem ökumenischen Kloster in Frankreich. Tausende von Jugendlichen (und jung Gewesenen) aus allen Ländern Europas treffen sich dort zum Gespräch, zu Meditation und Gebet. Jeder Gottesdienst beginnt mit dem kurzen Liedruf: Herr, wir beten dich an – Adoramus te, Domine. Diese kurze Anrufung wird oftmals wiederholt, bis sie ganz langsam nicht nur die Ohren von jeder und jedem, sondern auch ihr Herz erreicht hat; bis alle wirklich wissen und begriffen haben, warum sie sich zum Gottesdienst versammelt haben. Wir wollen diesen Liedruf jetzt ebenfalls singen und uns mit ihm einstimmen, bis wir soweit sind, daß wir unsere Anbetung nicht nur mit Worten und Tönen, sondern auch im Tanz ausdrücken können.

Nach einiger Zeit des Singens verlassen wir unsere Plätze und stellen uns im Kreis (um den Altar) und fassen uns an den Händen. Dazu wird weiter gesungen.

Reihenfolge der Tanzschritte:
A – B – A – B – A – C – A – D – A usw.

Teil A auf »O – O – O«: am Platz wiegen, beginnend mit rechtem Fuß.

Teil B auf »Adoramus te, Domine«: vier Schritte in Kreisrichtung gehen, rechter Fuß beginnt.

Teil C auf »Adoramus te, Domine«: vier Schritte zur Mitte gehen, dabei Arme langsam heben.

Teil D auf »Adoramus te, Domine«: vier Schritte zurück in den großen Kreis gehen, dabei Arme langsam senken.

Einander das Wort Jesu zusagen – Umgang mit der Schriftstelle

Jede Teilnehmerin hat ein Blatt, auf dem der Schrifttext steht.

- Einleitung:
  Wir haben uns im Namen Jesu versammelt. Bei unserem Singen und Tanzen spüren wir, daß wir bei ihm willkommen und erwartet sind. Wir dürfen da sein mit all dem, was uns beschäftigt, was wir besprochen und diskutiert haben, was wir mit uns herumschleppen und was uns froh macht. Im Matthäus-Evangelium finden sich Worte Jesu, die uns das deutlich machen und erfahren lassen wollen.
- Vorlesen der Schriftstelle (Mt 11,28–29).
- Einander das Wort Jesu zusagen:
  Diese Zusage gilt uns als Gruppe und jeder einzelnen von uns persönlich. Das Evangelium will für jede von uns ansprechend

sein. Deshalb sind Sie jetzt eingeladen, einander diese Worte Jesu einzeln zuzusagen:
Eine Frau beginnt und spricht der rechts von ihr Stehenden den Text zu; die Angesprochene geht dann auf die Nächste zu usw.
Jesus sagt: »Komm zu mir, ... (Name), die du dich abmühst und beladen bist. Ich will dich erquicken.
Nimm mein Joch auf dich und lerne von mir,
denn ich bin sanft und demütig von Herzen,
und du wirst Ruhe finden für deine Seele.«

- Abschluß:
  Das Evangelium hat die Runde gemacht. Jede von uns ist persönlich angesprochen worden. Wir lassen diese Worte nachklingen und hören ein wenig auf die Musik. Dazu nehmen wir wieder unsere Plätze ein.

WECHSELGEBET

Gott, dein Sohn hat uns Menschen zur Umkehr gerufen. Wir bitten dich:
- Erwecke in uns die Sehnsucht seinen Worten zu folgen.

Alle: Erwecke in uns die Sehnsucht, seinen Worten zu folgen.

Die Zeit ist erfüllt. Das Reich Gottes ist nahe.

- Gott, laß uns wachsam werden für dein Reich:
- in unseren Begegnungen und Gesprächen;
- in unseren Hoffnungen und Sorgen;
- in allem, was auf uns zukommt.

- Gott, laß uns wachsam werden für dein Reich:
- wo uns die täglichen Banalitäten ermüden;
- wo uns alles Können und Haben nicht mehr genügt;
- wo wir mit unserer Gerechtigkeit und unserem Mühen am Ende sind.

- Gott, laß uns wachsam werden für dein Reich.

Alle: Gott, laß uns wachsam werden für dein Reich.

- Gott, laß uns wachsam werden für dein Reich und laß uns spüren:

Du gibst Leben in Fülle –
dein Reich schenkt Erfüllung.

Dein Reich komme. Die Zeit ist erfüllt. Kehrt um.

– Gott, laß uns umkehren und dich suchen:
– wo das Maß an Streß und Trott voll ist;
– wo wir in Sackgassen der Falschheit und Habgier stecken;
– wo die innere Leere aufgefüllt ist mit sinnlosem Überfluß.

– Gott, laß uns umkehren und dich suchen.
Alle: Gott, laß uns umkehren und dich suchen.

Du gibst Leben in Fülle – deine Gnade schenkt Erfüllung.

– Gott, laß uns deiner Botschaft trauen:
– in allem, was uns bedroht;
– in allem, was uns bedrückt;
– in allem, was uns bedrängt.

– Gott, laß uns deiner Botschaft trauen:
– wo wir voller Zweifel sind;
– wo alles aussichtslos erscheint;
– wo wir schuldig geworden sind.

– Gott, laß uns deiner Botschaft trauen und so erfahren:
Du gibst Leben in Fülle.

– Deine Worte sind Wahrheit und Leben.
Alle: Deine Worte sind Wahrheit und Leben.

– Gott, unser Vater und unsere Mutter:
– dein Reich komme zu uns;
– deine Gnade komme über uns;
– dein Wort und deine Wahrheit leite uns.

– Gott, unser Vater und unsere Mutter,
dir sei Lob und Dank in Ewigkeit.
Alle: Dir sei Lob und Dank in Ewigkeit. Amen.

(Aus: Die Freude der Umkehr)

SEGEN

Gott, deinen Segen erbitten wir.
Deine Zärtlichkeit umfange uns.
Deine Liebe halte und heile uns.
Deine Kraft wirke in uns.
Deine Weisheit sei unsere Ratgeberin
in allem, was wir beginnen und beenden.
Heute, morgen und alle Tage unseres Lebens.
Darum bitten wir im Namen des Vaters und des Sohnes und des Heiligen Geistes. Amen.

(Brigitte Enzner-Probst/Andrea Felsenstein-Roßberg)

Entwurf: Margret Schäfer-Krebs, Rottenburg

Kein Anschluß unter dieser Nummer

Anlaß: Familiengottesdienst, gestaltet von Frauen des Zweigvereins des Katholischen Frauenbundes Horgenzell/Wilhemskirch; gefeiert am 15. Mai 1994.

SCHRIFTTEXT

Matthäus 7,7–11: Vom Vertrauen beim Beten

EINFÜHRUNG

Als mein Gebet
immer andächtiger und innerlicher wurde,
da hatte ich immer weniger und weniger zu sagen.
Zuletzt wurde ich ganz still.

Ich wurde,
was womöglich noch ein größerer Gegensatz
zum Reden ist,
ich wurde ein Hörer.

Ich meinte erst, Beten sei Reden.
Ich lernte aber,
daß Beten nicht bloß Schweigen ist,
sondern Hören.

So ist es.
Beten heißt nicht sich selbst reden hören.
Beten heißt:
Still werden und still sein und warten,
bis der Betende Gott hört.

(Sören Kierkegaard)

Gespräch

Es ist ratsam, die Tonbandantwort: »Kein Anschluß unter dieser Nummer« dreimal nacheinander (ohne große Pausen dazwischen) aufzunehmen, damit die Tonbandantwort nahtlos dazwischengeschaltet werden kann.

1. Sprecher: Lieber Gott, mach mich fromm.

Tonband: Kein Anschluß unter dieser Nummer.

2. Sprecher: Gebete dahersagen, ohne daß man sich dabei etwas denkt.

3. Sprecher: Weil es so üblich ist und weil es schließlich beruhigt.

1. Sprecher: Weil man es für Gott wohlgefällig hält.

2. Sprecher: Weil es zumindest nicht schaden kann.

3. Sprecher: Lieber Gott, mach mich fromm.

Tonband: Kein Anschluß unter dieser Nummer.

1. Sprecher: Was machen wir eigentlich falsch beim Bittgebet?

2. Sprecher: Wir bringen unsere Nöte und die Nöte anderer Menschen vor Gott.

3. Sprecher: Wir vertrauen darauf, daß er helfend eingreifen wird.

1. Sprecher: Wir verlassen den Gottesdienst erleichtert.

2. Sprecher: Ob Gott auf unser Gebet achtet?

Tonband: Kein Anschluß unter dieser Nummer.

3. Sprecher: Warum fällt das Beten so schwer?

Kleine Pause zum Nachdenken

4. Sprecher: Als mein Gebet immer andächtiger und innerlicher wurde, da hatte ich immer weniger und weniger zu sagen. Zuletzt wurde ich ganz still.

Ich wurde, was womöglich noch ein größerer Gegensatz zum Reden ist, ich wurde ein Hörer.
Ich meinte erst, Beten sei Reden. Ich lernte aber, daß Beten nicht bloß Schweigen ist, sondern Hören.
So ist es. Beten heißt nicht sich selbst reden hören. Beten heißt: Still werden und still sein und warten, bis der Betende Gott hört.

Impulsgeschichte

Rabbi Baruchs Enkel, der Knabe Jechiel, spielte einst mit einem andern Knaben Verstecken. Er verbarg sich gut und wartete, daß ihn sein Gefährte suche. Als er lange gewartet hatte, kam er aus dem Versteck; aber der andere war nirgends zu sehen. Nun merkte Jechiel, daß jener ihn von Anfang an nicht gesucht hatte. Darüber mußte er weinen, kam weinend in die Stube seines Großvaters gelaufen und beklagte sich über den bösen Spielgenossen. Da flossen Rabbi Baruch die Augen über, und er sagte: »So spricht Gott auch: ›Ich verberge mich, aber keiner will mich suchen.‹«

(Chassidische Geschichte)

FÜRBITTEN

Wir wollen Gott unsere Fürbitten vortragen; er möge uns zur rechten Zeit betend und zur rechten Zeit schweigend hören lassen auf das, was er uns sagt.

- Sende uns deinen Geist, daß wir still werden und still sein und warten können, bis wir dich, unseren Gott, hören und dir unser Bitten und Danken darbringen können.
  (Wir bitten dich, erhöre uns.)
- Sende deinen Geist, daß er denen helfe, die nicht mehr beten können.
  (Wir bitten dich, erhöre uns.)
- Sende deinen Geist allen, die kein Elternhaus haben, daß sie zuverlässige Freunde und Lebensbegleiter finden.
  (Wir bitten dich, erhöre uns.)

- Herr, sende uns deinen Geist und laß uns mit dem Herzen erkennen, daß wir die Not der Behinderten und deren Angehörigen nicht übersehen, sondern ihnen unser Herz öffnen. (Wir bitten dich, erhöre uns.)
- Laß uns als Frauen für unsere Familie das sein, was das Kreuz für uns ist: Hilfe und Kraft. (Wir bitten dich, erhöre uns.)

Herr, du bist ein Gott, der Hoffnung schenkt. Segne unseren guten Willen, damit unsere Bereitschaft zur Tat werde – heute und an allen Tagen unseres Lebens. Amen.

GEBET

Gott, höre mein Gebet.
Ich spreche zu dir wie zu einem Freund.
Ich glaube, dich zu kennen.
Ich ahne dein Wesen.

Darum kann ich nicht aufhören, dich zu suchen.
Darum rede ich ins Dunkel.
Du antwortest nicht,
wie Menschen antworten.
Wer mit dir spricht, muß warten können.
Ich warte.

SEGEN

Der Herr segne und behüte uns, auch wenn wir zu ihm nur recht routinemäßig beten. Er lasse sein Angesicht über uns leuchten, damit uns aufgeht, wer er ist. Und er sei uns gnädig, wenn wir es dennoch nicht begreifen.
Der Herr erhebe sein Angesicht und lasse es uns immer wieder sehen, bis wir erkennen, auf welche Weise er sich uns zeigt. Und er schenke uns seinen Frieden, obwohl oder weil wir ihn immer wieder vergessen.
Darauf vertrauen wir im Namen des Vaters und des Sohnes und des Heiligen Geistes. Amen.

Entwurf: Maria Wielath, Horgenzell

Überall, wo das Evangelium verkündet wird

Anlaß: Diese Frauenliturgie wurde von einer Arbeitsgruppe des Wochenendes »Frauen feiern Gottesdienst« (Erwachsenenbildung Biberach) erstellt und zum Abschluß von Frauentagen in Ingoldingen, Riedlingen, Rot a. d. Rot und Laupheim gefeiert.
Zur Vorbereitung: Gefäß mit Nardenöl bereitstellen, das von einer Frau beim Lesen des Evangeliums vorgetragen wird. – Auf dem Altar stehen vier Schälchen, in die aus dem Duftölgefäß Nardenöl gegossen wird. – Die Gottesdienstleiterin steht am Ambo, die drei Sprecherinnen auf der anderen Seite des Chorraumes.

SCHRIFTTEXT

Markus 14,1–9: Man wird sich an sie erinnern

EINFÜHRUNG

Wir sind heute zusammengekommen, um einander und Jesus zu begegnen. Ich wünsche Ihnen, daß viele gute Begegnungen stattgefunden haben. Nun wollen wir zusammen die frohe, die gute Nachricht feiern, die uns Jesus geschenkt hat. Lassen wir uns ermutigen von seinem Handeln, von seinen Begegnungen mit unseren biblischen Schwestern.

GESTALTUNGSELEMENTE

Kyrie eleison

1. Sprecherin Zu Jesus Christus wollen wir rufen:
Du hast die Traurigkeit der Frauen gewandelt –
wandle auch unsere Traurigkeit.

Alle singen: »Kyrie eleison« (EH 8)

2. Sprecherin Du hast die Sehnsucht der Frauen gespürt –
spüre unsere Sehnsucht.
Du hast Frauen deine Freundschaft geschenkt –
laß auch uns deine Freundinnen werden.

Alle: »Kyrie eleison« (EH 8)

1. Sprecherin Du hast Frauen geheilt und die Tochter des Jairus
vom Tod ins Leben zurückgerufen –
ermutige uns zum Leben.
Du hast Menschen Freude geschenkt und mit ihnen gefeiert –
schenke uns Freude und Phantasie.

Alle: »Kyrie eleison« (EH 8)

3. Sprecherin Gott, Vater und Mutter, wir danken dir für diesen Tag der Begegnung. Im liebenden Blick deines Sohnes Jesus Christus entdecken wir uns selbst und unsere Berufung. In der Begegnung mit ihm offenbaren sich unsere Stärken und unsere Begabungen. So wurde an Marta unsere Tüchtigkeit im Alltag sichtbar. Bei Maria, ihrer Schwester, unsere Suche nach Wahrheit und die Kunst des Zuhörens. Zusammen mit ihrem Bruder Lazarus zeigen sie unsere Begabung zur geschwisterlichen Liebe. Am Jakobsbrunnen machst du unseren Durst nach Leben und unsere Sehnsucht nach vollkommener Erfüllung bewußt.

1. Sprecherin Maria von Nazaret zeigt uns, wie wir ohne Kompromisse der Stimme unseres Gewissens folgen können. In der Syrophönizierin erkennen wir auch unsere Klugheit im Einsatz für unsere Kinder. In der salbenden Frau wird unsere Gabe zur selbstvergessenen Liebe sichtbar.

Gottesdienstleiterin Gott, du hast uns Frauen viele Begabungen geschenkt. Das haben wir heute erkannt. Diese Gaben wollen wir zur Heilung unserer kranken Welt

und als Mitarbeiterin am Bau einer geschwisterlichen, lebendigen Kirche einsetzen.
Darum bitten wir durch Christus, unseren Bruder. Amen.

Das Evangelium mit verteilten Rollen lesen

Evangelist; zwei Jünger; Jesus. Die Frau mit einem Gefäß voll Duftöl kommt während des Textes durch den Mittelgang der Kirche, zögert an der Altarstufe, stellt das Gefäß auf den Altar. - Die Teilnehmerinnen nehmen nach der Ankündigung des Evangeliums Platz.

Evangelist/ Gottesdienstleiterin

Es war zwei Tage vor dem Pascha und dem Fest der ungesäuerten Brote. Die Hohenpriester und die Schriftgelehrten suchten nach einer Möglichkeit, Jesus mit List in ihre Gewalt zu bringen, um ihn zu töten. Sie sagten aber: Ja nicht am Fest, damit es im Volk keinen Aufruhr gibt.
Als Jesus in Betanien im Haus Simons des Aussätzigen bei Tisch war, kam eine Frau mit einem Alabastergefäß voll echtem, kostbarem Nardenöl.

Die Frau mit dem Nardenöl kommt durch den Mittelgang der Kirche, stellt nach einigem Zögern das Gefäß auf den Altar der Kirche. – Stille –

Sie zerbrach es und goß das Öl über sein Haar.

Die Frau nimmt das Gefäß und gießt Öl in die vier bereitstehenden Schälchen.

Einige aber wurden unwillig und sagten:

1. Jünger/ 1. Sprecherin

Wozu die Verschwendung?

2. Jünger/ 2. Sprecherin

Man hätte das Öl um mehr als dreihundert Denare verkaufen und das Geld den Armen geben können.

Evangelist/ Gottesdienstleiterin

Und sie machten der Frau heftige Vorwürfe. Jesus aber sagte:

Jesus/ 3. Sprecherin Hört auf! Warum laßt ihr sie nicht in Ruhe? Sie hat ein gutes Werk an mir getan. Denn die Armen habt ihr immer bei euch, und ihr könnt ihnen Gutes tun, so oft ihr wollt; mich aber habt ihr nicht immer. Sie hat getan, was sie konnte. Sie hat im voraus meinen Leib für das Begräbnis gesalbt. Amen, ich sage euch: Überall auf der Welt, wo das Evangelium verkündet wird, wird man sich an sie erinnern und erzählen, was sie getan hat.

Gottesdienstleiterin Das ist die frohe Botschaft an uns am heutigen Tag.

Auslegung des Evangeliums

1. Jünger/ Einige wurden unwillig.

1. Sprecherin Unwillig – welcher Wille wurde durchkreuzt? Nicht willig sein – wem? Auch ich bin oft nicht willens, das Denken und Wollen anderer anzunehmen, möchte meinen Willen oder Wunsch erfüllt sehen. Jesus hat jene »Unwilligen« zurückgerufen. Er hat den Willen der Frau, ihm Liebe zu erweisen, angenommen.

2. Jünger/ Das Geld den Armen geben.

2. Sprecherin Was gebe ich den Armen? Etwas von dem Geld, das ich habe? Aber nur so viel, daß es mir nicht weh tut. Oder verzichte ich bewußt auf etwas, um den Menschen zu helfen?

Wir müssen uns bewußt werden, daß wir geben wollen. Dann kommt es von uns, aus unserem Herzen. Und es wird daraus eine Gabe an die Armen, an Jesus. Diese unbekannte, namenlose Frau hat Jesus gesalbt und ihm ihre Liebe gezeigt mit kostbarem Nardenöl.

Jesus/ Warum laßt ihr sie nicht in Ruhe?

3. Sprecherin Ich bin auch oft unwillig und möchte in Ruhe gelassen werden, statt Vorwürfe zu hören. Jede von uns möchte doch akzeptiert sein. Möchte, daß ihre Arbeit, ihre Fähigkeiten, ihre Person anerkannt wird. Unsere Bemühungen genießen doch meistens andere. Stellt nicht Jesus seinen Jüngern im Evangelium die Frage: Warum laßt ihr sie nicht in Ruhe? Diese Frage sollten wir uns auch immer wieder stellen, wenn wir zu schnell andere kritisieren.

Evangelist/ Gottesdienstleiterin Wer erinnert sich noch an diese Frau?
Sie ist in der Welt, in der Kirche fast vergessen worden. Nicht einmal ihren Namen kennen wir, kenne ich. Und dabei hat sie an Jesus prophetisch gehandelt, als sie ihn gesalbt hat. Als sie vieles von sich verschenkt hat. Jesus hat sich von ihrer Zuneigung berühren, von ihrer Liebe trösten lassen. Er hat sie in Schutz genommen gegenüber den Jüngern. Er hat ihren Wert, ihre Zuneigung erkannt. Jesus hat diese Frau ausgezeichnet.
Es liegt an uns, an ihre Geschichte mit Jesus zu erinnern und sie weiterzuerzählen in der Welt, in der Kirche – überall auf der Welt, wo das Evangelium verkündet wird. Es liegt an uns, sich von ihrem Mut anstecken zu lassen. Sprechen wir einander diesen Mut zu.

Salbungsgeste

Die Gottesdienstleiterin und die drei Sprecherinnen nehmen die vier Schälchen mit Nardenöl vom Altar und machen ein Kreuzzeichen in die rechte Hand der ersten Frau in der Bank. Sie sprechen dabei:

»... (Name), erzähle du anderen von Jesus und seinen Begegnungen mit Frauen.«

Die Frauen geben dann Worte und Gestus weiter an die nächste in der Bank.

Lied: »Wo zwei oder drei« (EH 87)

GEBET

Gott, laß Frauen und Männer ihre Begabungen erkennen, und laß sie mitarbeiten am Aufbau einer geschwisterlichen Kirche und einer geschwisterlichen Welt.

– Stille –

Gott, laß uns Frauen ganz bei uns selbst sein, damit wir in der Freundschaft mit Jesus Christus Botinnen deiner Liebe sind.

SEGEN

Schwestern, erhebt euch zum Segen, faßt die Hände der Frauen zu beiden Seiten.
Geht hin im Namen des lebendigen, fürsorgenden Gottes, der von Natur aus weiblich und männlich ist.
Geht hin, auf die Weisheit der Geschichten eurer »Vormütter« zu hören.
Geht hin, um euch allem entgegenzustellen, was das Leben von Kindern, Frauen und Männern unterdrückt.
Geht hin, um euch daran zu freuen, daß wir einander haben zur Erneuerung unserer Hoffnung.
Das gewähre uns Gott Vater, Sohn und Heiliger Geist. Amen

Entwurf: Irene Baumeister – Choowsil Christian – Elfriede Hirsch, Biberach

Frauen begegnen einander

Anlaß: Dieser Gottesdienst wurde von einer Arbeitsgruppe im Rahmen des Wochenendes »Frauen feiern Gottesdienst« (Erwachsenenbildung Biberach) zum Fest Mariä Heimsuchung erstellt.
Zur Vorbereitung: Je nach Größe der Gruppen ein oder mehrere Schälchen vorbereiten mit Lavendelöl. Diese Schälchen werden dann nach dem einleitenden Segensgebet von einer Frau zur nächsten weitergegeben.

SCHRIFTTEXT

Lukas 1,39–56: Maria bei Elisabet

STATIO

Vor der Kirche bzw. dem Gottesdienstraum.

Wir versammeln uns hier draußen, um uns ganz bewußt auf den Weg zu machen zum gemeinsamen Gottesdienst – so, wie Maria sich auf den Weg zu Elisabet gemacht hat. Am Anfang einer jeden Begegnung geht es darum, sich aufzumachen, den ersten Schritt zu tun – manchmal über Stock und Stein, durchs Gebirge, durch unbekannte Landschaften – so, wie Maria durch das öde Bergland von Judäa gewandert ist.
Wir wollen uns nun miteinander aufmachen und in einer Prozession zum Gottesdienst in die Kirche gehen.

Prozession mit Lied: »Kommt herbei, singt dem Herrn« (GL 270)

EINFÜHRUNG

Wenn alle Platz genommen haben, wird der folgende Meditationstext langsam und mit Pausen vorgetragen.

Sich auf den Weg machen –
auf eine andere Frau zugehen.

Bin ich bereit dazu? Bin ich bereit zur Begegnung?
Kann ich das Geheimnis der anderen Frau erkennen?
Kann ich es gelten lassen? Mich daran freuen?
Kann ich die Begabung, die Schönheit der anderen sehen?

Oder ist Angst und Abwehr in mir?
Will ich mich nicht auch noch mit der Situation einer anderen Frau belasten?
Bedroht die andere mich in meinem eigenen Frausein?

Was heißt das: einander schwesterlich begegnen?

GESTALTUNGSELEMENTE

Kyrie-Ruf

Im Schrifttext unseres Gottesdienstes geht es um zwei Frauen, die einander als Schwestern begegnen; die das Geheimnis der anderen erkennen und feiern können; die sich freuen und einander segnen, weil sie von Gott begnadet worden sind. Wir erleben uns aber immer wieder so, daß wir aneinander schuldig werden.

– Oft gehen wir aneinander vorbei – ohne Gruß und ohne ein Wort. Wir sind gleichgültig und haben kein Auge für unsere Mitschwestern.

Alle: »Kyrie eleison« (EH 7)

– Maria und Elisabet sind ganz unterschiedliche Frauen mit einer ganz unterschiedlichen Lebensgeschichte. Sie freuen sich aneinander, stärken einander. Wir aber fühlen uns immer wieder einmal bedroht durch die Andersartigkeit einer anderen Frau und können sie nicht so annehmen, wie sie ist.

Alle: »Kyrie eleison« (EH 7)

– Wir tun uns schwer damit, unser eigenes inneres Geheimnis und das Geheimnis unserer Mitschwestern in Freude zu erkennen. Wir beneiden einander um unsere Talente und Gaben, anstatt einander Stütze und Hilfe zu sein bei der Entfaltung dessen, was Gott mit uns vorhat.

Alle: Kyrie eleison« (EH 7)

- Maria und Elisabet sind Frauen, die nicht damit gerechnet haben, von Gott auf wunderbare Weise beschenkt zu werden. Doch trotz aller Zweifel haben sie geglaubt, daß für Gott nichts unmöglich ist. Wir erleben uns dagegen oft so, daß wir uns vom Zweifel überrollen lassen und daß wir nicht mehr mit einem Wunder rechnen, das mitten im Alltag geschehen kann.

Alle: »Kyrie eleison« (EH 7)

Wir dürfen trotz unseres Versagens darauf vertrauen, daß wir immer wieder neu anfangen können, weil Gott Erbarmen mit uns hat. Auch Maria preist dieses Erbarmen Gottes im Loblied des Magnifikat – so wollen wir ihn preisen.

Lied: »Den Herren will ich loben« (GL 261)

Vertiefung der Lesung

Nach einer kurzen Zeit der Stille kann die Lesung vertieft werden durch eine pantomimische Darstellung, wie zwei Frauen aufeinander zugehen. Darauf kann ein Gespräch über den Text folgen: Welche Sätze sprechen mich besonders an, geben mir zu denken?

Nachdenken über einen Text

Eine,
die ein Kind kriegt, freut sich irrsinnig – nein, nicht über sich selbst – über Gott freut sie sich, – nicht über irgendeinen Gott –, sondern über den Gott der Niedrigen und Kleinen, über den Gott, der selbst in der Lage ist, niedrig und klein zu werden, um den Großen aufs Dach zu steigen und bei den Kleinen unter ihr Dach zu gehen.

Eine,
die ein Kind kriegt, freut sich irrsinnig, daß ihr Weh und ihre Wehen das Kostbarste von der Welt hervorbringen: die sich selbst hingebende Liebe Gottes pflanzt sich fort in die Welt und tritt bei der Geburt ans Tageslicht als Sternstunde der Menschheit.

Solche Freude muß Gott im Himmel leben, weil es auf der Welt nichts Vergleichbares zu leben gibt.

Eine,
die ein Kind kriegt, schreit bei den ersten Wehen: Verdammt, ihr Mächtigen »müßt runter von eurem Thron! Eure Waffen in euerm Kampf verletzen bloß, was ich gebäre: Die Kinder der Welt, die Kleinen will Gott groß machen, aber die, die sich selbst groß machen, die macht Gott klein, ganz klein, weil dieses Kind der Gott der Kleinen ist«.

(Aus: Miteinander unterwegs)

FÜRBITTEN

Gott, wir danken dir, daß du bei uns bist und uns segnest. Wir preisen dein Erbarmen und wir bitten dich um deinen Beistand für uns Frauen auf unserem Weg miteinander:

- Herr, wie Maria und Elisabet sich schwesterlich umarmen, so laß auch uns freundlich und ehrlich aufeinander zugehen und keinen Neid und keine Mißgunst in uns aufkommen lassen. (*Antwortruf:* Wir bitten dich, erhöre uns.)
- Maria und Elisabet erkennen in sich und aneinander das Geheimnis des Lebens; Frauen in der heutigen Zeit haben es oft schwer, eine Schwangerschaft anzunehmen. Hilf uns, daß wir durch das richtige Wort Mut, Zuversicht und Freude geben.
- Herr, laß uns mutig wie Maria und Elisabet einander Hilfe und Trost sein.

Wir fassen unsere Bitten, die ausgesprochenen und die unausgesprochenen, in dem Gebet zusammen, das Jesus seine Jünger und Jüngerinnen gelehrt hat: Vater unser ...

GEBET

Meine Seele wartet auf Dich, Gott,
auf Deinen Geist, der Elisabet und Maria beschenkte.
Ich weiß, daß Du da bist
und mich begleitest und lebendig machst,
so daß ich mich freimachen, atmen, und auf Dich hören kann.

Dadurch kann ich Deine Schöpfung
und Deine Liebe zum Leben wahrnehmen
und durch andere Menschen erfahren.
Du bewahrst mein Leben,
meine Schritte des Aufbruchs, und die aller Menschen.
Und Du wirst uns nicht den Mächten und Bedrohungen
unserer Welt überlassen,
sondern Du kommst an unsere Seite, in unsere Mitte
über alle Grenzen, Vorurteile und unser Unvermögen hinweg.
Das macht mich fröhlich und ich fange an zu singen –
allein und zusammen mit anderen Menschen.
Du bist ein großer Gott,
der die ganze Menschheitsfamilie umfassen
und durchdringen kann.
Wohne bei uns in unseren Herzen, in unseren Häusern, Städten
und Ländern und mach uns reich mit Deinem Geist des Friedens.

(Ökumenische Werkstatt Hofgeismar)

SEGEN

Ein Segensritual mit einer Salbung. Die Schälchen mit dem Lavendelöl werden von zwei Frauen aufgenommen. Sie geben nach dem Gebet den Segen mit einem Salbungsritual weiter.

In der Bibel begegnen wir oft dem Ritual der Salbung als einer Geste besonderer Zuwendung und Segnung: Könige wurden gesalbt; Tote wurden mit kostbarem Öl balsamiert; Maria von Betanien hat Jesus gesalbt in einer Geste verschwenderischer Liebe.
Auch wir wollen uns einander mit einer solchen Geste der Liebe zuwenden und uns so zeichenhaft den Segen Gottes vermitteln. Wir fragen unsere rechte Nachbarin nach ihrem Vornamen. Dann tauchen wir unseren Finger in das Schälchen mit Öl, zeichnen ein kleines Kreuz in die Hand unserer Nachbarin und sprechen dabei:
»N., meine Schwester, Gott segne dich auf deinem Weg.«

Entwurf: Elfriede Hirsch, Biberach, und
Annette Schleinzer, Röderhof

Frauen und Geld

Anlaß: Frauenliturgie, vorbereitet von einem Team von fünf Frauen als Meditations-Wortgottesdienst für Frauen, gefeiert am 20. Februar 1994 in Herrenberg.
Zur Vorbereitung: In die Mitte werden vorher gelegt bzw. gestellt: Blumen - Buch - Geld - Lebensmittel - Bibel - Adreßbuch mit Telefon - Kerzen. Recorder und Cassetten mit Meditationsmusik, Schola von drei Frauen, die Lied EH 139 singen.

SCHRIFTTEXT

Lukas 15,8–10: Von der verlorenen Drachme

EINFÜHRUNG

Die Frauen werden gebeten, Geld in die Mitte zu legen.

Wir haben Sie eben gebeten, Ihr Scherflein beizutragen, und vielleicht haben Sie sich gewundert. Frauen und Geld als Thema eines Gottesdienstes, das ist befremdlich – einerseits. Andererseits ist Geld für viele Menschen ein wichtiges Thema: Wird es reichen? Werden wir damit auskommen? Woher kriegen wir noch welches? Haben wir auch auf Dauer genug davon?
Spare in der Zeit, dann hast du in der Not. Wer den Pfennig nicht ehrt, ...

Ist Geld ein Mittel zum Leben, ist Geld ein Mittel zum Herrschen? Wer zahlt, bestimmt! Gehören Sie vielleicht zu den Frauen, die sagen: Geld ist mir nicht wichtig:
a) weil Sie jede Menge davon haben;
b) weil Sie ein sehr geistlicher Mensch sind, den der schnöde Mammon nicht sonderlich interessiert;
c) weil Sie sowieso keine Chance sehen, je zu Geld zu kommen und deshalb gleich vorweg sagen, daß Sie's nicht brauchen. Sie erinnern sich: der Fuchs und die Trauben (sie hängen ihm zu

hoch, er kommt nicht dran und sagt deshalb, sie seien sowieso sauer).

Wir Frauen und das Geld. Welches Verhältnis haben wir dazu? Wir werden uns selber, so hoffe ich, durch unsere Überlegungen ein Stück besser kennenlernen.
Und das werden wir feiern.

GESTALTUNGSELEMENTE

Impulse zum Nachdenken

Du hast im Radio gehört, daß schwere Zeiten kommen. Du hast noch eine Woche Zeit, alles Nötige zu organisieren. Was tust du?
- Du machst alles zu Geld und kaufst dir einen Acker.
- Du verdienst noch schnell viel Geld oder treibst Schulden ein.
- Du kaufst dir ein Buch: »Wie überlebe ich in schweren Zeiten?«
- Du liest in der Bibel.
- Du deckst dich mit Lebensmitteln ein.
- Du rufst alle deine Freunde und Freundinnen an: »Melde dich, wenn du etwas brauchst.«

Für welche Möglichkeit entscheiden Sie sich spontan?
Für welche nach längerer Überlegung?
Welche Möglichkeiten fallen Ihnen sonst noch ein?

Mit Meditationsmusik Zeit zum Nachdenken lassen.

Austausch

Hinter der Frage nach dem Geld steht die Frage nach dem, was mir Sicherheit im Leben gibt.
Als Christinnen wissen wir: Gott ist uns Schild und Stab, Quelle und Oase, Gott allein ist letzter Halt. Das haben wir im Ohr, das haben wir im Kopf. Aber haben wir es auch im Herzen?

– *Stille* –

Jede von uns hat im Leben Erfahrungen gemacht mit Verlust, Angst und Sicherheit. Schon als Kind haben wir gelernt, Schlüsse zu ziehen: Was gibt mir Sicherheit – was bringt nichts?

Wie ist es Ihnen mit der Aufgabe gegangen? Wofür haben Sie sich spontan entschieden? Wofür nach längerer Überlegung?

Was ist Ihnen dabei vielleicht über sich selber aufgegangen?

Vielleicht ist es Ihnen schwergefallen, sich zu entscheiden. Es ist Ihnen klargeworden: »Zwei Seelen wohnen, ach, in meiner Brust!«

Sie sind eingeladen, Ihre inneren Diskussionen und Entdeckungen mitzuteilen.

Wenn die Äußerungen langsam sparsamer werden, mit leise einsetzender Meditationsmusik die Runde abschließen.

Lied

Vom Lied: »Jetzt ist die Zeit, jetzt ist die Stunde« (EH 139) singen alle den Kehrvers und gehen dazu im Kreis. Die Strophen 1/3/6/7/8 werden von der Schola gesungen. Die Teilnehmerinnen begleiten den Gesang mit frei improvisierten Gesten – jede, wie sie es empfindet.

GEBET

Gott, wir danken dir, daß du deine Sonne aufgehen läßt über Böse und Gute und daß du regnen läßt für Gerechte und Ungerechte. Wir danken dir, daß du uns das tägliche Brot gibst und die Kraft, einander zu helfen.

Laß uns nicht untergehen in den Sorgen für übermorgen. Laß uns nicht unsere Zuflucht suchen in der Sorge um unser Bankkonto. Bewahre uns vor der Versuchung, die Dinge dieser Welt nach ihrem Marktpreis zu taxieren. Gib uns die Gabe der Unterscheidung. Amen.

SEGEN

Gott sei das Dach, das uns beschützt,
der Ratgeber, der uns beisteht.
Gott segne uns.

Gott sei das Haus, das uns beschützt,
der Freund, der uns begleitet.
Gott segne uns.

Der Friede Gottes
erfülle und beschütze uns.
Gott segne uns. Amen.

Entwurf: Angelika Heer, Herrenberg

Heilige in unserem Leben

Anlaß: Frauenliturgie, vorbereitet von einem Team von fünf Frauen als Meditations-Wortgottesdienst für Frauen, gefeiert am 21. November 1993. Jede Frau faltet zu Beginn einen Stern und legt ihn in die Mitte. Dabei stellt sie sich vor und erzählt von sich. Zur Vorbereitung: Für jede Teilnehmerin Papier, das sie zu einem Stern falten kann. Ebenso für jede ein Teelicht. – Große weiße Kerze (Danktanz) und große lila Kerze (Fürbitten).

SCHRIFTTEXT

Kolosserbrief 3,12–14: Ihr seid von Gott geliebt

EINFÜHRUNG

Wir wollen uns dem Thema unseres Gottesdienstes annähern, indem wir die Bibel befragen.
- Wer sind Heilige?
- Was macht ihre Heiligkeit aus – wie wirken Heilige?
- Woher kommt Heiligkeit?

Und dann können wir fragen: Habe ich das Wirken von Heiligen in meinem Leben schon erfahren?

Auf die Frage »Wer sind Heilige?« gibt es eine überraschende Antwort: Im Kolosserbrief heißt es: »Ihr seid von Gott geliebt, seid seine auserwählten Heiligen.« Paulus schreibt dies an die Gemeinde in Kolossä, und wir können diese Zusage auch für uns hören: »Ihr seid von Gott geliebt, seid seine auserwählten Heiligen.«
Jede von uns ist eine auserwählte Heilige, weil von Gott geliebt. Das ist das erste. Die Liebe Gottes macht uns zu der, die wir sind. Darauf gilt es eine Antwort zu geben.
Paulus sagt weiter (Kol 3,12b–14): »Darum bekleidet euch mit aufrichtigem Erbarmen, mit Güte, Demut, Milde, Geduld. Ertragt

euch gegenseitig und vergebt einander, wenn einer dem andern etwas vorzuwerfen hat. Wie der Herr euch vergeben hat, so vergebt auch ihr! Vor allem aber liebt einander, denn die Liebe ist das Band, das alles zusammenhält und vollkommen macht.«

Die Liebe und alle ihre Ausformungen in Güte, Milde, Vergebung, Geduld ist aber die angemessene Antwort auf die Liebe Gottes. Beides zusammen, die Liebe Gottes und unsere Liebe, machen uns zu Heiligen.

Paulus bringt noch einen weiteren Aspekt ein: »Dankt dem Vater mit Freude! Er hat euch fähig gemacht, Anteil zu haben am Los der Heiligen, die im Lichte sind« (Kol 1,12).
In der Liebe Gottes haben wir auch Gemeinschaft mit den Heiligen in der Vollendung. Wir sind Geschwister – die einen schon am Ziel, aber doch noch mit uns solidarisch, die wir noch auf dem Weg sind.

Die Liebe mit all ihren Ausformungen ist aber das Ferment der Heiligkeit, und da wird dann deutlich, was Heiligkeit bewirkt: Sie ist heilend, heilsam.

Wenn wir nach Heiligen in unserm Leben fragen, sollten wir nach Menschen fragen – lebenden oder verstorbenen – die für uns heilsam sind oder waren.

Wir fragen nach Heiligen in unserem Leben, um uns in unserer Berufung als Heilige zu bestärken, auch um von ihrer Liebe zu lernen. Aber wir fragen auch nach den heilsamen Spuren in unserem Leben, um in uns Dank und Freude anzufachen.
So wollen wir heute ein Fest des Dankes und der Freude feiern, der Freude über unsere Berufung, über alle Heiligen in unserem Leben und über den Heiligen, der die heilige Quelle ist.

GESTALTUNGSELEMENTE

Phantasiereise

Bequeme, entspannte Haltung. Sitzen oder Liegen.

- Geht aus dem Haus, aus dem Ort heraus. Da ist ein Wiesenweg. Geh diesen Weg.

- Er führt dich auf einen Fluß zu. Du riechst schon das Wasser. Jetzt bist du am Fluß. Du schaust auf das Wasser. Es fließt ruhig dahin.
- Wende dich flußaufwärts und geht am Fluß entlang, der Quelle zu.
- Wenn du jetzt aufschaust, kannst vor dir einen Garten erkennen. Du siehst das saftige Grün der hohen Bäume und die leuchtenden Farben der Blumen.
- Du gehst auf den Garten zu und siehst: Zwei Nußbäume bilden ein Tor. Du gehst in den Garten hinein. Es empfängt dich eine Atmosphäre der Stille und des Friedens.
- Der Weg führt eine kleine Anhöhe hinauf. Oben angekommen schaust du hinunter auf eine Wiese, die in einer Mulde liegt. Dort siehst du die Menschen bei einer Quelle zusammen. Du kennst sie. Es sind Menschen, die du in deinem Leben als wohltuend und heilsam empfunden hast. Wen siehst du?
- Du gehst die paar Schritte hinunter auf eine Person zu. Auf wen?
- Ihr begrüßt euch herzlich. Schaut euch an. Du spürst die Nähe. In dir wird wach, was diese Person dir Gutes getan hat.
- Du sagst es ihr. »Du bist für mich wie ...«
- Sie antwortet dir.
- Nun mußt du wieder gehen. Ihr geht zusammen den Hügel hinauf, durch die Allee auf das Tor zu.
- Hier verabschiedet ihr euch.
- Zum Abschied gibt sie dir ein Geschenk. Was?
- Du gehst durch das Tor hinaus, schaust noch einmal zurück und winkst. Dann gehst du am Fluß entlang, immer der Strömung folgend. Da ist auch schon der Wiesenweg. Du schaust nochmals dem fließenden Wasser nach, dann wendest du dich um und gehst über die Wiese in den Ort hinein. Du betrittst das Haus und kommst hier auf deinen Platz zurück.

(Hier Lichter austeilen).

Du öffnest die Augen und schaust dich um.

- Wir wollen jetzt ein Licht anzünden. Es materialisiert alles, was jetzt in Ihnen lebendig geworden ist an Freude, Dank, Staunen, Verpflichtung. Wir wollen es in die Mitte stellen und im Tanz feiern.

Tanz

Lied: »Gloria« (EH 12 oder 14)

Als Dank stellen wir in die Mitte eine große weiße Kerze. Zum Gloria von Taizé machen wir mit den Teelichtern – jede wie es ihr ums Herz ist – ein paar Tanzschritte.

FÜRBITTEN

Um unsere Fürbitten vorzubringen, stellen wir zunächst eine große lila Kerze in die Mitte. Als Fürbitte nennt jede von uns die Namen derer, denen sie Heil wünscht. Danach stellt sie ihr Teelicht in die Mitte zur Kerze.

Danach fassen sich alle an den Händen und singen.

»Laudate omnes gentes (EH 68)

GEBET

Herr, lehre mich, dich zu lieben. Lehre mich, an dir mich festzuhalten. Zeig mir, was wichtig ist für mich und mein Leben mit dir. Und wenn ich dann vieles, was zu wissen und glaubend mitzuvollziehen wichtig ist, vergesse, übersehe? Dann ist es mir tröstlich, zu wissen, daß mich die Gemeinschaft der anderen trägt. Der Glaube der Vielen fängt mich auf. Und wir alle zusammen sind nicht imstande, dich ganz zu begreifen.

(Eleonore Beck/Gabriele Miller)

SEGEN

Lied: »Segen der heiligen Klara« (siehe S. 265)

Entwurf: Angelika Heer, Herrenberg

Vinzenz von Paul

Anlaß: Gottesdienst der Frauen vom Besuchsdienst in Warthausen am Fest des heiligen Vinzenz von Paul, am 25. September 1992.

SCHRIFTTEXT

Matthäus 9,35–38: Von der Größe der Ernte

EINFÜHRUNG

Der heilige Vinzenz lebte von 1581–1660 in Frankreich. Diese Zeit war geprägt von Hunger und Seuchen, von Krieg und sozialen Mißständen.
Als Sohn einer Bauersfamilie strebte er die kirchliche Laufbahn an, um so aus der Armut seines Standes herauszukommen. Nach halbfertigem Studium läßt er sich zum Priester weihen, um möglichst bald sein Ziel zu erreichen, zu einer guten Karriere und einer reichen Pfarrei zu kommen.
Doch Gott führte ihn einen anderen Weg. In einer tiefen Glaubenskrise lernt er eigene und fremde Not kennen und erfährt selbst Hilfe und Befreiung vom Zweifel am Sinn seiner Existenz, wenn er sich den anderen zuwendet.
Er beschließt, sein ganzes Leben in den Dienst der Armen zu stellen. Die Adressaten seiner Liebe sind Kranke, Arme und Kinder. Allen wendet er sich zu, gemäß dem Wort unseres Herrn Jesus Christus: »Was ihr für einen meiner geringsten Brüder getan habt, das habt ihr mir getan.«
Vinzenz wird unwahrscheinlich erfinderisch in seinen Hilfsaktionen, in die er Arme und Reiche, Priester und Laien, Adelige und die Landbevölkerung einbezieht, um materielle, körperliche und geistige Not zu lindern. Seine kleine Regel lautet: »Was würde unser Herr Jesus Christus hier und heute tun?« So versteht er aus einem Leben mit Jesus Christus Antwort zu geben in den

vielfältigen Situationen und Begegnungen seines Alltags. Er will uns sagen: »Lies das Wort Gottes in der Bibel, höre und handle danach.«

GESTALTUNGSELEMENTE

Bußakt

Vinzenz von Paul hat keine Lehräußerungen hinterlassen, dafür aber eine Fülle von Anleitungen für den Dienst der Liebe. Diese kreisen um ein gemeinsames Thema: die Liebe zu Jesus Christus.

Herr Jesus Christus: Du erwartest keine großen Taten von uns, sondern willst nur, daß wir mit dem Herzen sehen und hören. Wie oft stellen wir uns blind und taub, um in unserem eingefahrenen Alltag nicht gestört zu werden.
Herr, erbarme dich.

Herr Jesus Christus: Vinzenz von Paul hat uns gelehrt, aus dem Gebet Kraft zu schöpfen, um den Menschen in der rechten Weise beizustehen und zu helfen.
Wie oft erkennen wir, daß wir unsere Aktivitäten höher einschätzen als Gebet und Zuflucht zu dir.
Christus, erbarme dich.

Herr Jesus Christus: Es ist schwer für uns Frauen, Maria und Marta in einer Person zu vereinigen.
Wie oft verlieren wir uns in Geschäftigkeit. Das zeitweise Verlieren an dich wäre Erleuchtung und Kraft für unsere Seele.
Herr, erbarme dich.

Herr Jesus Christus, du bist die Quelle alles Guten. An wen soll ich mich wenden, um selbst gut zu sein, wenn nicht an dich? Laß mich teilhaben an deinem Gut-Sein, und schenk diese Gnade allen, die sich zu dir bekennen. Amen.

Besinnung nach dem Evangelium

In der Begegnung mit Menschen ist es manchmal so, daß man wie im Kreis geht. Einer versucht den Kontakt und geht eine Weile mit dem anderen. Oft nach Jahren der Bemühung erst,

stellt er fest, daß er sich im Kreis gedreht hat, daß sich keine Spirale gebildet hat. Es war umsonst.
Auch Christen haben nicht die Garantie äußerer Bewahrung. Aber wir haben die feste Zuversicht, daß alles gut wird, auch in zerrissenen Lebenszusammenhängen, wenn wir Gott vertrauen.
Den Heiligen fällt nicht alles selbst zu, sie müssen sich ebenso mühen wie wir.
Wie der Geist lebendig macht, so macht Geistlosigkeit betriebsam. Nur das eine weiß ich vom morgigen Tag: die Vorsehung wird sich vor der Sonne erheben.

Meditation

Will ich wirklich lieben,
muß ich mich kümmern:
aufmerksam, einfühlsam, erfinderisch
zuerst um die Menschen ganz in meiner Nähe,
die meiner Sorge anvertraut sind:
mit denen ich unter einem Dach wohne,
mit denen ich jeden Tag zusammenarbeite,
mit denen ich unterwegs bin,
mit denen ich lache und spiele.

Sich um einen Menschen kümmern
bindet mich und reißt mich aus meiner Enge heraus.
Es ist bitter nötig, um nicht verrückt zu werden
im ewigen Kreis um mich selbst.
Ich darf diese Sorge nicht abschieben,
auch dann nicht, wenn meine Ruhe,
meine friedliche Behaglichkeit dadurch gestört wird.

Vielleicht ist es sogar gut,
daß ich aufgestört werde,
daß meine Zuwendung zu anderen
manchmal schmerzt und schwerfällt
und daß ich auch einmal die Last von Sorgen trage,
über die mit keinem gesprochen werden kann.

Sich selbst kümmern ist die Frucht
von wahrhaftiger Liebe.
Es kann weh tun, aber zuletzt bringt es

die beste aller Gaben mit sich.
Es bringt Leben, es bringt Farbe in mein Dasein
und in seltenen Augenblicken
ein unermeßliches Gefühl tiefer Dankbarkeit
als Vorgeschmack vom ungeahnten Paradies.

FÜRBITTEN

Gütiger Vater, du hast denen, die sich für die Armen und Notleidenden einsetzen im heiligen Vinzenz von Paul ein Vorbild und einen Fürsprecher gegeben.
Wir bitten dich:

- Für die Priester, Missionare und Schwestern: daß sie nicht müde werden, dein Evangelium zu verkünden.
  (Christus, höre uns. – Christus, erhöre uns.)
- Für alle, welche körperlich oder seelisch Kranke pflegen: daß sie durch Güte und Geduld zu ihrer Heilung beitragen.
  (Christus, höre uns. – Christus, erhöre uns.)
- Für die uns anvertrauten Menschen: Gib, daß wir einander im Glauben stärken und einer des anderen Last trägt.
  (Christus, höre uns. – Christus, erhöre uns.)
- Für unseren Besuchsdienst: Hilf, daß wir untereinander eines Sinnes sind und daß wir mit allen Menschen Frieden halten.
  (Christus, höre uns. – Christus erhöre uns.)
- Wir bitten für unsere verstorbenen Frauen vom Besuchsdienst: Schenke ihnen die ewige Freude.
  (Christus, höre uns. – Christus, erhöre uns.)

Herr, leite uns in deinem Geist, damit wir nach dem Vorbild des heiligen Vinzenz unser Leben in deinen Dienst stellen. Amen.

GEBET

Menschenfreundlicher Gott!
Dein Wohlwollen umfängt uns.
Du hörst unsere Worte,
noch ehe sie über unsere Lippen kommen.

Du kennst unsere Gedanken,
selbst jene, die wir für uns behalten.
Du spürst unsere Not
und teilst unsere Freude.

Du hast uns Augen gegeben,
um auch verhaltenes Leid zu sehen,
Ohren, die auf die Stimme des Herzens
zu lauschen vermögen,
und einen Verstand,
um die Zeichen der Zeit zu verstehen.

Wir bitten dich:
Laß uns den Mitmenschen
hellhörig und feinfühlend begegnen;
bewahre uns davor,
stumpf oder stur durch unsere Tage zu jagen;
mache uns aufmerksam aufeinander
und auf das,
was du uns jeden Tag
geben und sagen willst.

Laß uns durch unsere Güte
zu Zeugen deiner Menschenfreundlichkeit werden. Amen.

SEGEN

Es segne uns der mächtige und gütige Gott, der seine Hand schützend über uns hält.
Es begleite uns der menschenfreundliche Gott, der unser Leben und Schicksal geteilt hat.
Es leite uns der Stärke gebende Gott, der uns zum Guten anregt.
Darum bitten wir im Namen eben dieses Gottes, des Vaters und des Sohnes und des Heiligen Geistes. Amen.

Entwurf: Elisabeth Schilling, Warthausen

Aus besonderem Anlaß

Unsere Klage wandle in Freude

Anlaß: Beim Diözesantag Rottenburg-Stuttgart vom 1. bis 5. Oktober 1995 war für den 2. Oktober ein Abendgottesdienst vorgesehen, von Frauen vorbereitet und durchgeführt. Dieser Gottesdienst ist hier unverändert abgedruckt, obwohl er in dieser Form wohl nicht ohne weiteres übertragbar ist. Einzelne Teile, Elemente daraus können wohl aber als Anregung für die Gestaltung anderer Gottesdienste dienen.
Die Vorbereitungsgruppe hatte den Auftrag, Ergebnisse (negative und positive) aus den Arbeitsgruppen in den Gottesdienst einzuplanen. Beim Vorgespräch mit den Gruppenleitern wurde abgesprochen, daß jeweils nur 1 oder 2 Sätze (schriftlich fixiert) aus jeder Gruppe vorgebracht werden. – Keine Hektik aufkommen lassen, weder bei der Versöhnungsgeste noch bei den Fürbitten!
Zur Vorbereitung: Der Gottesdienst fand in der Festhalle statt. Auf der Bühne war ein großer von einer Künstlerin gestalteter Teppich ausgebreitet Ein großes Holzkreuz war aufgestellt, daneben ein schönes Blumenarrangement, dazu ein Tisch für die Weihrauchschale. Links: Schola, Musikerinnen (Flöte, Fagott – Mikrophon), rechts gegenüber: drei Sprecherinnen und Gottesdienstleiterin (Mikrophon). Vorne ein Ambo. Die Tanzmeisterin mit fünf Tänzerinnen war schon vor Beginn des Gottesdienstes unter den Teppich gekrochen.

Alle sitzen im Saal – Flötenspielerin kommt vom hinteren Eingang, geht auf der linken Seite vor, vorne quer durch den Saal, rechts wieder zurück und dann durch den Mittelgang vor (stellt sich zur Schola). 2. Sprecherin zündet Kerze an.

BEGRÜSSUNG *(Gottesdienstleiterin)*

Liebe Brüder und Schwestern. Nun ist also der erste Tag unseres lang erwarteten Diözesantages vorüber. Wir sind hier zusammengekommen, um über unsere Erfahrungen nachzudenken,

um sie gemeinsam vor Gott zu tragen. Was die einzelnen von euch bewegt, ist wohl von sehr unterschiedlicher Prägung – es war ein anstrengender Tag, aufregend vielleicht, ärgerlich oder auch langweilig für manch einen, der sonst gewohnt ist, zu arbeiten und das Ergebnis gleich auf den Tisch zu bringen.
Vielleicht war auch manches, was geredet wurde, recht frustrierend, es hat nur einige interessiert.
Vielleicht war für andere das Ergebnis umwerfend, und sie müssen jetzt ihre Eindrücke zuerst sortieren.
Das alles wollen wir in diesem Abend-Gottesdienst zusammentragen, vor Gott bringen und sein uns Nahe-Sein für die nächsten Tage erbitten.

Lied: »Suchen und fragen« (EH 152)

Längeres Vorspiel auf Flöte und Fagott, damit Zeit ist, über das Gesagte nachzudenken. Längeres Einspiel des Liedes. Schola setzt kräftig ein.

I. KLAGE – ANKLAGE – VERSÖHNUNG

Einführung *(1. Sprecherin)*

Wir haben in verschiedenen Gruppen gearbeitet, haben unsere Erfahrungen und Meinungen ausgetauscht. Nicht alles war erfreulich. Manches hat uns enttäuscht – manches hat uns verletzt – manches hat einzelne getroffen – manches hat einzelne unzufrieden gemacht. Wir wollen diese Eindrücke und Erfahrungen nicht unter den Teppich kehren. Wir wollen uns Luft machen, voreinander und vor Gott.

Gruppen

Etwa sechs bis acht Äußerungen; vorher mit den Moderatoren absprechen; weiteren spontanen Äußerungen nicht im Weg stehen ...

Zum Beispiel: Wir sind schlecht vorangekommen, haben uns in unseren Gesprächen gegenseitig blockiert, haben mehr von uns als von unserem Glauben geredet ...

Lied

Schola singt vor – alle wiederholen; wird nach jeder Gruppenäußerung gesungen.

»Herr, erbarme dich« (EH 5)

Symbolhandlung und Versöhnungsgeste *(2. Sprecherin)*

Die Tanzgruppe unter dem Teppich bewegt sich jetzt langsam, um unter dem Teppich vorzukommen, langsame Bewegungen, langsame Befreiung. Während dessen wird der folgende Text gelesen. Am Ende Versöhnungsgesten. Die Befreiten gehen in den Saal, geben Gesten der Zuwendung im Saal weiter und damit Hilfe und Signal zur Versöhnungsgeste. Einige Frauen vorher informieren, damit sie gleich aufstehen und die Versöhnungsgeste ebenfalls weitergeben.

... der Teppich, unter den wir alles kehren
alles verschwinden lassen
er liegt auch über uns
er lastet schwer
drückt nieder
läßt uns nicht atmen
hält uns am Boden
macht uns aggressiv.

Wie kommen wir los
aus dem Netz der Ängste
der Verstrickung
der Isolierung?

Wer hilft uns heraus aus dem Gefängnis
läßt uns atmen in freier Luft?
Wer hilft uns, den andern zu sehen
gibt uns Mut, auf ihn zuzugehen
die Hand auszustrecken?

Nicht aufzurechnen
verstehen zu lernen?

Nicht aufrechnen ...
verstehen lernen ...

Wer gibt uns Geduld
dem anderen zuzuhören?

Geduld ...

Wie kriegt unsere Rede von der Umkehr
Hand und Fuß?

– Pause –

Neu anfangen
neu Mut fassen
aufeinander zugehen
weitergehen in Zuversicht
einander helfen, die Lasten zu tragen
einander die Hände reichen
uns nahe sein
uns umarmen
mit offenem Herzen.

Zur Versöhnungsgeste

Lied: »Dona nobis pacem« von W. A. Mozart (siehe S. 266)

Instrumente spielen ein (mehrmals). Schola setzt ein, erst den Kanon summend, dann singend, bis die Versöhnungsgeste abgeschlossen.

Evangelium *(Gottesdienstleiterin)*

Wir hören einen Text aus dem Matthäusevangelium (18,21–22).

– Stille –

Gottesdienstleiterin wiederholt:

»Nicht siebenmal, sondern siebenundsiebzigmal«.

– Stille –

Lied

Als Kanon von allen. Instrumente begleiten; Schola verteilt sich auf die vier Stimmen.

»Herr, erwecke deine Kirche« (EH 96)

Wechselgebet *(3. und 1. Sprecherin)*

3. Sprecherin: Du unser Gott,
du hast uns zusammengerufen,
um deine Kirche zu sein.
Wir rufen zu dir
aus der Kraft deines Geistes,
daß wir, von ihm getrieben,
den Weg gehen,
den du uns führst.
Komm, Heiliger Geist, und öffne unsere Herzen.
Alle: Komm, Heiliger Geist, und öffne unsere Herzen.

1. Sprecherin: Du bist die Luft, die wir atmen;
der Raum, der uns geschenkt ist;
das Ziel, nach dem wir Ausschau halten.
Komm, Heiliger Geist, und öffne unsere Herzen.
Alle: Komm, Heiliger Geist, und öffne unsere Herzen.

3. Sprecherin: Du bist die zärtliche Liebe,
mit der wir erschaffen wurden.
Du bist das freundliche Licht,
das uns zueinander führt.
Komm, Heiliger Geist, und öffne unsere Herzen.
Alle: Komm, Heiliger Geist, und öffne unsere Herzen.

1. Sprecherin: Wir bitten dich, lebenschaffender Geist,
entzünde in uns die Freude
an Frieden und Versöhnung.
Lenke unsere Schritte zum Guten.
Laß uns ausharren und hoffen,
wie es die Liebe tut.
Komm, Heiliger Geist, und öffne unsere Herzen.
Alle: Komm, Heiliger Geist, und öffne unsere Herzen.

3. Sprecherin: Wir bitten dich, du Geist der Stärke,
festige uns in Vertrauen und Glauben,
auf daß wir ausharren in ihm,
den wir niemals gesehen haben,
auf den wir aber unsere Zuversicht setzen.
Mach uns zum Feuer deines Mundes,

zum Licht deines Lichtes.
Komm, Heiliger Geist, und öffne unsere Herzen.

Alle: Komm, Heiliger Geist, und öffne unsere Herzen.

II. BITTE UND FÜRBITTE

Flötenspiel mit zwei Flöten

Unter dem Kreuz und bei der Weihrauchschale liegt eine Flöte bereit. Flötenspielerin fängt mit der einen an, leise und einfühlsam zu spielen – legt Flöte ab – geht auf die andere Seite, nimmt Flöte auf, pfeift ziemlich dreist drauf los – legt wieder ab – geht zur leisen Flöte usw. – bis die leise Flöte schließlich erstirbt und die laute drauf los pfeift.

– Stille –

Fürbitten *(Gottesdienstleiterin, Sprecherinnen und Schola)*

Die 2. Sprecherin trägt eine Schale mit glühender Holzkohle auf den bereit stehenden Tisch; dabei ist vollkommene Stille.

Gottesdienstleiterin: Lasset uns beten für diese Welt, in der die Starken und Lauten den Ton angeben – für diese Welt, die seufzt und stöhnt nach Erlösung. Lasset uns beten auch für uns als Gemeinschaft der Glaubenden, daß wir hellhörig werden für die leisen Stimmen, die sich schwer tun, sich Gehör zu verschaffen. Darum wollen wir bitten.

2. Sprecherin wirft ein Weihrauchkorn in die Schale.
Schola singt dazu:

Unser Gebet steige empor wie Weihrauch vor dein Angesicht.

– Stille –

1. Sprecherin: Für die Stillen im Land: für Kinder, für Alte, für Schüchterne, für Einsame, für Behinderte, für Kranke. Öffne unsere harten Herzen und laß diese Menschen Fürsprecher finden.

Alle: Wir bitten dich, erhöre uns.

2. Sprecherin wirft ein Weihrauchkorn in die Schale.
Schola singt dazu:

Unser Gebet steige empor wie Weihrauch vor dein Angesicht.

– Stille –

3. Sprecherin: Für Menschen, die in Entbehrung und Armut leben, die – von der Grausamkeit der Welt schokkiert – sich zurückziehen. Schicke ihnen Boten des Trostes.
Alle: Wir bitten dich, erhöre uns.

2. Sprecherin wirft ein Weihrauchkorn in die Schale.
Schola singt dazu:

Unser Gebet steige empor wie Weihrauch vor dein Angesicht.

– Stille –

1. Sprecherin: Für alle, die zu Außenseitern gemacht sind bei uns in einer satten Gesellschaft, die keinen haben, der für sie einsteht. Laß sie Menschen finden, die ihnen zu ihrem Recht verhelfen.
Alle: Wir bitten dich, erhöre uns.

2. Sprecherin wirft ein Weihrauchkorn in die Schale.
Schola singt dazu:

Unser Gebet steige empor wie Weihrauch vor dein Angesicht.

– Stille –

3. Sprecherin: Für Frauen, die nicht wissen, wie sie ihre Kinder satt kriegen sollen, die in Mülltonnen nach Brot suchen, die sich verkaufen müssen, um überleben zu können.
Alle: Wir bitten dich, erhöre uns.

2. Sprecherin wirft ein Weihrauchkorn in die Schale.
Schola singt dazu:

Unser Gebet steige empor wie Weihrauch vor dein Angesicht.

– Stille –

1. Sprecherin: Für Frauen, die den Mut verlieren, sich in Gesellschaft und Kirche zu engagieren, die nicht länger sich mit schönen Worten zufrieden geben. Rufe Prophetinnen und Propheten auf, die ihre Stimme für sie erheben.

Alle: Wir bitten dich, erhöre uns.

2. Sprecherin wirft ein Weihrauchkorn in die Schale.
Schola singt dazu:

Unser Gebet steige empor wie Weihrauch vor dein Angesicht.

– Stille –

3. Sprecherin: Für die Vereinsamten in unseren Gemeinden, für alle, denen keiner zuhört, für jene, die keine Freunde finden und sich verraten fühlen. Laß Menschen auf sie aufmerksam werden.

Alle: Wir bitten dich, erhöre uns.

2. Sprecherin wirft ein Weihrauchkorn in die Schale.
Schola singt dazu:

Unser Gebet steige empor wie Weihrauch vor dein Angesicht.

– Stille –

1. Sprecherin: Für Menschen, die ins Ungewisse gehen müssen, die nicht wissen, wohin ihr Weg geht. Schenke ihnen Glauben wie Abraham, der auf dein Wort hin auszog, ohne zu wissen, was ihn erwartet.

Alle: Wir bitten dich, erhöre uns.

2. Sprecherin wirft ein Weihrauchkorn in die Schale.
Schola singt dazu:

Unser Gebet steige empor wie Weihrauch vor dein Angesicht.

– Stille –

1. Sprecherin: Für uns alle, damit wir den Weg des Glaubens gehen. Mach uns arm im Geist und offen für dich, damit wir die Zeichen deiner Gegenwart erkennen und verstehen.

Alle: Wir bitten dich, erhöre uns.

2. Sprecherin wirft ein Weihrauchkorn in die Schale. Schola singt dazu:

Unser Gebet steige empor wie Weihrauch vor dein Angesicht.

– Stille –

Gottesdienstleiterin: Du Vater aller Armen. Laß uns gesinnt sein wie Jesus Christus. Er hat uns gezeigt, was Liebe ist. Er hat uns ein Beispiel gegeben, damit wir heruntersteigen von unserem hohen Roß. Laß uns nicht mit allen zehn Fingern unseren Einfluß und unsere Bedeutsamkeit und unsere Macht festhalten, sondern schenke uns wahre Großmut. Laß uns nicht bei den Großrednern sein, sondern gib uns das rechte Wort zur rechten Zeit. Darum bitten wir dich durch unseren Bruder und Herrn, auf daß er uns mit seinem Geist leite und begleite. Amen.

Weihrauchschale bleibt stehen, 2. Sprecherin wirft am Ende der Fürbitten die restlichen Körner ein.

Lied

Anspiel mit der Flöte; Schola setzt kräftig ein.

»Ich lobe meinen Gott« (EH 16)

III. FREUDE UND MUT UND HOFFNUNG

Sprechimpulse *(Gottesdienstleiterin)*

Die Gespräche in den Gruppen heute ließen uns manches klarer sehen, neue Anregungen wurden ausgesprochen. Vielleicht sind Worte und Sätze gefallen, die uns aufhorchen ließen, an denen wir gerne weiterdenken und weiterarbeiten möchten. Ideen und Impulse, die guttun – Lichtblicke, die Hoffnungen durchscheinen lassen – verborgene Quellen, aus denen man schöpfen kann.

Gruppen

Etwa sechs bis acht Äußerungen, vorher mit Moderatoren absprechen, wie oben.

Zum Beispiel: Uns ist in unserer Arbeitsgruppe aufgegangen, wie verschieden die Glaubenswege der einzelnen Christen sind, wie anregend es ist, vom Glauben anderer zu erfahren. – Dafür wollen wir Gott danken ...

Alle singen: »Jubilate Deo« (mit Schola-Echo)

Melodie von EH 107, nur erstes Wort wird nach jeder Gruppenäußerung gesungen.

Lied

Anspiel mit Instrument; Schola setzt kräftig ein.

»Jubilate« (EH 107)

Tanz

Lied wird mit Gebärden gestaltet. Tanzmeisterin leitet an.

Vaterunser *(Gottesdienstleiterin)*

Als Kinder des einen Vaters – als Schwestern und Brüder Jesu Christi, als vom Heiligen Geist Geführte, wollen wir eine Kette der Freundschaft und Geschwisterlichkeit bilden. Wir fassen uns an den Händen und beten gemeinsam das Gebet, das unser Herr seine Jünger gelehrt hat:

Vater unser ...

Schlußgebet

Gottesdienstleiterin: Du unser Gott, du bist uns wie eine liebende Mutter und ein schützender Vater. Wir danken dir.

1. Sprecherin: Wir haben gemeinsam unseren heutigen Tag vor deinem Angesicht an uns vorüberziehen lassen. Wir haben ausgesprochen, was uns bedrückt und was uns freut. Wir danken dir. Wir danken dir für unsere Gemeinschaft. Wir danken dir für deine Nähe, heute und morgen, so wie wir gestern und alle Tage aus deiner Gnade gelebt haben.

2. Sprecherin: Wir bitten dich, sei bei uns. Halte uns fest im Vertrauen auf dich, auf dein uns Nahe-Sein, auch wenn nach diesen Tagen der Besinnung und des Festes der Alltag uns wieder einholt. Ohne dich gibt es keine Zukunft. Gib, daß uns nichts von dir trennt. Darum bitten wir dich für uns, für unsere ganze Diözese, für deine Kirche und für die ganze Welt. Amen.

Segensbitte *(Gottesdienstleiterin)*

Der Herr segne uns und behüte uns auf unseren Wegen, den hellen und denen, die durchs Todesschattental uns führen.
Der Herr lasse sein Angesicht über uns leuchten, sein strahlendes Angesicht, wenn wir Gefahr laufen, uns von ihm abzuwenden.
Der Herr erhebe sein Angesicht über uns und unsere ganze Kirche und gebe unserer geschundenen Welt seinen Frieden.
Darum bitten wir. Im Namen des Vaters und des Sohnes und des Heiligen Geistes. Amen.

Schlußlied

Anspiel mit der Flöte: Schola/Alle im Wechsel.

»Singt dem Herrn, alle Völker und Rassen« (EH 104)

Erinnerungszeichen

1. Sprecherin: Als Erinnerung an unsern Abendgottesdienst, als Zeichen unserer schwesterlichen und brüderlichen Gemeinschaft, als Signal der Verbundenheit mit den Frauen in der weiten Welt haben wir für euch alle Freundschaftsbändchen mitgebracht, gewoben von Frauen in Guatemala.

2. Sprecherin: Ein Freundschaftsbändchen kann man sich nicht ohne Hilfe an den Arm binden. Wir brauchen einander. Nicht nur: »Einer trage des andern Last«, sondern »Einer knüpfe dem andern das Freundschaftsband« – mit dieser Symbolhandlung wollen wir über unseren Gottesdienst hinausweisen.

3. Sprecherin bindet dem Bischof das Freundschaftsbändchen um.

Kollekte *(Gottesdienstleiterin)*

Hinausweisen über unseren engen Horizont wollen wir auch mit unserer Kollekte. Die Kollektenkörbchen sind aufgestellt – wie könnte es anders sein – für Frauengruppen in Guatemala.

Gottesdienstleiterin und alle drei Sprecherinnen – zusammen mit der Schola – teilen die Freundschaftsbändchen aus.

Entwurf: Gabriele Miller, Rottenburg, zusammen mit Waltraud Boelte, Maichingen; Margret Schäfer-Krebs, Rottenburg; Ursula Utz, Schwäbisch Hall.
Musikalische Leitung: Lucia Rottenecker, Stuttgart;
Tanzmeisterin: Uta Maria Köninger, Stuttgart.

Christus ist unsere Hoffnung

Anlaß: Der Morgengottesdienst wurde entworfen als Beitrag für die Generalversammlung der Weltunion Katholischer Frauenorganisationen (WUCWO, gegründet 1910), die in Canberra (Australien) vom 3. bis 11. Februar 1996 tagte. Dort wurde der Gottesdienst am 10. Februar gefeiert. Die Texte wurden in Canberra in deutscher Sprache gesprochen und gebetet, die Antworten wechselweise in englisch, französisch, spanisch. Das Vaterunser wurde in lateinischer Sprache gebetet. – Im folgenden Entwurf sind einige der Lieder ersetzt. Im Canberra-Text waren folgende Lieder vorgesehen: Zu Beginn: »Gehet nicht auf in den Sorgen dieser Welt« (in englischer und französischer Sprache). Vor dem Evangelium: »Let us hear« (Hören wir) aus dem Gebet- und Liederbuch der Ökumenischen Versammlung in Basel. Am Schluß: »Bewahre uns Gott«.
Zur Vorbereitung: Der Gottesdienstleiterin stehen zur Seite eine Lektorin und zwei Sprecherinnen. Vor dem Altar steht ein siebenarmiger Leuchter (falls nicht vorhanden, stehen auf dem Altar sieben Kerzen). Die Kerzen werden bei der Weglitanei von den beiden Sprecherinnen in folgender Reihenfolge angezündet: 1/3/5/7/6/4/2. – Recorder, Cassette mit meditativer Musik.

EINFÜHRUNG *(Gottesdienstleiterin)*

Liebe Schwestern. Unser Morgengebet steht unter dem Thema: Christus ist unsere Hoffnung. Laßt uns unser Gebet beginnen: Im Namen des Vaters und des Sohnes und des Heiligen Geistes.
Alle: Amen.

Lied: »Herr, erwecke deine Kirche« (EH 96)

Erste Sprecherin:
Leg nicht die Hände in den Schoß.
Du wirst für deine Seele keine Ruhe finden,

wenn du seelenruhig zusiehst,
was um dich herum geschieht.

Leg nicht die Hände in den Schoß,
sie werden dort verkümmern.
Kraftlose und schlaffe Hände sind kein gutes Werkzeug,
um die Erde zu verändern.

Leg nicht die Hände in den Schoß.
Sie können Frieden schaffen,
wenn du sie daran gewöhnst,
zur rechten Zeit dort Hand anzulegen,
wo ihr Dienst gefordert ist.

Kurze meditative Musik

GEBET *(Gottesdienstleiterin)*

Der gute Gott, er komme uns mit seiner Kraft entgegen. Er rüttle uns auf, wenn wir träge sind. Er tröste uns, wenn wir verzweifeln wollen. Er vergebe uns unsere Nachlässigkeiten und unser Versagen. Er öffne uns Augen und Herzen für die Signale, die uns Hoffnung schenken. Amen.

Lied: »Gottes Wort ist wie Licht in der Nacht« (EH 22)

SCHRIFTLESUNG

Aus dem Evangelium nach Lukas (24,25–35)

Auf dem Weg nach Emmaus sprach Jesus zu den beiden Jüngern:
O ihr – zu unverständig und trägherzig,
um alles zu glauben, was die Propheten geredet!
Mußte nicht eben das der Messias leiden,
um in seine Herrlichkeit zu kommen?

Und angefangen von Mose und allen Propheten
erklärte er ihnen, was in allen Schriften über ihn steht.

Und so nahten sie sich dem Dorf, wohin sie wanderten.
Und da tat er, als wolle er noch weiter wandern.
Sie aber drängten ihn und sagten: Bleib mit uns!

Es geht ja gegen Abend, und schon geneigt hat sich der Tag.
Und er ging hinein, um mit ihnen zusammenzubleiben.

Und es geschah:
Als er sich mit ihnen zu Tisch gelagert,
nahm er das Brot und sprach die Preisung,
brach es und gab es ihnen.

Da wurden ihre Augen erschlossen,
und sie erkannten ihn.

Und er – hinweg schwand er ihnen.

Und sie sprachen zueinander: Brannte nicht unser Herz in uns,
als er auf dem Weg mit uns redete,
als er uns die Schriften erschloß?

Und auf standen sie – noch zur selben Stunde,
und kehrten nach Jerusalem zurück.
Und dort fanden sie die Elf und jene, die mit ihnen waren.
Die sagten:
Wirklich – auferweckt ward der Herr,
und er hat sich dem Simon sehen lassen!

Auch sie berichteten, was auf dem Weg geschehen,
und wie er ihnen beim Brechen des Brotes kenntlich geworden.

(Übersetzung: Fridolin Stier)

– kurze Stille –

MEDITATION ZUM SCHRIFTTEXT *(Zweite Sprecherin)*

Wo ist unser Emmaus?

Unser Emmaus liegt in unbekannter Entfernung
vom Unfalltod des geliebten Kindes;
am unbezifferten Kilometerstein,
nah oder weit hinter dem sicheren Krebsbefund:
irgendwo an der Wüstenstraße
zerbrochener oder versagter Liebe.

Viele, Herr, viele von uns sind unterwegs
im quälenden Rhythmus der Hoffnungslosigkeit,

Augen und Lippen brennend im Salz der Tränen,
in den Ohren das unabwendbare Urteil.
Viele, Herr, viele von uns sind unterwegs –
gelähmt – verstummt – erblindet – und taub geworden
für deine befreiende Nähe.

Weil du gelitten hast, Herr,
weil du das schreckliche Urteil gehört und angenommen,
weil du in Ängsten geschrien,
weil du verlassen von allen
das Grauen des Todes ertragen hast,
gehst du mit uns,
bis wir dich endlich erkennen und bitten:
Herr, bleibe bei uns!

(Christa Peikert-Flaspöhler)

Lied: »Wo zwei oder drei« (EH 87)

WECHSELGEBET *(Gottesdienstleiterin und Lektorin im Wechsel)*

G: Jesus, du Weggefährte deiner Jünger.
Alle: Geh mit uns.
L: Christus, du Anführer unserer Wege.
Alle: Geh uns voran.
G: Du verborgener Weggefährte.
Alle: Geh mit uns.
L: Du Anführer des Vertrauens.
Alle: Geh uns voran.
G: Du markanter Weggefährte.
Alle: Geh mit uns.
L: Du Anführer unseres Glaubens.
Alle: Geh uns voran.
G: Du geduldiger Weggefährte.
Alle: Geh mit uns.
L: Du Anführer unserer Zeugenschaft.
Alle: Geh uns voran.

– kurze Stille –

G: Wenn unser Glaube stirbt:
Alle: Geh mit uns. – *1. Kerze entzünden*

L: Auf dem Weg in die Freiheit:
Alle: Geh uns voran.
G: Wenn unsere Hoffnung stirbt:
Alle: Geh mit uns. – *2. Kerze entzünden*

L: Auf dem Weg durch die Ängste:
Alle: Geh uns voran.
G: Wenn unsere Liebe verstummt:
Alle: Geht mit uns. – *3. Kerzen entzünden*

L: Auf dem Weg in die Weite:
Alle: Geh uns voran.
G: Wenn an uns der Zweifel nagt:
Alle: Geh mit uns. – *4. Kerze entzünden*

L: Auf dem Weg durch das Dunkel:
Alle: Geh uns voran.
G: Wenn unsere Herzen ausgebrannt sind:
Alle: Geh mit uns. – *5. Kerze entzünden*

L: Auf dem Weg in unsere Auferstehung:
Alle: Geh uns voran.
G: Wenn wir alles aufgeben wollen:
Alle: Geh mit uns. – *6. Kerze entzünden*

L: Du unser einziger Weg zum Ziel.
Alle: Geh uns voran.
G: Jesus, du Weggefährte deiner Jünger, geh mit uns.
Alle: Christus, du Anführer unserer Wege, geh uns voran.

– kurze Stille –

VATERUNSER *(Gottesdienstleiterin)*

Im Vertrauen auf unseren Herrn und im Vertrauen auf sein Wort, daß er bei uns ist, wenn wir in seinem Namen zusammenstehen, laßt uns gegenseitig an den Händen fassen und beten, wie er uns zu beten gelehrt hat: Vater unser ...

Bei der Schlußdoxologie »Denn dein ist das Reich ...« wird die 7. Kerze entzündet.

Lied: »Herr, gib uns deinen Frieden« (EH 167)

SEGEN

Der Herr segne uns und behüte uns auf all unseren Wegen.
Der Herr lasse sein Angesicht über uns leuchten, und sei uns ein Hoffnungsstrahl; er sei uns gnädig, wenn Mutlosigkeit uns beschleichen will.
Der Herr erhebe sein Angesicht, sein strahlendes Angesicht und schenke uns Hoffnung und Frieden.
Das möge uns gewährt werden: Im Namen des Vaters und des Sohnes und des Heiligen Geistes. Amen.

Lied: »Laß uns in deinem Namen, Herr, die nötigen Schritte tun« (EH 132)

Entwurf: Gabriele Miller, Rottenburg

Lebendiges Wasser

Anlaß: Der Gottesdienst wurde von einer kleinen Gruppe konzipiert für den Beginn der Generalversammlung des Katholischen Deutschen Frauenbundes der Diözese Rottenburg-Stuttgart, vom 27. bis 29. Juni 1996 in Untermarchtal. Die Kirche hat einen langen »Eingangsweg«, der für den Einzug ausgenützt wird.
Zur Vorbereitung: Notwendig sind eine Gottesdienstleiterin, oder Sprecherin, eine Flötenspielerin, eine Organistin. Zwei Frauen mit Krügen (vgl. 1. und 2. Szene). Mehrere große Vasen, die vor dem Altar stehen; viele Blumen (Rosen!), damit jede Teilnehmerin eine bekommen kann. – Weihwasserkessel mit Weihwasser, der im Altarraum bereit steht.

EINZUG

Die Frauen versammeln sich vor der Kirche und im Eingang. Orgel intoniert Lied GL 270 »Kommt herbei, singt dem Herrn«.

Schola steht oben über dem »Eingangsweg« und fängt an zu singen: »Kommt herbei« (mehrmals den Kehrvers).

Frauen gehen über den langen Eingang in die Kirche, fangen an, mitzusingen. Wenn alle mitgesungen haben (und weiter einziehen) fährt die Schola fort: »Singend laßt uns vor ihn treten« usw.

Lied: »Kommt herbei« (GL 270)

Alle Strophen weitersingen, bis alle an den Plätzen sind. Schola ist inzwischen vorgegangen in den Chor.

BEGRÜSSUNG *(Gottesdienstleiterin)*

Liebe Frauen! Ich begrüße Sie alle ganz herzlich zu unserer Generalversammlung 1996 des Frauenbundes unserer Diözese hier in Untermarchtal.

Wir fangen unsere Versammlung mit einem Gottesdienst an und beginnen ihn im Namen des Vaters und des Sohnes und des Heiligen Geistes. Amen.
Unser Gottesdienst heute nachmittag steht unter dem Thema: »Lebendiges Wasser« – Wasser, das belebt, das frisch macht, das Leben erst zum Leben macht. Wir meinten: Ohne solch lebendiges Wasser kann es kein Biotop Hoffnung geben.
Meditative Texte werden uns in das Thema einführen, deshalb ist es wohl angemessen, wenn Sie alle sich setzen.

– Flötenspiel –

1. Sprecherin: Du läßt die Quellen hervorsprudeln in den Tälern,
sie eilen zwischen den Bergen dahin.
Allen Tieren des Feldes spenden sie Trank,
die Wildesel stillen ihren Durst daraus.
An den Ufern wohnen die Vögel des Himmels,
aus den Zweigen erklingt ihr Gesang.
Du tränkst die Berge aus deinen Kammern,
aus den Wolken wird die Erde satt.
Du läßt Gras wachsen für das Vieh,
auch Pflanzen für den Menschen,
die er anbaut,
damit er Brot gewinnt von der Erde.

(aus Ps 104)

– Flötenspiel –

2. Sprecherin: Lebendiges Wasser
aus unerschöpflichen Quellen leben
den Kreislauf des Wassers wahrnehmen
»Vom Himmel kommt es …
zum Himmel steigt es«.

Tau – Nebel – Regen – Quelle –
Bäche – Flüsse – Flut – Meer.

Aus Wasser entsteht Leben.
Das Kind im Mutterleib
schwimmt im Fruchtwasser.
Ohne Wasser kein Leben.
Jeder Tropfen zählt …

– Flötenspiel –

ERSTE SZENE

Frau mit fast leerem Krug kommt in den Altarraum, hockt sich vor den Altar mit eingezogenem Kopf, legt Krug neben sich, so daß der Rest Wasser herausläuft.

– Stille –

3. Sprecherin: Sie hat den Boden unter den Füßen verloren.
Sie ist in einen Strudel geraten.
Das Wasser steht ihr bis zum Hals.
Die Wogen schlagen über ihr zusammen.
Der Sog zieht sie hinab.
Sie wird von ihrer Angst überflutet.
Die Wasser steigen – der Abgrund gähnt ...

4. Sprecherin: Hilf mir, Gott!
Flut geht mir bis an die Kehle!
Ich versinke im brodelnden Schlamm,
meine Füße finden keinen Halt.
Ich treibe ab in tiefes Wasser,
die Strömung reißt mich mit sich fort!
Bis zur Erschöpfung habe ich geschrien,
meine Kehle ist ganz entzündet.
Meine Augen sind müde geworden
vom Ausschauen nach dir, meinem Gott ...
Entreiß mich dem Sumpf,
damit ich nicht versinke.
Zieh mich heraus aus dem Verderben,
aus dem tiefen Wasser!
Laß nicht zu, daß die Flut mich überschwemmt,
die Tiefe mich verschlingt,
der Brunnenschacht über mir seinen Rachen schließt.

(aus Ps 69)

Bei den letzten fünf Zeilen steht die Frau langsam auf, hebt langsam die Arme zum gesungenen Lied.

Lied: »Kleines Senfkorn Hoffnung« (EH 142)

Frau geht aus dem Altarraum und setzt sich zu den andern.

ZWEITE SZENE

Frau, die einen Krug mit Wasser trägt, bleibt im Chorraum stehen, füllt große Vasen und stellt Rosen auf. Setzt sich dann auch zu den andern.

Lied: »Alle Knospen springen auf« (EII 138)

1. Sprecherin: Als der Herr das Los der Gefangenschaft Zions wendete,
da waren wir alle wie Träumende.
Da war unser Mund voll Lachen
und unsere Zunge voll Jubel.
Da sagte man unter den andern Völkern:
»Der Herr hat ihnen Großes getan.«
Ja, Großes hat der Herr an uns getan.
Da waren wir fröhlich.

Wende doch, Herr, unser Geschick,
wie du versiegte Bäche wieder füllst im Südland.
Die mit Tränen säen,
werden mit Jubel ernten.
Sie gehen hin unter Tränen
und tragen den Samen zur Aussaat.
Sie kommen wieder mit Jubel
und bringen ihre Garben ein.

(Ps 126)

2. Sprecherin: Mit Tränen säen …
Herr, das kenne ich.
Unter Trauer und Weinen
gehe ich meinen Weg.
Manchmal scheine ich dem Tod näher
als dem Leben,
verzweifelt und ohne Hoffnung.

»Sein wie die Träumenden …
mit Freuden ernten …«
So lauten deine Verheißungen.
Von Jubel und Lachen ist die Rede
von den großen Wundern,
die du an uns tust.

3. Sprecherin: Ich aber fühle mich wie ein versiegender Bach,
der sich nach Wasser sehnt,
trocken, rissig, ausgedörrt.
Laß mich nicht verkrusten und hart werden.
Fülle mich wieder mit frischem Wasser,
bringe zurück die Lebendigkeit.
Tu dein Wunder an mir,
so daß ich sagen kann:
Der Herr hat Großes an mir getan.

Lied: »Der Himmel geht über allen auf« (EH 113)

– Stille –

Gottesdienstleiterin: Es gibt auch Quellen, die in uns sind.
Eine Quelle, die nie versiegt –
sie ist in jeder von uns.
Immer sprudelt sie.
Manchmal fließt sie wild und reißend,
manchmal klar und heiter.
Wasser des Lebens.
Eine Kraftquelle, die uns hilft,
auf unseren eigenen Füßen zu stehen
– unabhängig von allem,
was andere denken und sagen und tun
– abhängig allein von der Quelle,
die uns mit Gott verbindet.

Nicht immer fließt sie frei und ungehindert.

Was ist es, was das Fließen hindert,
den Zugang zur Quelle verschüttet?

Es ist die graue Normalität,
die Routine des glattlaufenden Lebens.

Die engen Grenzen, die unserer Zeit, unseren Träumen, unseren Plänen
und Wünschen gezogen sind.

Wo sind Leidenschaft und Freude,
das kraftvolle Gefühl, etwas zu gestalten,

selbst Gestalt anzunehmen –
für uns und für andere?

Die Quelle versiegt beim nur artigen Nettsein,
bei nur freundlicher Fügsamkeit,
beim Es-recht-machen-Wollen, um ja nicht anzuecken.

Wasser des Lebens ist nicht harmlos plätschernd.
In jeder von uns wartet die verschüttete Quelle:
Sie erinnert uns an das,
was in uns stark und eigenständig ist.

Es flüstert uns zu, das Leben nicht aufzuschieben.
Nicht allzu risikolos, zu vorhersagbar,
zu uninteressant zu leben.

– *Flötenmusik* –

Unsere Quelle versiegt überall da,
wo wir das stützen und mittragen,
an dem wir eigentlich leiden.
Wir stützen die Akteure im Vordergrund.
Wir suchen friedlichen Alltag um jeden Preis.
Wir machen uns unverzichtbar,
wo andere zupacken müßten.

Ganz langsam legt sich
ein Hindernis nach dem anderen vor unsere Quelle.
Wir leben getrennt von unserer Kraft,
nichts sprudelt mehr.

Wir langweilen uns
und langweilen andere.

Was ist es, was den Zugang zur Quelle verschüttet?
Es ist die Sabotage an uns selbst.
Beziehungen werden unmöglich gemacht,
wichtige Projekte verschoben bis auf weiteres,
später, später –
später einmal …

Das genau zu sehen, tut weh.

Aber dieses Hinschauen, genau und schonungslos –
dieses Hinschauen ist der erste Schritt,
Hindernisse aus dem Weg zu räumen,
unsere Quelle wieder zum Fließen zu bringen.

Schonungslose Wahrheit ist eine Helferin.
Wenn wir erkannt haben, was uns zerstört,
dann können wir angemessen handeln.

Eine Quelle ist in uns.
Tief in uns gibt es etwas ganz Starkes,
Dem wir uns anvertrauen können.
Aus ihr kommt Klarheit.
Was wir von dort beziehen können:
ist unsere Stärke
und unser Mut.

Von dort kommen leise Ahnungen,
klare Eingebungen.

Diese Quelle müssen wir schützen,
auch vor uns selbst.
Denn wir haben auch Angst vor ihr.
Angst vor der Kraft in unserem Innern.

Angst, daß wir den Ruf vernehmen:
Vor dem Ruf:
Laß alles stehen – folge mir nach.
Herr, laß ihn mich hören.

– Stille –

Lied: »Sprich du das Wort, das tröstet und befreit« (GL 621,3)

– erst leise einspielen –

EVANGELIUM *(4. Sprecherin)*

Wir hören einen Abschnitt aus dem Johannesevangelium (4,5–10).

Jesus kommt in eine Stadt Samariens,
mit Namen Sychar.
Dort befand sich der Jakobsbrunnen.

Abgemüht von der Reise
setzte sich Jesus am Brunnen nieder.
Es war um die sechste Stunde.

Kommt eine Frau aus Samarien,
um Wasser zu schöpfen.
Sagt Jesus zu ihr: Gib mir zu trinken.
Sagt die samaritische Frau zu ihm:
Wie kannst du, ein Jude,
von mir, einer samaritischen Frau,
zu trinken begehren?
Juden verkehren nämlich nicht mit Samaritern.
Jesus hob an und sprach zu ihr:
Wenn du die Gabe Gottes kenntest
und wer es ist, der zu dir sagt:
Gib mir zu trinken,
so hättest du ihn gebeten,
und er hätte dir lebendiges Wasser gegeben.

(Übersetzung: Fridolin Stier)

Evangelium unseres Herrn Jesus Christus.
Alle: Lob sei dir, Christus.

AUSLEGUNG *(Gottesdienstleiterin)*

Eine merkwürdige Gesprächssituation: Eine Samariterin, eine Ausländerin also, und dazu aus Samaria, also aus dem Gebiet, wo viele, die nicht zum Volk Israel gehörten, sich angesiedelt hatten. Von Jerusalem aus mit Hochmut betrachtet: Ketzer!
Diese Frau wird angesprochen von einem Juden; sie hat ihn wohl am Dialekt erkannt. Ein Jude, ein Mann, spricht eine Frau an,

Ausländerin, eine der Nicht-Rechtgläubigen. Und ihre gesellschaftliche Situation scheint zumindest fragwürdig zu sein, wie man aus dem Text später erfährt.
Das alles spielt für Jesus keine Rolle; er spricht die Frau an. Sie war gekommen, um Wasser zu holen und zwar in der Mittagshitze. Was liegt näher, als sie um einen Schluck Wasser aus dem Brunnen zu bitten; er hat ja kein Schöpfgefäß. Die Frau zögert, spricht ihre Ungleichheit an. Doch darauf geht Jesus nicht ein.
Seine Antwort befremdet: Wenn du die Gabe Gottes kennen würdest ... Gabe Gottes? Was meint er damit? Und wenn du den kennen würdest, der dich um Wasser bittet ... Natürlich, woher soll die Frau den Fremden kennen!
Also, wenn sie wüßte, daß der Fremde Jesus ist, und wer Jesus ist, dann würde sie ihn um die Gabe Gottes bitten – nämlich um lebendiges Wasser. Nicht Wasser aus dem Brunnen – abgestanden – immer wieder neu zu schöpfen – nach Hause zu schleppen – ermüdend; sondern sie bekäme lebendiges Wasser – Wasser, das Leben gibt – Wasser, das allen Durst löscht. Wer dieses Wasser trinkt, den wird nicht mehr dürsten – auf Weltzeit hin nicht! Das Wasser, das dieser unbekannte Fremde am Jakobsbrunnen der Frau zu geben verspricht, wird zu einer Quelle, die sprudelt zu unendlichem Leben.

1. Sprecherin: Wasser, das Leben gibt.
Wasser, das sprudelt zum Leben.
Unendliches Leben.
Gabe Gottes – von Gott geheiligtes Wasser.
Wasser, das Jesu Wort weiterträgt,
das Jesu Wort wirklich werden läßt.
Taufwasser – Wasser des Lebens.
Wasser, das daran erinnert:
geweihtes Wasser – Weihwasser.

Die Gottesdienstleiterin nimmt den Weihwasserkessel, geht – von der 1. und 2. Sprecherin begleitet – durch die Reihen und teilt das Weihwasser aus.
Dazu wird gesungen:

Lied: »Alle meine Quellen entspringen in Dir« (siehe S. 267)

FÜRBITTEN

Von der Gottesdienstleiterin und der 3. Sprecherin vorgebetet. Als Antwort singt die Schola (und dann alle):

»All ihr Dürstenden, kommt zum Wasser des Lebens« (GL 209,2)

Laßt uns beten für alle, die in sich verschlossen sind, daß sie sich öffnen und neue Quellen des Lebens entdecken.

- Für alle, die nicht wissen, wo die wahren Quellen des Lebens sind.
  (»All ihr Dürstenden, kommt zum Wasser des Lebens«)
- Für alle, die sich vor den Anforderungen des Alltags verschließen.
  (»All ihr Dürstenden, kommt zum Wasser des Lebens«)
- Für alle, die kostbares Trinkwasser vergeuden oder vergiften.
  (»All ihr Dürstenden, kommt zum Wasser des Lebens«)
- Für alle, denen keiner Wasser zum Leben reicht.
  (»All ihr Dürstenden, kommt zum Wasser des Lebens«)
- Für alle, denen keiner vom lebenspendenen Wasser der Taufe erzählt.
  (»All ihr Dürstenden, kommt zum Wasser des Lebens«)

Du Gott des Lebens, komm mit deines Segens Fülle auf alle Dürstenden dieser Welt, wie der Tau, der die trockene Erde benetzt. Amen.

4. Sprecherin: Durch seinen Propheten (Jes 44,3–4) läßt Gott uns sagen:
Ich will Wasser gießen auf das Durstige und Ströme auf das Dürre:
Ich will meinen Geist auf deine Kinder gießen und meinen Segen auf deine Nachkommen, daß sie wachsen sollen wie Gras zwischen Wassern und wie die Weiden an den Wasserbächen.

FRIEDENSGRUSS *(Gottesdienstleiterin)*

Während wir den Kanon »Dona nobis pacem« singen, schenken wir einander eine Rose und sprechen uns einen Segenswunsch zu.

Kanon: »Dona nobis pacem« von W. A. Mozart (siehe S. 266).

Die Schola trägt die Rosen in die Kirche und verteilt sie in die Bankreihen.

SEGEN *(Gottesdienstleiterin – wenn alle Rosen verteilt sind)*

Der Herr segne und behüte uns auf unseren Wegen.

Er lasse sein Angesicht über uns leuchten,
damit wir zu den Quellen des Lebens finden.

Der Herr erhebe sein Angesicht,
sein strahlendes Angesicht über uns
und schenke uns seinen Frieden.

Darum bitten wir: Im Namen des Vaters und des Sohnes
und des Heiligen Geistes. Amen.

Lied: »Salve regina« (GL 570)

Während der Hymnus gesungen wird, trägt jede ihre Rose zum Marienaltar.

Orgelmusik

Entwurf: Gabriele Miller, Rottenburg

Lieder

Gegen das Geläut

T: W. Willms
M: P. Janssens

2. Ich will gegen das Gedröhn der Bomben
meine Träume summen.

3. Ich will gegen das Geleucht der Lichter
meinen Dunkelheiten trauen.

4. Ich will für die große Flut der Tränen
eine Freudenmauer bauen.

Aus: Ave Eva, 1974
Alle Rechte im Peter Janssens Musik Verlag, Telgte-Westfalen

Du sammelst meine Tränen

T: Dorle Schönhals-Schlaudt
Bernd Schlaudt
M: Heidi Rosenstock

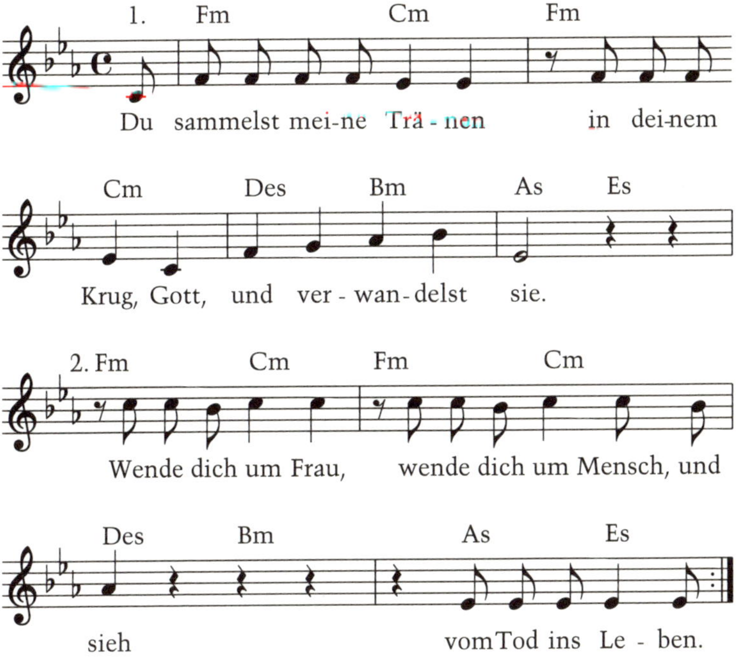

Segen

T: Rolf Krenzer
M: Siegfried Fietz

|: 2. Gottes guter Segen
sei vor euch! :|
|: Mut, um zu wagen!
Nicht zu verzagen
auf allen Wegen. :|

|: 3. Gottes guter Segen
über euch! :|
|: Liebe und Treue
immer aufs neue
auf euren Wegen. :|

|: 4. Gottes guter Segen
sei um euch! :|
|: Heute und morgen
seid ihr geborgen
auf allen Wegen. :|

|: 5. Gottes guter Segen
sei in euch! :|
|: Sucht mit dem Herzen!
Leuchtet wie Kerzen
auf allen Wegen. :|

Aus Produktion: Gottes guter Segen sei mit euch (CD 91-104/MC 95-104)
© ABAKUS Schallplatten & Ulmtal Musikverlag, 35753 Greifenstein

Segen der heiligen Klara

Dona nobis pacem

Alle meine Quellen

T: Sr. M. Leonore Heinzl OSF
M: Sr. M. Leonore Heinzl OSF

Alle Rechte bei Sr. M. Leonore Heinzl OSF
89426 Kloster Maria Medingen

Textnachweis

(Bei einigen Texten konnten wir keine Quellen bzw. Rechtsinhaber ausfindig machen. Für Hinweise sind Herausgeberin und Verlag dankbar.)

S. 22: Magdalena Marx, Herbergsuche, in: Ruth Ahl, Frauen beten ... mit eigener Zunge, Herderbücherei Band 1714, Verlag Herder, Freiburg 1991

S. 42: Apostichon des Andreas von Jerusalem, aus: Gebete aus der Orthodoxen Kirche, ausgewählt, übersetzt und kommentiert von Robert Hotz, Benziger Verlag, Zürich–Einsiedeln–Köln 1982

S. 46: Eleonore Beck/Gabriele Miller, Frauen und Gott. Gedanken und Gebete, Verlag Butzon & Bercker, Kevelaer [3]1995

S. 46: Brigitte Enzner-Probst/Andrea Felsenstein-Roßberg, Wenn Himmel und Erde sich berühren, © Chr. Kaiser/Gütersloher Verlagshaus, Gütersloh

S. 71f: Eleonore Beck/Gabriele Miller, op. cit.

S. 91f: Eleonore Beck/Gabriele Miller, op. cit.

S. 92: Theo Schmidkonz, Maria – Gestalt des Glaubens, rex verlag, Luzern 1975

S. 96ff: Theo Schmidkonz, op. cit.

S. 99: Eleonore Beck/Gabriele Miller, op. cit.

S. 105ff: Norbert Copray, © by the author

S. 120f: Eleonore Beck/Gabriele Miller, op. cit.

S. 123f: Gabriele Miller, Du unser Gott. Fürbitten. Verlag Butzon & Bercker, Kevelaer [2]1996

S. 137: Heidi Rostenstock, Gott, stärke ..., in: Feministisch gelesen, Bd. 2, hrsg. von Eva Renate Schmidt, Mieke Korenhof und Renate Jost, Kreuz Verlag, Stuttgart 1989

S. 140f: Khalil Gibran, Der Prophet, © Walter-Verlag AG, 1973

S. 144f: Ulrike Wagner-Rau, Dank sei Dir ..., aus: Heidi Rostenstock, Hanne Köhler, Du Gott, Freundin der Menschen, Kreuz Verlag, Stuttgart 1991

S. 153: »Ein Gebet zu 1. Johannes 3,2« von Dorothee Sölle (gekürzt), in: Luise Schottroff, Bärbel von Wartenberg-Potter, Dorothee Sölle, Das Kreuz: Baum des Lebens, Kreuz Verlag, Stuttgart 1991

S. 167: Werner Sprenger, Gedichte zum Auswendigleben, Nie/Nie/Sagen-Verlag, Konstanz [8]1995

S. 169: Brigitte Enzner-Probst/Andrea Felsenstein-Roßberg, op. cit.

S. 172f: Hermann Hesse, Die Gedichte. © Suhrkamp Verlag Frankfurt a. M., »Stufen«

S. 180f: Michel Quoist, Herr da bin ich. Gebete, © Verlag Styria, Graz Wien Köln [61]1986

S. 190f: Gabriele Miller, op. cit.

S. 195f: Gabriele Miller, op. cit.

S. 201: Brigitte Enzner-Probst/Andrea Felsenstein-Roßberg, op. cit.

S. 224: Eleonore Beck/Gabriele Miller, op. cit.

Verwendete Schrifttexte

Mitarbeiterinnen

Irene Baumeister
Biberach

Ingrid Braun
Gäufelden

Choowsil Christian
Biberach

Adelgunde Erath
Ulm

Gertrud Ettlinger
Leonberg

Beate Gröne
Stuttgart

Erna Hauser
Tuningen

Angelika Heer
Herrenberg

Juliane Herrmann
Bad Buchau

Christa Herz
Bad Mergentheim

Elfriede Hirsch
Biberach

Rosi Hörmann
Biberach

Gabriele Miller
Rottenburg

Gisela Möhler
Marlach

Inge Pelka
Stuttgart-Hofen

Elisabeth Pschibul
Bad Waldsee

Margret Schäfer-Krebs
Rottenburg

Barbara Schaupp
Gäufelden

Elisabeth Schilling
Warthausen

Annette Schleinzer
Röderhof

Beatrix Schubert
Reutlingen

Rosemarie Straub
Bad Waldsee

Marianne Strehl
Dellmensingen

Maria Wielath
Horgenzell

Jutta Traier
Kirchheim/Teck

und die jeweiligen Frauengruppen und Frauenkreise